古代乡规民约精华

李清凌 编著

甘肃教育出版社

甘肃·兰州

图书在版编目（CIP）数据

古代乡规民约精华 / 李清凌编著． -- 兰州 ： 甘肃
教育出版社，2025.6
ISBN 978-7-5423-4856-2

Ⅰ．①古… Ⅱ．①李… Ⅲ．①乡规民约－风俗习惯－
研究－中国－古代 Ⅳ．①K892.27

中国版本图书馆CIP数据核字(2020)第013887号

古代乡规民约精华

李清凌　编著

策　　划　王光辉　薛英昭
责任编辑　伏文东　白海善
助理编辑　马逸飞
封面设计　石　璞

出　　版　甘肃教育出版社
社　　址　兰州市读者大道568号　　730030
电　　话　0931-8433305(编辑部)　　0931-8435009(发行部)
传　　真　0931-8773056

发　　行　甘肃教育出版社　　　　印　刷　兰州万易印务有限责任公司
开　　本　710毫米×1020毫米　1/16　印　张　23　　字　数　236千
版　　次　2025年6月第1版
印　　次　2025年6月第1次印刷
书　　号　ISBN 978-7-5423-4856-2　　定　价　68.00元

代序

中国最早的乡民自治公约

——蓝田《吕氏乡约》研究

李清凌

宋代的蓝田吕氏，是指以宰相吕大防为代表，包括其兄吕大忠，其弟吕大钧、吕大临等的一个名门显宦学术群体。蓝田吕氏是宋朝关学、洛学的骨干人物。他们兄弟集体制定，由大钧执笔撰成的《吕氏乡约》（后简称《乡约》）又是中国古代最早的非政府组织的乡民自治公约，行之当时，"关中化之"①，影响所及，历代赞扬模仿者接踵继武，是一部很有学术价值和现实意义的文献。

一、蓝田吕氏的理学根基

蓝田吕氏是宋代由张载创立的关学和由程颢、程颐两兄弟创建的洛学的重要学者。由于他们中的大钧、大临始学张载，张载去世后又在二程门下"卒业"，所以在关、洛之学中都为骨干人物。

蓝田吕氏祖籍汲郡（今河南卫辉），吕大防的祖父吕通，官太常博士。父䝉（fén），为比部郎中。吕通死后，葬于京兆府蓝田县，吕氏遂占籍蓝田，为关中人。吕大防兄弟六人，五为进士，然史书留名者只有四人——大忠字进伯，大防字微仲，大钧字和叔，大临字与叔，所以学界谈蓝田吕氏时一般只提"四吕"；"四吕"中大防主要从事政治活动，所以谈学术的人又往往只提"三吕"。

---

① 《宋史》卷三四〇《吕大防传附吕大钧传》。

蓝田吕氏生活的时代，理学尚处于形成阶段，张载、二程都以倡导义理之学而崭露头角，但当时的义理之学还只有师徒相习，尚没有形成关学、洛学等派系。学派之分是在各家学说基本定型、传承体系分明以后，才由后人根据学术特点确定和称呼起来。蓝田吕氏在张载、二程门下的学习情况是：长兄大忠为人质直，"从程正公学"[1]；大忠弟大防主要精力在从政，他虽与理学有染，但没有明确地投学于张、程哪家；大防弟大钧与张载是宋仁宗嘉祐二年（1057年）的同科进士，因推重张载的学术，"遂执弟子礼"[2]。又根据明人冯从吾《关学编》卷一的说法，大钧"初学于横渠张子，又卒业于二程子"。四吕中年龄最小的大临"学于程颐，与谢良佐、游酢、杨时在程门号'四先生'"[3]，这是从洛学的角度讲的，事实上他与其兄大钧一样，也是先学张载，张载去世后又学二程的。

从关学的角度看，蓝田四吕与关学创始人张载的关系都很密切。大忠重视礼学，他与几位弟兄"相切磋论道考礼"，学术路径同于张载。大防对张载也了解颇深，曾向朝廷上疏，请求重用张载。大钧以张载同科进士而又名列前茅的身份，折节从张载学，且"能守其师说而践履之"[4]。大临"少从横渠张先生游，横渠殁，乃东见二程先生，卒业焉"[5]。他学通《六经》，尤邃于《礼》[6]，同张载的学术理念完全一致。所以，蓝田四吕不论学于张载，或在张载殁后又投学于程门，从区域学术文化视阈看，他们都无疑是关学的重要人物。《宋元学案》的《横渠学案》《吕范诸儒学案》，冯从吾的《关学编》，张骥的《关学宗传》等理学史著作，都把吕大忠、吕大钧、吕大临列为张载的门生，这是很有道理的。

张载与二程有亲戚关系，学术上又相互学习，相互切磋，互相推重，

①见（明）冯从吾《关学编》卷一。
②见（明）冯从吾《关学编》卷一。
③见《宋史》卷三四〇《吕大防传附吕大临传》。
④见《宋史》卷三四〇《吕大防传附吕大钧传》。
⑤见（明）冯从吾《关学编》卷一。
⑥见《宋史》卷三四〇《吕大防传附吕大临传》。

形成了你中有我，我中有你，又各有特点的关系。蓝田吕氏对于张载和二程，也都同样尊重，绝无轩轾之分，若有，就是更加笃守张载之说。有这样一件事容易引起人们误解。就是张载死后，吕大临在起草张载行状时，有一句云：张载在京师见到二程后，"尽弃其学而学焉"。对于这句话，程颐当时看后，就大不以为然地指出："表叔平生议论，谓颐兄弟有同处则可；若谓学于颐兄弟，则无是事。"嘱咐大临将那句话删去①。有学者根据大临写过张载行状上这句话的事实，就用以证明张载之学源于二程；又有人说那是程门弟子有意高抬其师，言外之意，在吕氏心目中，程高于张。

事实上，这些说法都与事实不符。吕大临写上述那句话的本意，是要凸显张载在学术上的谦逊，而不是设心抬高二程，或像杨时那样，误说张载之学"源出于程氏"。大临虽在张载死后投学程门，但他同其兄大钧一样，对张载之学信之甚笃，守护不移，只要是张载说了的，连程颐的意见他也不会改从。程颐曾说："与叔守横渠说甚固，每横渠无说处皆相从，有说了更不肯回。"②这正说明他兄弟三人的投学程门，只反映他们对理学的执着追求及"以圣门事业为己任"③，决不能误解成是对张载或关学的背弃。

从学张载，张载死后又"卒业"于二程，使蓝田吕氏兄弟具备了学兼张、程，会通关、洛，学术根基十分牢固的特点。如在个人道德修养上，吕氏兄弟都很重视默识深契，"胜私窒欲"，即个人道德的砥砺和践行。以大钧为例。他坚持"以孔子下学上达之心立其志，以孟子集义之功养其德，以颜子克己复礼之用厉其行，其要归之诚明不息。"在学和行的关系上，他认为"始学必先行其所知而已，若夫道德性命之际，惟躬行久则至焉"④。即是说践行要从易到难，注重时时处处，一举一动，循序渐进。再如大临，程颐经过仔细观察，称赞说他哪怕在闲暇时，也是"俨然危坐"，合乎师门法度。重视道德修养从我做起，从心做起，这是理学家的

---

① 《程氏外书》卷一一。
② 见（明）冯从吾《关学编》卷一。
③ 见（明）冯从吾《关学编》卷一。
④ 见（明）冯从吾《关学编》卷一。

通常修养方式，也是蓝田吕氏的取径。至于经世致用方面，可以说吕氏兄弟是从根本上坚持了儒学和各派理学的共识。

二、《乡约》的出台背景和基本内容

北宋仁宗以来，由于宋夏对立，征战不休。宋朝政府"北有饵边之费，西有御寇之须，常赋既不足充，遗利必当悉取……汉唐致危乱之因，种种略施行矣。故复寇盗未平，干戈未息……民不胜苦"[1]。这是言官蔡襄在给宋仁宗所上《论财用札子》中的话。他继续说道：

> 伏自羌贼负恩，天兵致讨，备御之处，数千里更戍之役，五六年飞挽刍粮，缮修器械，于是不时之敛作焉，无名之赋兴焉，言利之臣出焉，缘奸之利起焉，配取相仍，蠹伤滋甚，供军之物，制作之门，任土之求，有无不一，金谷之职转迁靡常，管库之司，给纳是利，前符未至，后条已行，郡县承风，急于星火。虐者先期集事，曲施酷毒之威，贪者与吏通谋，力恣诛求之害。以欺罔穷愚为智，有作者苟得而必行；以攘夺豪富为公，当权者避嫌而不主。破家流离之苦，十室九空，呼天苦诉之辞，万人一口。[2]

战争加上贪官污吏，已经给地方、民众带来了不堪承受的负担，陕西路地当对夏战争的前线，受到的侵害当然更甚于他处。汉唐的京都旧地，这时已经开始转变为全国偏远贫穷的地区了。地方治安、民众生产生活、社会稳定问题，随着对夏战争的进行，一时都很严峻，蓝田吕氏的《乡约》，正是在这样的社会历史背景下出台的。

吕氏兄弟按照儒家修身、齐家、治国的教导及张载的"礼学"要求，率同乡人，创造性地将儒家经世致用的理论同民间自律、互助、守法，维护乡间和谐稳定的实际需要相结合，创建了以"约"为单位的民间组织，并为之制定了《乡约》。规定："凡同约者，德业相劝，过失相规，礼俗相

---

①见（宋）蔡襄《端明集》卷二六《论财用札子》。
②见（宋）蔡襄《端明集》卷二六《论财用札子》。

交，患难相恤，有善则书于籍，有过若违约者亦书之，三犯而行罚，不悛者绝之。"每个约定下，又有许多具体规定，主要内容如下：

1.德业相劝

德谓见善必行，闻过必改。能治其身，能治其家，能事父兄，能教子弟，能御僮仆，能事长上，能睦亲故，能择交游，能守廉介，能广施惠，能受寄托，能救患难，能规过失，能为人谋，能为众集事，能解斗争，能决是非，能兴利除害，能居官举职。凡有一善为众所推者，皆书于籍，以为善行。

业谓居家则事父兄，教子弟，待妻妾。在外则事长上，接朋友，教后生，御僮仆。至于读书治田，营家济物，好礼乐射御书数之类，皆可为之。非此之类皆为无益。①

这是从思想道德、生业行事上规定什么是善，什么是恶，什么事该做，什么事不该做，以使同约乡人不论社会经济、政治、环境条件的好坏，也不论个人家境、地位的高低，都能循规蹈矩地按照儒家的教导和张载的礼学论述做人行事。

2.过失相规

过失，谓犯义之过六，犯约之过四，不修之过五。犯义之过，一曰酗博斗讼，二曰行止逾违，三曰行不恭孙（逊），四曰言不忠信，五曰造言诬毁，六曰营私太甚。犯约之过，一曰德业不相劝，二曰过失不相规，三曰礼俗不相成，四曰患难不相恤。不修之过，一曰交非其人，二曰游戏怠惰，三曰动作无仪，四曰临事不恪，五曰用度不节。已（以）上不修之过，每犯皆书于籍，三犯则行罚。

这条规定了犯义、犯约和不修三个方面的过失。犯义就是行为失范，包括酗酒、赌博、斗殴、骂詈、诬告他人、侮慢老人及有德之人、恃强凌弱、知错不改劝告愈甚、言而无信、面是背非、揭人隐私、谈人旧过、刻

---

① 见宋联奎辑《关中丛书》第一集《吕氏乡约》（以下简称《乡约》），陕西通志馆1934年排印（下同）。

薄渔利、营私舞弊等。犯约，就是违反《乡约》的主要条款，如德业不相劝，过失不相规，礼俗不讲究，患难不救助等。不修之过，是指行止不检，衣冠无仪者，如与凶恶、懒惰、无德行等为众人不齿者厮混，游手好闲、嬉笑无度、不事生业、不讲卫生，行为疏野、态度不恭、该说的不说或不该说的偏说、衣着太饰或不修边幅，甚至不着衣冠入市者。对于不修之过要记录在籍，违反三次即处罚。

3.礼俗相交

凡婚姻、丧葬、祭祀之礼，礼经具载，亦当讲求。如未能遽行，且从家传旧仪，甚不经者，当渐去之。

凡与乡人相接，及往还书问，当众议一法共行之。

凡遇庆吊，每家只家长一人，与同约者皆（偕）往，其书问亦如之。若家长有故，或与所庆吊者不相识，则其次者当之。所助之事，所遗之物，亦临时聚议，各量其力，裁定名物及多少之数，若契分浅深不同，则各从其情之厚薄。

凡遗物婚嫁及庆贺用币帛、羊酒、蜡烛、雉兔、果实之类，计所直（值）多少，多不过三千，少至一二百。丧葬，始丧则用衣服或衣段以为襚礼，以酒脯为奠礼，计直多不过三千，少至一二百。至葬则用钱帛为赙礼，用猪羊酒蜡烛为奠礼，计直（值）多不过五千，少至三四百。灾患如水火、盗贼、疾病、刑狱之类，助济者以钱帛、米谷、薪炭等物，计直（值）多不过三千，少至二三百。

凡助事谓助其力所不足者，婚嫁则借助器用，丧葬则又借助人夫，及为之营干。

这条强调婚姻、丧葬、祭祀，都要按礼经办事，一时难以做到的，可暂按家传旧仪实行，但对家传旧仪中与礼经相抵触的部分，应逐渐改正。还规定了同约之人遇事相助的原则、方式和额度。提示应量力而行，助人所需，以既体面又能负担得起，能解决事主实际问题，使其感受温暖最为妥当。

4.患难相恤

患难之事七，一曰水火，二曰盗贼，三曰疾病，四曰死丧，五曰孤弱，六曰诬枉，七曰贫乏。凡同约者，财物器用、车马人仆，皆有无相假。若不急之用，及有所妨者，亦不必借。可借而不借及逾期不还及损坏借物者皆有罚。凡事之急者，自遣人遍告同约，事之缓者，所居相近及知者告于主事，主事遍告之。凡有患难，虽非同约，其所知者，亦当救恤，事重则率同约者共行之。

这条列举了需要救助的事项及同约恤人的义务、方式等。按照原著的条析，得知同约之人遭遇水火之灾，轻者派人前去救助，重者家长要亲自率人去救，并进行慰问。遭遇盗贼，相邻者要同力捕捉，力不能捕则告于同约其他人家及官府，尽力防捕。遇有疾病，小者派人前去慰问，重者家长应亲为访医求药，贫不能治者要给予资助。遇到丧事，丧家人力不足，同约人家应及时出人帮助，或缺财力物力，就要赙物及吊问。对于同约的孤儿，其家有财可以自赡者，就给予协助，或禀官司安排，或择近亲邻里可托者托付料理，防止受人欺周。孤儿的教育、长大后的婚姻等事，同约人都要关心护持。对于没有资产不能靠自力生存的孤儿，同约人应协力救助。孩子稍大，行为放纵不检者，要及时察知约束，防止失调，陷于不义。同约中有受人诬陷、冤枉而不能自明者，有办法帮助解决就解决，不能解决就报告官府协助解决，因遭诬枉失财失所者，大家都要以财力周济。同约人安贫守分而生计太乏者，大伙也应接济，或为借贷置产，使其盘活生业，逐渐偿还。

《乡约》规定，所有同约人都应在日用物资上有无相借，可借而不借或逾期不还，或损坏借物者有罚。遇事，紧急者自己派人遍告同约，不太急者由邻人或知情者告知主事，再由主事告知大家。见人有难，哪怕是非同约的人，也应协力救助。

5.罚式、聚会和主事

《乡约》规定：在上述主要条文中，犯义之过按轻重罚三百、四百至五百，不修及犯约之过按轻重罚一百、二百至三百，犯约较轻能够听从劝告或能自我检举者，只将过失记录下来而不罚，再犯者不免罚。劝而不听，听而复犯，或过失较大的要罚。不义已甚非士论所容及累犯重罚而不改者，应在聚会时集体讨论，如公认为决不可容，就当众宣布本约同他断绝关系。

聚会，每月一次，聚时准备饭食。每季一次，具备酒食，正常费用由当事人从同仁中筹集。聚会的议题主要是讨论并记录各种善行、恶行，实施赏罚。若发现《乡约》上有不便实行的条文，也在聚会时一并集体讨论改进。

主事，选约正一人或二人，要推选为人正直、不偏私曲从者担任。由他主持评议和确定赏罚是否妥当。另选值月一人，这一职务由同约中人不论地位高低而以年龄长少轮流承当，每月轮换一次，负责约中日常事务。

三、《乡约》的突出特点和优势

《乡约》是中国古代最早出现的乡民自治组织的公约。这一"约"的组织既不是按宗族也不是按基层行政单位，而是由乡民自愿"画诺"结成的非政府组织。乡约的"乡"是指乡间、乡村等自然居住区，而不是指基层行政区划。它的组织形式特别，思想倾向明显，小范围约束力强，有许多值得重视的特点：

一是非政府性。基层社会组织是任何政权都需要的。但它的功能主要是配合政府管理，做一些户口登记、赋役征发、公共安全等方面的事。像《乡约》规定的那些老百姓自己的事，政府组织有时也会涉及，但一般不会当主要的职责去办。老百姓经常遇到的往往足以将其压垮的事，莫过于婚丧疾患、天灾狱讼之类的事情了，思想道德行为教育也很重要，而这些都是政府组织不大会全力去做的，这就给民间组织留下了活动的空间。吕大忠说："人之所赖于邻里乡党者，犹身有手足家有兄弟，善恶利害皆与之同，不可一日而无之，不然则秦越其视，何与于我哉！"①说明他们兄弟

---

① 见《乡约》后记。

在制定《乡约》的时候，正是充分利用兄弟、邻里乡党之间善恶利害相同，一荣俱荣、一辱俱辱这种既非法律规定又非道德准则，而是作为伦理信念的自约束机制，通过同约乡民的自控自检和自相救助，纠谬解难，扶危济困，来实现基层社会的道德提升、患难救助和安全保障。它是一种非政府组织，但在地处对夏前沿，民众生活环境极差的当时，"约"这一组织的社会作用不啻为政府的维稳工作雪中送炭。这是蓝田吕氏的一项发明，或为古代民间组织的滥觞。

二是社会认同度高。吕氏《乡约》既是民间组织的公约，又以儒家思想和张载的"礼学"为指导，浓缩了其时已经流行了千余年的儒家思想和公民道德传统，又注入了张载的新儒家义理之学的内容，加上以吕氏兄弟为核心的士人的示范和引导，使其具有了很强的号召力和社会认同，产生巨大激励和凝聚同约成员的力量。在这里须强调一下吕氏的带头作用。史载吕大钧"潜心玩理，望圣贤克期可到，日用躬行，必取先王法度以为宗范。居父丧，衰麻、敛、奠、比、虞、祔，一襄之于礼。已，又推之冠婚、饮酒、相见、庆吊之事，皆不混习俗"①。他的行为也就是各位兄弟的共同行为。在按儒家传统规矩行事这一点上，他们哪怕是兄弟之间也一丝不苟。有一次，蓝田吕氏的长兄大忠从外地归来，大防的夫人由两个侍女相随出来行礼，大忠制止说，罢了，你是宰相夫人，可以不必行礼了。在场的大防知道哥哥的意思是侍女在旁，不合礼仪规范，就立即将其喊退，才完成了这一家人相见的礼节。这样严格要求下的家庭关系，可以想见是长幼有序，男女有别，尊卑不杂，和睦相亲，而在礼仪上一丝不苟的。对于这样的家庭、兄弟，乡人无疑是信赖的。在他们的带动下，约中人见善思齐，见不善而内自省焉，从而使《乡约》成了人们公信、公认的道德准则和行为规范，具备了极高的社会认同。

三是切近生活，简便易行。《乡约》提出的都是一些关乎民众思想道德，日常生活的事项，绝没有照搬繁难深奥的理学概念和教条。约文既周

---

① 见（明）冯从吾《关学编》卷一。

到又简便易行，表述也很通俗。对于每一个乡民来说，按《乡约》办事并不困难，只要你愿意做，任何人都可以做得到。切实、简便、通俗，为民众喜闻乐见的东西，无疑会产生巨大的感染力。宋代理学家从传统儒学中提炼出了当时社会最需要的东西——纲常理念，蓝田吕氏则将这些理念用通俗的形式普及到了乡民中，他们不正是卓越的理学传人、政府功臣、乡民教师和向导吗？

四是约束力强。宋代社会仍然是一个以家族为节点的社会，家族宗法约束力在社会基层发挥着极为重要的作用。随着专制主义中央集权的强化，国家对基层社会的控制力愈来愈强，政府控制基层社会的主要工具是法制宣传和道德教化。吕氏《乡约》中的"乡"是由一个一个的家族组成的，吸收了传统家族管理的经验和元素，约文中的所有规定均不违反国家法制。政府的基层社会管理与教化包括管和教两种机制，都具有强制性或刚性。《乡约》则包含家族、社会、公德三重约束机制，同时背后又有来自政府管教的无形压力。它对犯约乡民的处理虽然只有劝诫、罚款、断绝联系（退约）等柔性措施，但相比之下，约束机制更多、约束力也更强。别的不说，试想想，仅被乡邻族群所不齿，那是一种什么样的滋味！必须指出，古代乡约也有明显的消极面。由于受时代、阶级和传统儒家思想的限制，不少乡约存在封建陈规陋习、泥古守旧的内涵，纠缠于繁缛琐细的仪式。同时，无论士绅编制还是帝王（如清雍正帝）所作，乡约的终极目标，都是维护封建基层社会的安定。降至明清两代，乡约更逐渐同封建国家的基层管理制度相融合，失去早期乡约民间自治的特色。本书为保留古代乡约的完整性和原貌，采取牛溲马勃、兼收并蓄的做法，恳请读者垂阅时细心分辨，择善而从，其不善者一笑置之可也。

四、《乡约》的学术价值、政治作用和影响

宋代理学，在周敦颐、张载、邵雍、二程、陆九渊等那里，本体论、认识论等哲学思想基本定型，后起理学家大都是在继承、传播、践行上下功夫。传统儒学也好，作为新儒学的理学也好，其最大的特点是经世致

用，修身、齐家、治国。吕氏《乡约》的学术和政治价值，也正在于它的实践性。

《乡约》用化繁为简的方法，将理学艰深奥妙的哲理，转化为人们似曾相识、实已在做的生活准则和行为规范，用吕大钧的话说，就是"孝弟忠信，动作由礼，皆人所愿，虽力有不勉，莫不爱慕。今就其好恶，使之相劝相规而已……至于礼俗患难，人情素相问遗周恤。间有惰而不修，或厚薄失度者，参酌贫富所宜，欲使不废"[①]。《乡约》受启发于庠序有学规，市井有行条，村野有社案，诸州有文学、助教之官，负责教化的模式，通过创立"约"这一群众组织，以名教道德为准则，以士人的言行为榜样，以民众的社会生活为内容，通过乡民群体的约束机制，实现了约民自治、自救的目标，它随俗导化，举重若轻，将儒家的一般道德规范和张载的礼学论述，创造性地同基层民众的社会实践结合在一起，将人们熟悉、已做，但未必人人做到，或惰而不修、厚薄失度的地方，明文规范，整齐划一，定为约文，使人人喜闻乐见，愿做能做，有据可依，在更大范围内传播和践行了理学家所主张的"德""礼"。这是吕氏对张载礼学，也是对国家政权之社会教化、基层治理的一大贡献。如果说学术，尤其是以经世致用为目标的传统儒学及理学，都包括理论建构和践行两个方面，那么，《乡约》的学术贡献和价值不在于它创建了什么新的理论，而在于它找到了一条践履理学理论的极佳途径，从而给深奥难测的理学同基层民众之间搭起了一座桥梁，使理学产生了无限的生机和生命力。

从政治上说，《乡约》又开拓了一条对于民众进行教化的新渠道。它同政府组织的基层教化内容相似或相同，方式却更加亲民，对于乡民的约束力也更强。因此，《乡约》虽然不代表国家管理，也不会像政府基层组织和官吏那样，采取强制性措施来对待乡民，但它在乡民自教、自救，在基层社会治理上的优势，却是国家基层组织所不能替代的，其辅助国家治理、减轻政府管理成本、提升基层社会保障的作用也不言而喻。这些看似

①见《乡约》附吕大钧《答刘平叔》。

简单的东西，却有着巨大的生命力和政治意义。

吕氏《乡约》出现以后，在当时和后世都产生了巨大的影响。南宋理学泰斗朱熹对之极为赞赏。他汲取其他资料，参之以己意，"稍增损之"，撰成《增损吕氏乡约》四条："一曰德业相劝，二曰过失相规，三曰礼俗相交，四曰患难相恤。"标题沿用了吕氏《乡约》原文。约中的组织和运行程序是，"众推有齿德者一人为都约正，有学行者二人副之，约中月轮一人为直（值）月（都副正不与）。置三籍：凡愿入约者书于一籍，德业可劝者书于一籍，过失可规者书于一籍。直（值）月掌之，月终则以告于约正，而授于其次"。确定每月初一为约民聚会日，会间"直（值）月抗声读约一过，副正推说其意，未达者许其质问。于是约中有善者众推之，有过者直（值）月纠之，约正询其实状，于众无异辞，乃命直（值）月书之。直（值）月遂读记善籍一过，命执事以记过籍遍呈在坐，各默观一过，既毕乃食。食毕少休复会于堂，或说书、或习射讲论从容，（讲论须有益之事，不得陈道神怪邪僻、悖乱之言，及私议朝廷州县政事得失及扬人过恶，违者直（值）月纠而书之），至晡乃退"。①

朱熹在吕氏《乡约》的基础上作了补充调整，增添了"月旦集会读约之礼"等内容。使乡约的组织性、教育性、约束性更强。

南宋理宗淳祐三年（1243年），理学家阳枋与友人宋寿卿、陈希舜、罗东父、向从道、黄叔高等讲明吕氏《乡约》，"书行之于乡，从约之士八十余人"②。元明以后，刻印传播吕氏《乡约》③，模仿另作乡约④，成立

---

① 见（宋）朱熹《晦庵集》卷七四《增损吕氏乡约》。
② 见（宋）阳枋《字溪集》卷一二《附录》。
③ 如明武宗正德五年（1510年），陕西三原县退休官员王承裕鉴于朱熹对于吕氏《乡约》"每欲刊印传布未果"，乃自为校勘，"俾学徒誊刊于宏道书院"（宋联奎辑《关中丛书》第一集《吕氏乡约》附录）
④ 如明代上党仇楫有《仇氏乡约集成》（《千顷堂书目》卷一一）。明人黄佐撰《泰泉乡礼》中有《乡约》篇（《钦定四库全书》经部四《泰泉乡礼提要》）。清人张文嘉撰《齐家宝要》中有《乡约》《社约》篇等，都属仿作。

乡约组织的愈来愈多，元刘因《静修集》卷十《高林重修孔子庙记》，元杨维桢《东维子集》卷五《送刘主事如京师序》等文章中，都提到了时人设乡约、行约礼的事实。明代著名理学家王守仁撰有《阳明乡约法》①，明人这类著作、组织、宣传活动，见于史籍者极多，其源盖出于吕氏《乡约》。到了清代，不仅基层有很多"乡约"组织，还用"乡约"一词来称呼这一组织的管领头人。

---

①见《钦定四库全书总目提要》卷八四。

目 录

绪 论

一、古代乡约的历史诉求

中国古代乡约自出现以来，始终以宣扬和践行传统道德、行为规范为宗旨。这种道德和行为规范自《周礼》发其端，经孔子倡导，到汉代独尊儒术以后，就逐渐成为历代官民的公德公范，即社会各阶级、各阶层、各行业公认的美德懿范和追求。皇帝出于德治的政治需要，会以最高权威追求，各级官府以公权力追求，士绅阶层以学识和社会影响力追求，普通民众则以他们淳朴的人格和行为追求。只是在不同的时代，各类人群追求公德公范的视角和影响力不同，因而反映出不同的时代和群体特点，但追求的步履从来没有停歇和偏差。

以北宋蓝田《吕氏乡约》为典范的乡约出现以后，人们在这一框架下追求公德公范，经历了以士绅为主体、以官府公权力掌握者为主体，再到以皇权为主体这样几个阶段。

蓝田《吕氏乡约》是特殊历史环境下的产物。唐中期"安史之乱"以后，国家陷于战乱，藩镇割据，国土撕裂，民生凋敝，礼仪扫地。降至北宋中期宋仁宗、宋神宗前后，范仲淹、王安石等政治家纷纷以改革、变法的途径寻求富国强兵、消弭叛乱、安定国家的方法，均成效甚微。与此同时，蓝田吕氏则试图通过移风易俗、普及公德公范的途径，以身作则，从身边、基层社会做起，强化个人修养，稳定民众生业，相互诫勉救助，达到安民、安邦的目的。他们深知乡不治则县不治，县不治则州府不治，州府不治则国不治，因此，其着力点虽小，眼光却很远大，可惜他们上无依托，下无凭恃，乡约在地方只实行了一段时间就销声匿迹。

元朝民族矛盾复杂尖锐，除了国法帝诏中偶尔见到提倡公德公范的文字外，官府士绅很少甚至是不敢提议实行汉人传统的道德礼仪，倡导乡约的事相对较少。到了明朝建立后，明太祖朱元璋虽然也没有提起"乡约"二字，但他提出的"圣训六言"："孝顺父母，恭敬长上，和睦乡里，教训子孙，各安生理，无作非为。"字字句句借鉴和汲纳了儒家的德范和《吕氏乡约》的精义。明武宗时的南赣巡抚王守仁在平定了那里的武装叛乱后，撰写和下令实行的《南赣乡约》，是明朝最早以官府公权力推行的乡约。以此为起点，明代士绅接踵继武地倡行乡约，而更多的则是官员在各自的职任上推行乡约，并以朱元璋的"圣训六言"为乡约的核心内容。直至清世祖顺治时期，依然照搬朱元璋的"圣训"实行德化教育。清圣祖康熙九年（1670年）十月，康熙帝谕礼部：

朕今欲法古帝王，尚德缓刑，化民成俗。举凡：敦孝弟以重人伦；笃宗族以昭雍睦；和乡党以息争讼；重农桑以足衣食；尚节俭以惜财用；隆学校以端士习；黜异端以崇正学；讲法律以儆愚顽；明礼让以厚风俗；务本业以定民志；训子弟以禁非为；息诬告以全良善；诫匿逃以免株连；完钱粮以省催科；联保甲以弭盗贼；解仇忿以重身命。以上诸条作何训迪劝导，及作何责成内外文武该管各官，督率举行，尔部详察典制，定议以闻。

要求严格部署，实行他提出的以上"圣谕十六条"。很明显，此谕一遵传统德范的宗旨，吸收了《吕氏乡约》和明太祖"圣训六言"的内涵精义，倡导公德公范的实质一点也没有变。到清世宗雍正二年（1724年），雍正帝又将康熙"圣谕十六条"注释衍讲为《圣谕广训》万言，颁发各直省督抚学臣，转行该地方文武各官及教职衙门，晓谕军民生童人等，通行讲读。从此，雍正《圣谕广训》又成为乡约读讲的经典。但这只是宣传内容和形式的演变，其所倡导的精神实质是古往今来，一以贯之的，其所追求的目标，仍然是通过社会公德公范的倡行，劝人向善，稳定基层社会。

二、乡约同国家基层管理的关系

乡约研究中遇到的一个问题，是它同国家基层管理的关系怎样。以往所见研究或者将国家治理同乡约混为一谈，不加区分；或是只谈乡民自治而不提其间所含国家对基层的控制和治理作用，让人容易误解为乡约是同国家治理脱节或对立的民间自治，事实是历史上从来没有存在过摆脱国家治理的乡约。那么，乡约同国家治理到底是一种什么样的关系？我们只要从最早的乡约创立者吕大钧的一封书信中就可以概见。

我们知道，最早的乡约无非是由士绅倡行的民间公约，包括道德品格、礼仪规范、物质互助、患难相救等。然而，乡约并不是任何人都可以办起来，要办乡约的人，一要有社会地位和组织能力；二要深入基层，同乡民有一定联系；三要品德高尚，有一定社会感召力。在古代中国社会，只有士绅阶层才能具备这些条件。士绅一般是读书人，有官职或曾经做过官。既同上层社会有联系，懂得政策法令，又退休或赋闲在基层社会，同乡民有直接联系，影响力较大。因此，北宋以来典型意义上的乡约都是由士绅号召、组织和领导的。

士绅与国家政治有千丝万缕的联系。士是国家官员的后备军，绅是卸任官员。他们懂法，更了解国家法禁的严厉，很忌讳"犯上"。尤其对于以讲"礼"学而著称的蓝田吕氏来说，说他们摆脱国家法治而行"自治"，那是天大的冤枉和误解。在专制主义集权政治高度强化的宋以来的中国封建社会，不要说同政府对着干，就是干不违反政府法禁而政府没有提倡的事，也会冒很大的风险。《吕氏乡约》刚提出来的时候，流言蜚语很多，闹得蓝田吕氏的长兄吕大忠胆战心惊，只怕出事；吕大防身为朝廷重臣，也很担心，甚至建议三弟吕大钧将"乡约"改为"家仪"以"逊避"社会舆论。吕大钧在乡约实行过程中也反复斟酌，文字上作了许多改动，都是出于政治安全考虑。再说，古代士绅骨子里本来就很少有"犯上"的基因。如果说实行乡约是一种"自治"，那么这种自治是以官治为前提的，是在官治基础上的民间自我约束和调适，它有益于民，不犯法禁，在一定意义上有利于国家的基层管理和稳定。吕大钧在给他在朝为官的二哥吕大防的信《答仲兄》中，每句话都以国家的法禁为底线，唯恐触犯。当二哥吕大防怕出问题，劝他退避的时候，他在信中解释说《乡约》的所有条文都是合法的。就说置约正、直月，"亦如学中学正、直日之类"；《乡约》中所说的"急难"事，也在细目中解释了，那"止是遭水火、盗贼、死丧、疾病、诬枉之类，亦皆是自来人情所共恤，法令之所许（原注：敕条：水火盗贼，同村社自合救捕，鳏寡孤遗亦许近亲收恤，至于问候吊丧，并流俗常行。）约中止是量议损益，劝率其不修者耳。"他有点激动地说，这样做，同汉朝"朋党"的事相去甚远，岂能挂钩！他说："乡约事累蒙教督甚切，备喻尊意，欲令保全，不陷刑祸。父兄之于子弟莫不皆然……今所行乡约，与元（原）初定，甚有不同。"哥哥欲使弟弟安全，"不陷刑祸"，弟弟则说所行乡约同国家法禁没有任何相抵触的地方。即使如此，在执行中还是经过了一改再改，与初定时已经大不相同。我们从这封信中完全可以看到，《吕氏乡约》是以国家法禁为底线的，是以国家的基层管理为前提，督促约民将按国家法令做得不够的地方，"劝率其"做得更好些而已。不存在、也难以想象它是要在国治旁边另起炉灶，分庭抗礼，实行什么对立性或分割性的"自治"。《吕氏乡约》是这样，明清以来所有士绅举办的乡约莫不如此。说明这一点似乎显得多余，不说明又疑虑会将士绅举办乡约，误作罔顾国家政治的"自治"，为了排除误解，我们必须将乡约同国家对基层管理之间的异同说清楚。

既然乡约同国家法令是一致的，那执行国家法令就行了，还要建立乡约干什么？这是出于儒家知识分子对于社会的一种责任感，也是社会德治的需要。士人学以致用，经世济民，就要用所学的道理规风范俗，促民向善，这是儒家的传统，也是士绅的操守，蓝田吕氏生活的宋朝中期，社会风俗浇漓，人心不古，礼仪缺失，深受儒家学说熏陶和张载"礼学"思想影响的"关学"巨子蓝田吕氏兄弟，对此早已看不下去了，他们只有一种选择，即"躬行礼义""变化风俗"，倡建乡约，转变世风。这在他们来说是势在必行，义不容辞的事情。当然，以蓝田吕氏为嚆矢，历代士绅倡办的乡约，无一不是以国家管理为前提、为基础，也正是在这一前提和基础之上，乡约对于国家治理起到了一种积极有益的补充。有作为的统治者也正好借用乡约的形式，宣扬德教，稳定基层。如果说北宋以来士绅倡导的乡约也是一种"自治"的话，那么，它就可以被看作是在国家统一管理下，民间自律、自助、灾害自救的一种"自治"。

乡约同国家基层管理的关系，越到后代就越密切。延至清朝雍正（1723—1735年）时期，清政府议准在全国基层普遍设立乡约，每约照例设约正、约副等职。随着地方里甲、乡、保管理能力的衰退，政府将一些行政任务，如催征钱粮等也交由本来专司教化的乡约长、乡正等督办，致使一些地方乡约的职能由单纯的教化转向综合管理，乡约头人的负担越来越重，社会地位却越来越低，有资格任职者逐渐将做乡约头人视为畏途。但即使如此，直至古代乡约走向衰落，封建国家统治范围内，都没有出现摆脱国家基层管理而实行"自治"的乡约组织。

三、古代乡约的基本特点和社会作用

中国古代的乡约，有的是士绅作为对民间教化、礼仪的一种设计论证，停留在书面上，并未付诸实行；有的则不仅有其言而且有其行，由提出者或他人付诸践行；有的还取得了一定积极的效果。我们从北宋至清代选出《吕氏乡约》《南赣乡约》和康熙"圣谕十六条"三个最有代表性的乡约（约讲）内容细加分析，就会看到它们既有各自的特点，又有相似的共同特征。

北宋《吕氏乡约》具有明显的民间性。它只有几条成文公约和一般的约束机制，实行地域并不大，推行时间也不长。民众入会、退会自由，"来者亦不拒，去者亦不追"（吕大钧《答仲兄》）。讲约程序简朴。对于

违约者的处分多是罚少许银子，最严重的规定是："其不义已甚，非士论所容者……则皆绝之。"朱熹《增损吕氏乡约》的最严处分也是"听其出约"，就是开除或劝退出约。犯者无生死之忧。

明代王守仁推行的《南赣乡约》，以明太祖朱元璋的《圣训六言》为典则，讲约时约众要北面而跪，听约正读明太祖"告谕"。读毕，约长还要领众向神明宣誓："自今以后，凡我同约之人，祗奉戒谕，齐心合德，同归于善。若有二三其心……神明诛殛。"要求宣誓约众答应："若有二三其心，阳善阴恶者，神明诛殛。"既有最高权威"圣训"的强制，又有神道设教、神灵的暗察，加上王守仁以封疆大吏的身份推行，使得《南赣乡约》具有了极高的权威性和强制性。明代官府推行的乡约大都组织严密，程序复杂，要求严格，违约的处罚也很严厉。对于严重犯约者可以请官府派兵"诛灭"。甚至对于"因小忿，投贼复仇，残害良善，酿成大患"的，也要"呈官诛殄"，置于死地。明代一般官员、官府推行的乡约，也有"禀官究治"的规定，比《吕氏乡约》严厉多了。

清朝乡约的特点，是最高统治者下令全国基层组织通过乡约的形式，讲读康熙"圣谕十六条"或雍正《圣谕广训》，这是借旧瓶装新酒，但它未必像有论者所说，是乡约制度的衰落。如前所述，康熙"圣谕十六条"和雍正《圣谕广训》吸收了《周礼》德教和《吕氏乡约》以来传统乡约的精神内涵，因而从乡约发展的眼光看，它倒是升华了传统的乡约，使乡约这一基层民众教化形式更具有时代性和生命力。这是中国乡约制度的创新和活力之所在、之表现，而不是相反。

中国古代乡约，包括《吕氏乡约》《南赣乡约》和"圣谕十六条"等在内，有一个共同的追求或特点，那就是它们都要为约众树立一种共同遵循的道德和礼俗标准，使个人的行为有所遵依，不至于超出儒家主张、朝廷旨意和社会公德公范的底线，从而达到安定民生、稳固社会基层的政治目标。从国家的基层社会管理上看，它有一定的合理性和存在理由。让公民遵循一定的公德公范，不是古今中外政治家的一致诉求吗？

怎样评价中国古代的乡约？它主要有以下几个积极的方面：

一是在国家基层治理的前提下，增添了道德教化、风俗引导的新渠道。道德教化、风俗引导是传统理想政治的反映。西周以来，就有乡饮酒礼、学校教育、家族教育等多种形式。自从蓝田吕氏创立了《吕氏乡约》以后，为中国的传统道德教育、风俗引导增添了新形式，不论组织操作者是士绅、官员或是朝廷政府，都在不同的时代、地区或全国取得了积极的效果，这是社会文化进步的一种反映，值得肯定。

二是创建了民间自律、自助、自卫的组织。中国古代对于民间的教化、救恤、安全保护，多是来自官方，对于民众团体来说是外在的。儒家倡导学者"慎独"，也只是个人的修养行为。乡约以乡社为单位订立公约，在国家基层管理的前提下，在不违犯或有利于国家法禁通行的条件下，实行自教、自助、安全自卫等措施，是一种崭新的做法。清朝政府将宣讲"圣谕"作为乡约的主要内容，看起来使乡约转变成了官办的、法令式的，但那种宣讲实质上还是通过调动民众内在积极性，自觉地遵守公德公范，保持基层社会稳定，它同士绅、官府倡办的乡约有异曲同工之妙，而无本质的差别。乡约教化同国家治理相辅相成、相得益彰，在公德公范的宣教、移风易俗的引导上起了重要的作用，体现了士绅关注社会的情怀和广大民众思安求助的愿望。正因为这样，才被明清官府甚至是朝廷所接受和推广。

三是对于安定民生、稳定基层社会秩序发挥了积极的作用。乡社安则州县安，州县安则天下安，基层社会的安定问题决不能小觑。古代出现的乡约组织，或限于局地，或遍布全国（清代），但从每一个乡约来看，都没有超出乡社范围。《吕氏乡约》推行于关中，"关中化之"。明清以来，《吕氏乡约》曾在全国很多地方实行，也取得了安定民生、稳定社会秩序、移风易俗的效果。其他乡约凡是付诸实践的，也在一定程度上作用正面，效益良好。有的乡约作为士人的理想诉求，并未付诸实行；有的尽管实行，其效果没有文字的记载。从现在可以看到的约文、约行、约效看，古代乡约在总体上还是起到了一定安民生、稳基层的积极作用。

四是乡约在很多地方延伸了行政管理制度，是国家基层管理的佐助。

中国古代的官僚制度一般只延伸到县，县以下不派驻官员，由役吏、职役承担者负责办理各项事务。如明朝的里甲制承办徭役，粮长制包揽税粮的征缴。清朝起初承袭明的里甲制，后来又变为乡保制、保甲制等，实行层层管理。乡约不分层次，没有上下级统属关系。由乡约、保甲的乡约长和保甲长相配套，前者主要负责讲约教化，后者主要承担地方治安，都不是官职，却有一定"约束之权"。如负责讲约、清查户口、平息民讼、决断约民是非、奖惩约众善恶等，县官力所不及的事，交由乡保长和乡约长去办，使乡约、保甲在维护基层"风俗醇和，地方宁谧"上作出了贡献，实际是辅助、延伸了县级政府的行政管理，难怪"知县愿与共治"了。

吕大钧画像和《吕氏乡约》书影

■ 作者简介

吕大钧（1031—1082年），字和叔。宋京兆府蓝田县（今陕西蓝田）人。宋仁宗嘉祐二年（1057年）进士。调秦州右司理参军，监延州折博务，改知三原县。宋神宗熙宁中，韩绛宣抚陕西，辟为书写机密文字。父丧，家居讲学数年。宋攻西夏，鄜延路转运使檄为从事。卒于延州官舍。从张载学，能守其师说而付诸践行。著有《诚德集》，已佚。

蓝田《吕氏乡约》的作者，旧传为吕大忠，南宋朱熹将其收入大钧文集，又有相关问答诸书附于其后，乃断定"其为和叔（大钧）所定不疑。篇末著进伯（大忠）名，意以其族党之长而推之，使主斯约故尔。"①意为《吕氏乡约》实是吕大钧定稿的。署名为吕大忠，是因为吕大忠是族长，推他主持乡约之事的缘故。朱熹的话不仅铁定了《吕氏乡约》的定稿人，还揭示出《吕氏乡约》在吕氏家族曾经实行的历史事实。由吕大钧手定的《吕氏乡约》实行后，"关中化之"②，可见其影响之大。

①见宋联奎辑《关中丛书》第一辑《吕氏乡约》附识。
②见《宋史》卷三百四十《吕大防传附吕大钧传》。

■**原文**

德业相劝

德①，谓见善必行，闻过必改。能治其身，能治其家。能事②父兄，能教子弟。能御③僮仆，能事长上。能睦亲故，能择交游。能守廉介④，能广施惠，能受寄托，能救患难。能规过失。能为人谋，能为众集事⑤。能解斗争，能决是非。能兴利除害，能居官举职⑥。凡有一善为众所推者，皆书于籍，以为善行。

业⑦，谓居家则事父兄，教子弟，待妻妾。在外则事长上，接朋友，教后生，御僮仆。至于读书治田，营家济物⑧，好礼乐射御书数之类，皆可为之，非此之类，皆为无益。

■**释义**

①德：一般指人们共同生活及行为的准则和规范。这里指品行、品德。
②事：服侍。
③御：这里指管理和使唤。
④介：耿介，正直。
⑤集事：成事，办成事情。
⑥举职：尽职，称职。
⑦业：职业，职务。
⑧营家济物：营家，经营家业；济物，犹济人。经营家业，救助别人。

过失相规①

过失，谓犯义②之过六，犯约之过四，不修之过五。

犯义之过，一曰酗博斗讼，（酗谓恃酒喧竞，博谓博赌财物，斗谓斗殴骂詈，讼谓告人罪匿，意在害人者，若事干负累，又为人侵损而诉之者，非。）二曰行止逾违，（逾违多端，众恶皆是。）三曰行不恭孙③，（侮慢有德有齿者，持人短长及恃强陵犯众人者，知过不改、闻谏愈甚者。）四曰言不忠信，（为人谋事，陷人于不善；与人要约④，过即背之，及诬妄⑤百端皆是。）五曰造言诬毁，（诬人过恶，以无为有，以小为大，面是背非，或作嘲咏匿名⑥文书，及发扬⑦人之私隐，无状⑧可求，及喜谈人之旧过者。）六曰营私⑨太甚。（与人交易，伤于掊克⑩者；专务进取，不

■ 释义

①规：相劝，劝告。

②义：理；善；美。合乎正义或公益的。

③恭孙：孙，古同"逊"。恭敬谦逊。

④要约：立盟；立约；约定。

⑤诬妄：谓以不实之词蒙骗人或冤枉别人。

⑥嘲咏匿名：嘲咏，谓歌咏以嘲讽；匿名，不写或隐瞒真实姓名。写不署名或隐瞒真名的诗歌来嘲讽人。

⑦发扬：这里意为泄露。

⑧无状：没有事实，没有根据。

⑨营私：图谋私利。

⑩掊克：搜刮，刻剥。

恤余事者；无故而好干求①假贷者；受人寄托而有所欺者。）

犯约之过，一曰德业不相劝②，二曰过失不相规，三曰礼俗不相成，四曰患难不相恤③。

不修之过，一曰交非其人，（所交不限士庶，但凶恶及游惰无行，众所不齿者，若与之朝夕游从④，则为交非其人。若不得已暂往还者，非。）二曰游戏怠惰，（游谓无故出入及谒见人，止务闲适者。戏谓戏笑无度，及意在攸侮⑤，或驰马击鞠之类，不赌财物者。怠惰，谓不修事业，及家事不治，门庭不洁者。）三曰动作无仪⑥，（进退太疏野，及不恭⑦者，不当言而言，当言而不言者；衣冠太饰⑧及全不完整者，不衣冠入街市者。）四曰临事不恪⑨，（主事废忘，期会后时，临事怠慢⑩者。）五曰用度不节。

■ 释义

①干求：请求，求取。
②劝：勉励。
③恤：救济。
④游从：相随同游；交往。
⑤攸侮：攸，文言语助词，无义；侮，欺负，轻慢。
⑥无仪：不善，没有威仪。
⑦恭：恭敬，谨慎。
⑧太饰：饰，装饰品。谓装饰品太多。
⑨恪：谨慎；恭敬。
⑩怠惰：懈怠懒惰。

（不计家之有无，过为侈费者；不能安贫而非道^①营求者。）

已上不修之过，每犯皆书于籍，三犯则行罚。

礼俗相交

凡行婚姻、丧葬、祭祀之礼，《礼经》具载，亦当讲求。如未能遽行，且从家传旧仪。甚不经^②者，当渐去之。

凡与乡人相接，及往还书问，当众议一法共行之。

凡遇庆吊，每家只家长一人，与同约者皆（偕）往，其书问亦如之。若家长有故，或与所庆吊者不相识，则其次者当之。所助之事，所遗之物，亦临时聚议，各量其力，裁定名物及多少之数，若契分^③浅深不同，则各从其情之厚薄。

凡遗物^④，婚嫁及庆贺用币、帛、羊、酒、蜡烛、雉、兔、果实之类，计所直（值）多少，多不过三千，少至一二百。丧

■ **释义**

①非道：不合道义；不正当的手段。

②不经：不合常理；不合常法。谓不见于经典，没有根据。

③契分：交谊，情分。

④遗（wèi）物：赠与；馈赠。赠与钱物。

葬，始丧则用衣服或衣段以为襚礼①，以酒脯为奠礼②，计直（值）多不过三千，少至一二百。至葬则用钱帛为赙礼③，用猪、羊、酒、蜡烛为奠礼，计直多不过五千，少至三四百。灾患如水火、盗贼、疾病、刑狱之类，助济者以钱帛、米谷、薪炭等物，计直（值）多不过三千，少至二三百。

凡助事，谓助其力所不足者，婚嫁则借助器用，丧葬则又借助人夫，及为之营干④。

患难相恤

患难之事七，一曰水火，（小则遣人救之，大则亲往，多率人救之并吊⑤之耳。）二曰盗贼，（居之近者同力捕之，力不能捕则告于同约者及白于官司，尽力防捕之。）三曰疾病，（小则遣人问之，稍甚则亲为博访医药。贫无资者，助其养疾之费。）四曰

■释义

①襚礼：吊丧者赠送死者的衣衾等礼物。送衣衾曰襚。
②奠礼：送给丧家作为祭奠的财物。
③赙（fù）礼：送给丧家治丧的礼物。送货财曰赙。
④营干：经营，办事，干活。
⑤吊：这里指慰问。

死丧，（缺人干则往助其事，缺财则赙物及与借贷吊问。）五曰孤弱，（孤遗无所依者，若其家有财可以自赡，则为之处理，或闻于官，或择近亲与邻里可托者主之，无令人欺罔可教者，为择人教之，及为求婚姻。无财不能自存者，叶（协）力济之，无令失所。若为人所欺罔①，众人力与办理。若稍长而放逸不检②，亦防察约束之，无令陷于不义也。）六曰诬枉，（有为诬枉过恶，不能自申者，势可以闻于官府则为言之，有方略可以解则为解之。或其家因而失所者，众以财济之。）七曰贫乏。（有安贫守分而生计大不足者，众以财济之，或为之假贷置产，以岁月偿之。）

凡同约者，财物、器用、车马、人仆皆有无相假。若不急之用，及有所妨者，亦不必借。可借而不借，及逾期不还，及损坏借物者皆有罚。凡事之急者，自遣人遍告同约，事之缓者，所居相近及知者告于主事，主事遍告之。凡有患难，虽非同约，其所知者亦当救恤，事重则率同约者共行之。

■ 释义

①欺罔：欺骗，蒙蔽。
②放逸不检：放纵逸乐而不检点。

罚　式

犯义之过，其罚五百（轻者或损至四百、三百）。不修之过及犯约之过，其罚一百（重者或增至二百、三百）。凡轻过规之而听及能自举者，止书于籍，皆免罚。若再犯者不免。其规之不听，听而复为，及过之大者，皆即罚之。其不义已甚，非士论所容者，及累犯重罚而不悛者，特聚众议，若决不可容，则皆绝之①。

聚　会

每月一聚，具食。每季一会，具酒食。所费率钱②，合当事者主之。遇聚会则书其善恶，行其赏罚。若约有不便之事，共议更易。

■ 释义

①绝之：放弃，开除。
②率（shuài）钱：意为凑钱。

主　事

约正一人或二人，众推正直不阿者为之，专主平决①赏罚当否。直②月一人，同约中不以高下，依长少轮次为之，一月一更，主约中杂事。

■ 释义

①平决：判断处理。
②直：当值，轮值，轮班。

■点评

《吕氏乡约》是中国历史上最早出现的，由士绅倡办的民间自教、自助、自卫组织的约文。它是在封建法制的范围内提出的，属于简单易行的民众教化方案。它以儒家伦理教化思想为核心，以基层社会生活为基础，以导民向善为旨归，有利于维护封建秩序和社会安定，因而得到历代封建统治者的支持。

《吕氏乡约》的基本内容有四条："德业相劝"，是从思想道德，生业行事上规定什么是善，什么是恶，什么事该做，什么事不该做，使同约乡民都能循规蹈矩地按照儒家的德教和张载的礼学论述做人行事。"过失相规"规定了犯义、犯约和不修三个方面的过失。犯义就是行为失范，不合理，不妥当，包括酗酒、赌博、斗殴、骂詈、诬告他人、对老人及有德之人侮慢无礼、恃强凌弱、知错不改、劝告愈甚、言而无信、当面说的是背后又反悔、揭人隐私、谈人旧过、刻薄渔利、营私舞弊等。犯约，就是违反《乡约》条款，如德业不相劝，过失不相规，礼俗不讲究，见同约之人有难不相救等。不修之过，是指行为不检点，衣冠不整洁，与凶恶、懒惰、无德行而为众人嫌弃者厮混，游手好闲、嬉笑无度、不事生业、不讲卫生，行为粗野、态度不恭、该说的不说不该说的乱说、衣着过度装饰或不修边幅，甚至不着衣冠来到稠人广众之中。对于不修之过要记录在籍，违反三次即予以处罚。"礼俗相交"强调婚姻、丧葬、祭祀等事，都要按名教礼仪来办，一时难以做到的，可暂按家传旧仪实行，但对家传旧仪中与礼经相抵触的部分，应逐渐改变，使其趋向于礼。还规定了同约人遇事相助的原则、方式和搭礼钱的额度。提倡量力而行，助人所需，以既体面又能负担得起，能解决事主实际问题，使其感受温暖为原则。"患难相恤"列举了需要救助的事项及同约助人的义务、方式等。按照原著的条析，同约之人遭遇水火之灾，轻者派人前去救助，重者家长要亲自率人去救并予以慰问。遭遇盗贼，相邻者要同力捕捉，力不能捕则告于同约其他人家及官府，尽力防捕。遇有疾病，小者派人前去慰问，重者家长应亲为访医求药；贫不能治者要给予资助。遇到丧事，丧家人力不足，同约人应及时出力帮助，或缺财力物力，就要赠给钱物或给予借贷吊问。对于同约的孤儿，其家有资财可以自赡者，应予协助，或禀官司安排，或择近亲、邻里可靠者托付料理，防止孤儿受人欺负。孤儿的教育、长大后的婚姻等事，同约人都要关心护理。对于没有资产不能独立生存的孤儿，同约人应当协力救助。孩子稍大，放纵逸乐而不检点者，要及时察知约束，以防失调，陷于不义。同约中有受人诬陷、冤枉而不能自明者，能帮助解决就解决，不能解决就报官府协助解决，因遭诬枉失财、失所者，大家都要以财力周济。同约人安贫守分而生计太乏者，大伙也应接济，或为借贷置产，使其盘活生业，逐渐偿还。《吕氏乡约》规定，所有同约人都应在日用物资上有无相借，可借而不借或逾期不还，或损坏借物者有罚。遇事，紧急者自己派人遍告同约，不太急者由邻人或知情者告知主事，再由主事人告知大家。见人有难，哪怕是非同约的人，也应协力救助。

《吕氏乡约》是由吕大钧执笔撰写。从民国时期宋联奎辑《关中丛书·吕氏乡约》附录的《答伯兄》《答仲兄》等资料看，尤其是从蓝田吕氏的长兄吕大忠在《吕氏乡约》后的一段附记来看，它至少在当地乡族得到施行。吕大忠的附记说："人之所赖于邻里乡党者，犹身有手足、家有兄弟，善恶利害皆与之同，不可一日而无之。不然，则秦越其视①，何与于我哉！大忠素病于此，且不能勉，愿与乡人共行斯道，惧德未信，动或取咎，敢举其目，先求同志，苟以为可，愿书其'诺'，成吾里仁之美，有望于众君子焉。熙宁九年十二月初五日，汲郡吕大忠白。"②可见，吕大忠不仅有实行乡约的愿望，还向"同志"者征求意见，要求签字表态，其

---

①秦越其视：春秋时秦在西北，越居东南，相距极远。比喻疏远隔膜，互不相关。此为互不相关的看法。
②见宋联奎辑《关中丛书》第一辑《吕氏乡约》附录。

实行乡约之意殷切。加上他是其"族党之长",因此被众兄弟和族人"推之使主斯约"①,《乡约》的实行水到渠成,应是理所当然的了。又从吕大钧《答仲兄》可知,他的二哥吕大防抱着怕惹事而"逊避"的态度,建议将乡约改为"家仪",即仅在家族内实行。大钧不同意,答说,那样"于义不安。盖其间专是与乡人相约之事,除是废而不行。其间礼俗相成,患难相恤,在家人岂须言及之乎!"②还说"即今所行乡约",已经经过了修改,与原初有很大的不同。可见这一乡约是在"乡人"中,而不仅仅是在家族中付诸实行了。《吕氏乡约》在中国历史上影响深刻而久远,明清以来中国各地实行的乡约或乡民自治运动,都从它那里得到启发或汲取了经验。

---

①见宋联奎辑《关中丛书》第一辑《吕氏乡约》附录。
②见宋联奎辑《关中丛书》第一辑《吕氏乡约》附录《答仲兄》。

增损吕氏乡约①

朱 熹

朱熹自画像和《增损吕氏乡约》书影

■ 作者简介

朱熹（1130—1200年），字元晦，一字仲晦，号晦庵、晦翁，别号紫阳、云谷老人、朱松子。徽州婺源（今江西婺源县）人，生于南剑州尤溪县（今福建尤溪县）。宋高宗绍兴十八年（1148年）进士，为同安主簿。宋孝宗淳熙中（1174—1189年）知南康军，改提举浙东茶盐公事。宋光宗时（1190—1194年），历知漳州，任秘阁修撰等。宋宁宗（1195—1224年）初，以焕章阁待制提举南京鸿庆宫。宋宁宗庆元二年（1196年）落职罢祠。卒后追谥"文"。累赠太师，追封信国公，后改封徽国公，从祀孔子庙。朱熹受业于李侗，得程颢、程颐之传，兼采周敦颐、张载等人学说，集北宋以来理学之大成。他曾主持白鹿洞、岳麓书院，讲学五十余年。弟子众多，其学派被称为闽学或考亭学派、程朱学派。著有《四书章句集注》《伊洛渊源录》《名臣言行录》《资治通鉴纲目》《诗集传》《楚辞集注》等，后人将其著作编为《朱子语类》《朱文公文集》流行。

---

①原文据朱杰人，严佐之，刘永翔主编《朱子全书》第24册，戴扬本，曾抗美校点：《晦庵先生朱文公文集》（五），上海古籍出版社、安徽教育出版社2002年联合出版，第3594—3603页。

■原文

凡乡之约四。一曰德业相劝，二曰过失相规，三曰礼俗相交，四曰患难相恤。众推有齿德者一人为都约正，有学行者二人副之。约中月轮一人为直月，（都副正不与。）置三籍①，凡愿入约者书于一籍，德业可劝者书于一籍，过失可规者书于一籍。直月掌之，月终则以告于约正，而授于其次。

德业相劝

德谓见善必行，闻过必改。能治其身，能治其家；能事父兄，能教子弟；能御童仆，能肃政教；能事长上，能睦亲故；能择交游，能守廉介②；能广施惠，能受寄托；能救患难，能导人为善；能规人过失，能为人谋事，能为众集事③，能解斗争；能决是非，能兴利除害，能居官举职④。

■释义

①籍：簿籍，本子。
②廉介：廉洁、正直。
③集事：成事，办成事情。
④举职：尽职，称职。

业谓居家则事父兄，教子弟，待妻妾。在外则事长上①，接朋友，教后生，御童仆②。至于读书治田，营家济物③，畏法令，谨④租赋，好礼、乐、射、御、书、数⑤之类，皆可为之。非此之类，皆为无益。

右件⑥德业，同约之人，各自进修⑦，互相劝勉。会集之日，相与推举其能者书于籍，以警励⑧其不能者。

过失相规

过失谓犯义之过六，犯约之过四，不修之过五。

犯义之过，一曰酗博斗讼，（酗谓纵酒喧竞⑨，博谓赌博财

■ 释义

①长上：长辈和上级。
②童仆：年幼的家仆。
③济物：犹济人，帮助别人。
④谨：慎重，小心。
⑤书、数：指六书和九数。六书，古指汉字的六种构造条例。即指事、象形、形声、会意、转注及假借。九数，古算法名。大约成书于东汉初的《九章算术》，就是据九数而作的。
⑥右件：古代书写习惯是从右向左竖写，所以"右件"是"上文、前述"的意思。
⑦进修：进一步学习。
⑧警励：告诫勉励。
⑨喧竞：喧闹相争。

物，斗谓斗殴骂詈，讼谓告人罪恶，意在害人，诬赖①争诉，得已不已者。若事干负累②，及为人侵损而诉之者非。）二曰行止逾违，（逾礼违法，众恶皆是。）三曰行不恭逊③，（侮慢④齿德者，持人短长者，恃强凌人者，知过不改、闻谏愈甚者。）四曰言不忠信⑤，（或为人谋事，陷人于恶；或与人要约⑥，退即背之；或妄说事端，荧惑⑦众听者。）五曰造言诬毁⑧，（诬人过恶，以无为有，以小为大，面是背非。或作嘲咏⑨匿名文书，及发扬⑩人之私隐，无状可求，及喜谈人之旧过者。）六曰营私⑪太甚。（与人交易，伤于掊克⑫者；专务进取，不恤⑬余事者；无故而好干求⑭假贷者，受人寄托而有所欺者。）

■ 释义

①诬赖：毫无根据地说别人做了坏事或说了坏话。
②负累：负罪，获罪。
③恭逊：恭敬谦逊。
④侮慢：对人轻忽，态度傲慢，乃至冒犯无礼。
⑤忠信：忠诚信实。
⑥要约：约定，订立盟约。
⑦荧惑：迷惑。
⑧诬毁：诬蔑诋毁。
⑨嘲咏：指歌咏以嘲讽。
⑩发扬：宣扬。
⑪营私：图谋私利。
⑫掊克：聚敛，搜刮。
⑬不恤：不忧悯；不顾惜。
⑭干求：请求；求取。

犯约之过，一曰德业不相劝，二曰过失不相规，三曰礼俗不相成，四曰患难不相恤。

不修之过，一曰交非其人，（所交不限士庶，但凶恶及游惰无行、众所不齿者而已，朝夕与之游处①，则为交非其人。若不得已而暂往还者非。）二曰游戏怠惰，（游谓无故出入，及谒见人止务闲适者，戏谓戏笑无度，及意在侵侮②，或驰马击鞠③而不赌财物者。怠惰谓不修事业，及家事不治，门庭不洁者。）三曰动作无仪④，（谓进退太疏野，及不恭者；不当言而言，及当言而不言者；衣冠太华饰，及全不完整者，不衣冠而入街市者。）四曰临事不恪⑤，（主事废忘⑥，期会后时⑦，临事怠慢者。）五曰用度不节。（谓不计有无，过为侈费者；不能安贫⑧，非道⑨营求者。）

右件过失，同约之人，各自省察，互相规戒。小则密规⑩之，

■ 释义

①游处：交游；来往。
②侵侮：侵犯轻慢，侵害欺侮。
③鞠：古代的一种皮球。
④无仪：没有威仪。
⑤恪：恭敬，谨慎。
⑥废忘：不做或忘记了。
⑦期会后时：与人约定会见的时间过后才到。
⑧安贫：安于贫穷。
⑨非道：不合道义，不正当的手段，不恰当。
⑩密规：私下悄悄地规劝。

大则众戒①之。不听则会集之日，直月以告于约正，约正以义理诲谕②之。谢过请改，则书于籍以俟。其争辩不服，与终不能改者，皆听其出约③。

礼俗相交

礼俗之交，一曰尊幼辈行④，二曰造请⑤拜揖，三曰请召⑥送迎，四曰庆吊赠遗⑦。

尊幼辈行凡五等。曰尊者，（谓长于己三十岁以上，在父行者。）曰长者，（谓长于己十岁以上，在兄行者。）曰敌者⑧，（谓年上下不满十岁者，长者为稍长，少者为稍少。）曰少者，（谓少于己十岁以下者。）曰幼者。（谓少于己二十岁以下者。）

造请拜揖凡三条。曰凡少者、幼者于尊者、长者，岁首、冬

■ 释义

①众戒：多人规劝或在大家面前规劝。
②诲谕：也作诲喻，教诲晓喻。
③出约：退出乡约。
④辈行（háng）：犹行辈，辈分。这句是指长幼行辈之间的交往礼俗。
⑤造请：登门晋见。
⑥请召：招请，邀请。
⑦赠遗（wèi）：赠送，赠与；亦指赠送的财物。
⑧敌者：指年龄相仿的人。

至、四孟月朔①辞见贺谢，皆为礼见②。（皆具门状③，用襆头④、公服⑤、腰带、靴笏。无官具名纸，用襆头、襕衫⑥、腰带、系鞋。唯四孟通用帽子、皂衫⑦、腰带。凡当行礼而有恙故，皆先使人白之。或遇雨雪，则尊长先使人谕止来者。）此外，候问起居、质疑白事，及赴请召，皆为燕见⑧。（深衣⑨、凉衫皆可，尊长令免即去之。）尊者受谒不报⑩，（岁首、冬至具己名榜子⑪，令子弟报之，如其服。）长者岁首、冬至具榜子报之，如其服。余令子弟以己名榜子代行。凡敌者，岁首、冬至辞见贺谢相往还。（门状⑫名纸同上，唯止服帽子。）凡尊者、长者无事而至少

■ 释义

①岁首冬至四孟月朔：岁首，指元旦，正月初一日；冬至，在古代是一个大节日；四孟月朔，指每个季节第一个月的初一日，古代也是节日。

②礼见：见面时行礼。

③门状：即名帖，拜访者给守门人递上名帖，请为禀报。

④襆头：襆同"襆（pú）"。旧时男子的头巾。

⑤公服：旧时官吏的制服。

⑥襕衫：古代士人服，因其于衫下施横襕，故称。

⑦皂衫：亦作皁衫，黑色短袖单衣。

⑧燕见：公余会见。

⑨深衣：古代上衣和下裳相连缀的一种服装。是官员家居常穿的衣服，也是庶人的常礼服。

⑩不报：不答复，即不还礼。

⑪榜子：札子，便条。

⑫门状：犹拜帖。晋见时所递的名帖。

者、幼者之家，唯所服。（深衣、凉衫、道服①、背子②可也，敌者燕见亦然。）曰③凡见尊者、长者，门外下马，俟于外次，乃通名。（凡往见人，入门必问主人食否，有他客否，有他干否。度无所妨，乃命展刺④；有妨，则少俟，或且退。后皆放此。）主人使将命者⑤先出迎客，客趋⑥入至庑⑦间，主人出，降阶。客趋进，主人揖之，升堂礼见，四拜而后坐。燕见不拜。（旅见则旅拜。少者、幼者自为一列。幼者舁，则跪而扶之；少者拜，则跪扶而答其半。若尊者、长者齿德殊绝⑧，则少者、幼者坚请纳拜，尊者许，则立而受之；长者许，则跪而扶之。拜讫，则揖而退，主人命之坐，则致谢讫，揖而坐。）退，（凡相见，主人语终，不更端则告退。或主人有倦色，或方干事而有所俟者，皆告退可

■ 释义

①道服：本是僧道的服装，后一般人家居也喜欢穿。

②背子：也作褙子，汉传统服装的一种，男女都可以穿，短袖或无袖，类似今日的背心。

③曰：本文段落开头出现"曰"的地方，当是转述《吕氏乡约》的文字。

④刺：名帖。

⑤将命者：传命的人。

⑥趋：小步快走，表示恭敬。

⑦庑：堂下周围的走廊，也指堂下周围的廊屋或屋檐。

⑧殊绝：特出，超绝。

也。后皆放此。）则主人送于庑下。若命之上马，则三辞。许则揖而退，出大门，乃上马。不许则从其命。凡见敌者，门外下马，使人通名，俟于庑下或厅侧。礼见则再拜，（稍少者先拜，旅见则特拜。）退则主人请就阶上马。（徒行则主人送于门外。）凡见少者以下，则先遣人通名，主人具衣冠以俟。客入门下马，则趋出，迎揖升堂。来报礼则再拜谢，（客止之则止。）退则就阶上马。（客徒行，则迎于大门之外，送亦如之，仍随其行数步，揖之则止，望其行远乃入。）曰凡遇尊长于道，皆徒行，则趋进，揖。尊长与之言，则对；否，则立于道侧，以俟尊长已过，乃揖而行。或皆乘马，于尊者则回避之，于长者则立马道侧，揖之。俟过乃揖而行。若己徒行而尊长乘马，则回避之。（凡徒行遇所识乘马，皆放此。）若己乘马而尊长徒行，望见则下马，前揖、己避亦然。过既远，乃上马。若尊长令上马，则固辞。遇敌者，皆乘马，则分道相揖而过。彼徒行而不及避，则下马揖之，过则上马。遇少者以下，皆乘马，彼不及避，则揖之而过。彼徒行，不及避，则下马揖之。（于幼者则不必下可也。）

请召迎送，凡四条。曰凡请尊长饮食，亲往投书。（礼薄则不必书。专召他客，则不可兼召尊长。）既来赴，明日亲往谢之。

召敌者以书简，明日交使相谢。召少者用客目①，明日客亲往谢。曰凡聚会皆乡人，则坐以齿②。（非士类则不。）若有亲，则别叙；若有他客，有爵者则坐以爵③。（不相妨者，坐以齿。）若有异爵者，虽乡人亦不以齿。（异爵谓命士大夫以上，今陛朝官是。）若特请召，或迎劳出饯，皆以专召者为上客，如婚礼则姻家为上客，皆不以齿爵为序。曰凡燕集④，初坐，别设桌子于两楹间⑤，置大杯于其上。主人降席，立于桌东，西向。上客亦降席，立于桌西，东向。主人取杯亲洗，上客辞。主人置杯桌子上，亲执酒斟之，以器授执事者，遂执杯以献上客。上客受之，复置桌子上。主人西向再拜，上客东向再拜，兴，取酒东向跪祭⑥，遂饮。以杯授赞者，遂拜，主人答拜。（若少者以下为客，饮毕而拜，则主人跪受如常。）上客酢⑦主人如前仪，主人乃献众宾如前仪，唯献酒不拜。（若众宾中有齿爵者，则特献如上客之仪，不

■ 释义

①客目：专门负责招待客人的人。

②坐以齿：按年龄大小分上下坐。

③坐以爵：按爵位高低分上下坐。

④燕集：宴饮聚会。

⑤两楹间：房屋正厅当中的两根柱子间。两楹之间是房屋正中所在，为举行重大仪式和重要活动的地方。

⑥跪祭：跪着向眼前地上滴一些酒，表示对主人已亡祖先的敬意。

⑦酢：向主人回敬酒。

酢。）若婚会，姻家为上客，则虽少亦答其拜。曰凡有远出远归者，则迎送之。少者、幼者不过五里，敌者不过三里，各期会^①于一处，拜揖如礼。有饮食则就饮食之。少者以下，俟其既归，又至其家省之。

庆吊赠遗凡四条。曰凡同约有吉事，则庆之。（冠子^②、生子、预荐^③、登第、进官之属，皆可贺。婚礼虽曰不贺，然《礼》亦曰贺娶妻者，盖但以物助其宾客之费而已。）有凶事，则吊之。（丧葬水火^④之类。）每家只家长一人与同约者俱往，其书问亦如之。若家长有故，或与所庆吊者不相接，则其次者当之。曰凡庆礼如常仪，有赠物。（用币帛、酒食、果实之属，众议量力定数，多不过三五千，少至一二百。如情分厚薄不同，则从其厚薄。）或其家力有不足，则同约为之借助器用，及为营干^⑤。凡吊礼，闻其初丧，（闻丧同。）未易服，则率同约者深衣而往哭吊之，

■ 释义

①期会：约定聚集。

②冠子：给儿子举行成人礼。其间有戴冠（帽子）的仪式。

③预荐：指参加科举考试。

④水火：指水灾或火灾。

⑤营干：经营、办理。

（凡吊尊者，则为首者致辞而旅拜①。敌以下则不拜。主人拜则答之，少者以下则扶之，不识生者则不吊，不识死者则不哭。）且助其凡百经营之事。主人既成服，则相率素襆头、素襕衫、素带，（皆以白生纱绢为之。）具酒果食物而往奠之。（死者是敌以上则拜而奠，以下则奠而不拜。主人不易服，则亦不易服；主人不哭，则亦不哭。情重，则虽主人不变不哭，亦变而哭之。赗礼用钱帛，众议其数如庆礼。）及葬，又相率致赗。俟发引，则素服而送之。（赙如赗礼，或以酒食犒其役夫及为之干事。）及卒哭②，及小祥③及大祥④，皆常服吊之。曰凡丧家，不可具酒食衣服以待吊客，吊客亦不可受。曰凡闻所知之丧，或远不能往，则遣使致奠，就外次衣吊服，再拜，哭而送之。（唯至亲笃友为然。）过期年则不哭，情重则哭其墓。

右礼俗相交之事，直月主之。有期日者为之期日，当纠集者督其违慢。凡不如约者，以告于约正而诘之，且书于籍。

■释义

①旅拜：指同行拜手礼。拜手礼（在下跪时，两手拱合，低头至手，与心平，而不及地）。

②卒哭：古代丧礼，百日祭后，止无时之哭，变为早、晚一哭，名为卒哭。

③小祥：古时父母丧后周年的祭名。

④大祥：古时父母丧后两周年的祭名。

患难相恤

患难之事七。一曰水火，（小则遣人救之，甚则亲往，多率人救且吊之。）二曰盗贼，（近者同力追捕，有力者为告之官司，其家贫则为之助出募赏。）三曰疾病，（小则遣人问之，甚则为访医药，贫则助其养疾之费。）四曰死丧，（阙人则助其干办，乏财则赙赠借贷。）五曰孤弱，（孤遗无依者，若能自赡，则为之区处，稽其出内。或闻于官司，或择近亲与邻里可托者主之，无令人欺罔①，可教者为择人教之，及为求婚姻。贫者，协力济之，无令失所②。若有侵欺之者，众人力为之办理。若稍长而放逸不检，亦防察约束之，无令陷于不义。）六曰诬枉③，（有为人诬枉过恶，不能自伸者，势可以闻于官府，则为言之。有方略可以救解，则为解之。或其家因而失所者，众共以财济之。）七曰贫乏。（有安贫守分而生计大不足者，众以财济之，或为之假贷置产，以岁月偿之。）

■ 释义

①欺罔：欺骗，蒙蔽。
②失所：无存身之地，无所依存。
③诬枉：诬陷冤枉。

右患难相恤之事。凡有当救恤者，其家告于约正，急则同约之近者为之告约正，命直月遍告之，且为之纠集①而程督②之。凡同约者，财物器用、车马人仆，皆有无相假③，若不急之用及有所妨者，则不必借。可借而不借，及逾期不还，及损坏借物者，论如犯约之过，书于籍。邻里或有缓急④，虽非同约，而先闻知者，亦当救助。或不能救助，则为之告于同约而谋之。有能如此者，则亦书其善于籍，以告乡人。

以上乡约四条，本出蓝田吕氏，今取其他书及附己意，稍增损之，以通于今。而又为月旦⑤集会读约之礼如左方⑥。曰凡预约者，月朔皆会，（朔日有故，则前期三日别定一日，直月报会者。所居远者，唯赴孟朔⑦，又远者，岁一再至⑧可也。）直月率钱⑨

■ 释义

①纠集：也作鸠集，集合，联合。
②程督：监督。
③假：意为借。
④缓急：急迫的事，困难的事。
⑤月旦：指农历每月的初一日。
⑥左方：古代书写从右往左竖写，左方犹今以下。
⑦孟朔：四季孟月即一、四、七、十月的初一日。
⑧岁一再至：每年参加两次集会。
⑨率钱：凑钱，募钱。

具食，（每人不过一二百，孟朔具果酒三行①，面饭一会②。余月则去酒果，或直设馔可也。）会日夙兴③，约正、副正、直月本家行礼若会族，罢，皆深衣俟于乡校④。设先圣先师之像于北壁下，（无乡校则别择一宽闲处。）先以长少叙拜于东序⑤，（凡拜，尊者跪而扶之，长者跪而答其半，稍长者俟其俯伏而答之。）同约者如其服而至，（有故则先一日使人告于直月。同约之家，子弟虽未能入籍，亦许随众序拜。未能序拜，亦许侍立观礼，但不与饮食之会。或别率钱，略设点心于他处。）俟于外次。既集，以齿为序，立于门外，东向北上。约正以下，出门西向南上。（约正与齿是尊者正相向。）揖迎入门，至庭中，北面，皆再拜。约正升堂上香，降，与在位者皆再拜。（约正升降，皆自阼阶。）揖，分东西向立。（如门外之位。）约正三揖，客三让，约正先升，客从之。（约正以下升自阼阶，余人升自西阶。）皆北面立。（约正以下西上，余人东上。）约正少进，西向立，副正、直月次其右

■ 释义

①三行：祝酒三次。
②一会：一次聚会。
③夙兴：早起。
④乡校：古代地方学校。
⑤东序：指东厢房。

少退。直月引尊者东向南上，长者西向南上（皆以约正之年推之，后放此。西向者其位在约正之右少进，余人如故。）约正再拜，凡在位者皆再拜。（此拜尊者。）尊者受礼如仪。（唯以约正之年为受礼之节。）退北壁下，南向东上立。直月引长者东面，如初礼。退，则立于尊者之西东上。（此拜长者。拜时惟尊者不拜。）直月又引稍长者东向南上，约正与在位者皆再拜，稍长者答拜，退立于西序，东向北上。（此拜稍长者，拜时尊者长者不拜。）直月又引稍少者东面北上，拜约正。约正答之，稍少者退立于稍长者之南。直月以次引少者东北向西北上，拜约正。约正受礼如仪。拜者复位，又引幼者亦如之。既毕，揖，各就次。（同列未讲礼者，拜于西序如初。）顷之①，约正揖就坐。（约正坐堂东南向，约中年最尊者坐堂西南向，副正、直月次约正之东南向西上，余人以齿为序，东西相向，以北为上。若有异爵者，则坐于尊者之西南向东上。）直月抗声读约一过，副正推说其意。未达者，许其质问。于是约中有善者，众推之；有过者，直月纠之。约正询其实状于众，无异辞，乃命直月书之。直月遂读记善

■ 释义

①顷之：片刻，不久，一会儿。

籍一过，命执事以记过籍遍呈在坐，各默观一过。既毕，乃食。食毕，少休，复会于堂上，或说书，或习射，讲论从容。（讲论须有益之事，不得辄道神怪邪僻悖乱①之言，及私议朝廷州县政事得失，及扬人过恶。违者直月纠而书之。）至晡②乃退。

■ 释义

①邪僻悖乱：僻，又作辟，邪僻，乖谬不正；悖乱，混乱，谬误。违背道理。

②晡：傍晚，申时（今下午3点至5点）。

■点评

朱熹编撰的《增损吕氏乡约》（以下简称《增损》）是继吕大钧的《吕氏乡约》（以下简称《吕约》）之后，在中国历史上影响最大的一部乡约。由于朱熹在中国文化史上的地位和影响，使这篇乡约和《吕约》并驾齐驱，引领了中国乡约文化近千年。

南宋时期的社会环境、主流风俗与北宋有了很大的变化，就当时传布还不是很广泛的乡约而论，《吕约》已经不能完全覆盖南宋的乡俗，所以当朱熹致力于"变化风俗"，确保基层社会和谐安定，而将《吕约》作为一个工具的时候，就不能不对其下一番增损的工夫。朱熹在《吕约》的基础上，收集利用多方资料，加上他的睿智判断，根据时下社会需要，对原著作了大量恰当的损益，使其变得更加具体、明晰、饱满。举例说，在原著《德业相劝》条下，《吕约》原有"凡有一善为众所推者，皆书于籍，以为善行"，比较笼统、空洞，《增损》将其删去。《礼俗相交》条下，原文"凡与乡人相接，及往还书问，当众议一法共行之"也比较概括空疏，《增损》在其下增添了"请召送迎凡四条"。在"凡请尊长饮食，亲往投书"下，又增加了"礼薄则不必书，专召他客则不可兼召尊长"。使该条更加明确易行。《吕约》在四条后还有"罚式""聚会""主事"三个部分，而《增损》都将其删去了。

事实上，朱熹在《增损》中之所"增"，主要是增加了礼教的成分和措施，将吕氏《乡仪》的内容融入了乡约的"礼俗相交"部分，细化了乡约；又增加了"畏法令，谨租赋"即奉公守法，按时完纳国税的内容。"损"的部分，则主要是减少了原约中强制性的做法。如将《吕约》"不修之过"中"三犯则行罚"，要求交罚金的内容删掉，改为"各自省察，互相规戒""终不能改者""听其出约"，就是以退出乡约作为最高的处罚，体现了更强的礼仪原则。《增损》的基本内容则仍然严格依循《吕约》精神，没有太大的变动。经过朱熹这一损益，约文进一步突出了儒家礼教的色彩，内容也更加充实完备，清晰可循，加上朱熹的人格魅力和影响，使《增损》在南宋、明、清历史上传播广泛，影响甚大，发挥了特殊的历史作用。

封建士绅组织乡约，绝不是要参与国家的基层治理，更不是要摆脱国家管理体制另立炉灶，建立一套"民间自治"的理论和路径，那是不符合以儒家思想为圭臬的士绅们尊君守法操守的，他们不会这样做。封建士绅们组织乡约的初衷，是将社会风俗看作国家盛衰的根本性大事，因而想通过自己的努力倡导和带动，厉行教化，扶危济困，淳厚风俗，安定民生和社会，这是他们力所能及，益民利国的举动，因而既能得到民众的响应，又能得到封建政府的支持。重教化，崇道德，厚风俗，是历代儒士的理想，也是儒臣治国的不二法门。汉代大儒董仲舒上汉武帝疏中说，古之王者"南面而治天下，莫不以教化为大务……渐（浸润）民以仁，摩（砥砺）民以谊，节民以礼。故其刑罚甚轻而禁不犯者，教化行而习俗美也"①。宋人苏轼《上神宗论新法》中说："夫国之长短，如人之寿夭，人之寿夭在元气，国之长短在风俗。"②宋宁宗时（1195—1224年），六部侍郎袁燮上疏言治中，也强调"正俗"的重要性："臣闻风俗之弊，有可以复返之理，患为政者不能以是为急尔。"③与袁燮生活在同一时代的朱熹更是将敦礼教、化风俗看作基层社会治理、社会稳定的大政，因而才花力气增损《吕氏乡约》"以通于今"，即删去不合时宜的成分，使它融入时代，更接地气，焕发出新的生机。

《增损》和《吕约》最大的历史意义，是它们在国家基层管理的基础上和前提下，遵循儒家传统，开辟了一条民间自我教化的渠道，有益于民，也有助于国家的基层治理。

---

① 见《汉书》卷五六《董仲舒传》。

② 见（宋）赵汝愚编《宋名臣奏议》卷一百一十。

③ 见（明）杨士奇等《历代名臣奏议》卷六十。又见（宋）袁燮《絜斋集》卷二。

社仓事目①

朱熹

朱熹画像

■ 作者简介

朱熹（1130—1200年），字元晦，一字仲晦，号晦庵、晦翁，别号紫阳、云谷老人、朱松子。徽州婺源（今江西婺源县）人，生于南剑州尤溪县（今福建尤溪县）。宋高宗绍兴十八年（1148年）进士，为同安主簿。宋孝宗淳熙中（1174—1189年）知南康军，改提举浙东茶盐公事。宋光宗时（1190—1194年），历知漳州，任秘阁修撰等。宋宁宗（1195—1224年）初，以焕章阁待制提举南京鸿庆宫。宋宁宗庆元二年（1196年）落职罢祠。卒后追谥"文"。累赠太师，追封信国公，后改徽国公，从祀孔子庙。朱熹受业于李侗，得程颢、程颐之传，兼采周敦颐、张载等人学说，集北宋以来理学之大成。他曾主持白鹿洞、岳麓书院，讲学50余年。弟子众多，其学派被称为闽学或考亭学派、程朱学派。著有《四书章句集注》《伊洛渊源录》《名臣言行录》《资治通鉴纲目》《诗集传》《楚辞集注》等，后人将其著作编为《朱子语类》《朱文公文集》流行。

---

①选自《晦庵集》卷九十九，《四库全书》文渊阁本。

■原文

宣教郎、直秘阁、新提举两浙东路常平茶盐公事朱熹，今具社仓事目如后：

——逐年十二月，分委诸部社首①、保正副②，将旧保簿重行编排。其间有停藏逃军③及作过无行止④之人，隐匿在内，仰社首、队长觉察申报尉司⑤，追捉解县根究。其引致之家，亦乞一例断罪。次年三月内，将所排保簿⑥赴乡官缴纳，乡官点检。如有漏落及妄有增添，一户一口不实，即许入告审实⑦，申县乞行根治。如无欺弊，即将其簿纽算⑧人口，指定米数大人若干，小儿减半。候支贷日，将人户请米状，拖对批填⑨，监官依状支散⑩。

■释义

①社首：宋时农村基层组织社的首领。
②保正副：南宋农村基层组织保的正副首领。
③停藏逃军：隐藏出逃的兵士。
④无行止：谓行踪不定，形迹可疑。
⑤尉司：尉，县令、县长的佐官。尉司指尉官。
⑥保簿：登记一保情况的簿册。
⑦审实：审查落实。
⑧纽算：结算。
⑨拖对批填：核对填写。
⑩支散：支给，付给。

——逐年五月下旬，新陈未接①之际，预于四月上旬申府②，乞依例给贷③。仍乞选差本县清强④官一员，人吏⑤一名，斗子⑥一名，前来与乡官同共支贷。

——申府差官讫⑦，一面出榜，排定日分，分都⑧支散（先远后近，一日一都）。晓示⑨人户（产钱⑩六百文以上及自有营运⑪，衣食不阙⑫，不得请贷），各依日限具状（状内开说大人小儿口数）结保（每十人结为一保，递相保委⑬。如保内逃亡之人，同保均备取保⑭。十人以下，不成保不支）。正身⑮赴仓请米，仍仰社首、保正副、队长、大保长，并各赴仓，识认面目，照对保

■ 释义

①新陈未接：旧粮吃尽，新粮未熟。

②申府：向知府报告。

③乞依例给贷：乞，请；例，惯例。请按惯例借。

④清强：清廉而强有力。

⑤人吏：即吏人，随从人员。

⑥斗子：掌量具斗的人。

⑦差官讫：派遣官吏完结后。

⑧分都：都，地方基层单位。分都即按都的次序。

⑨晓示：告示，告知。

⑩产钱：家产总值以钱计。

⑪营运：犹营生，生计。

⑫阙：同"缺"。

⑬保委：委托担保。

⑭均备取保：共同担保。

⑮正身：本人。

簿。如无伪冒重叠，即与签押保明（其社首、保正等人不保，而掌主①保明者听）。其日，监官同乡官入仓，据状依次支散，其保明不实，别有情弊者，许人告首②，随事施行③，其余即不得妄有邀阻④。如人户不愿请贷，亦不得妄有抑勒⑤。

——收支米，用淳熙七年⑥十二月本府给到新添黑官桶⑦及官斗（每桶受米五筲⑧半）。仰斗子依公平量⑨，其监官乡官人从，逐厅⑩只许两人入中门，其余并在门外，不得近前，挨挏挵夺⑪人户所请米斛。如违，许被扰人当厅告覆⑫，重作施行⑬。

——丰年如遇人户请贷官米，即开两仓，存留一仓。若遇饥

■ **释义**

①掌主：主管人。
②告首：告发、揭发。
③随事施行：按情况处理。
④邀阻：拦挡阻截。
⑤抑勒：强迫请贷。
⑥淳熙七年：淳熙，南宋孝宗年号（1174—1189年）。淳熙七年即公元1180年。
⑦黑官桶：漆作黑色的官定量具桶。
⑧筲（shāo）：水桶，多用木头或竹子制成。
⑨依公平量：用官府定的量具，装满刮平。
⑩逐厅：监官、乡官的随从人员。
⑪挨挏（zā）挵夺：挨挏，亦作"挨匝"，形容人群拥挤；挵夺，争夺。拥挤争夺。
⑫告覆：告发，告诉放贷官吏。
⑬施行：惩罚。

歉^①，则开第三仓，专赈贷深山穷谷耕田之民，庶几丰荒赈贷有节^②。

——人户所贷官米，至冬纳还（不得过十一月下旬）。先于十月上旬，定日申府，乞依例差官，将带吏斗^③前来，公共^④受纳，两平^⑤交量。旧例每石收耗米^⑥二斗，今更不收上件耗米。又虑仓廒折阅^⑦无所从出，每石量收三升，准备折阅及支吏斗等人饭米。其米正行附历^⑧收支。

——申府差官讫，即一面出榜，排定日分，分都交纳（先近后远，一日一都）。仰社首、队长告报保头，保头告报人户，递相纠率^⑨。造一色干硬糙米^⑩，具状（同保共为一状，未足不得交

■释义

①饥歉：歉收或饥荒。

②有节：有节度，法则。

③吏斗：随从人员和量具斗。

④公共：共同。

⑤两平：还纳和出借时一样装满刮平为一斗，故说两平。

⑥耗米：在仓保管期间的损耗，如鼠食鸟啄等。

⑦仓廒折阅：仓廒，粮库。本谓商品减价销售，此处指粮仓损坏维修。

⑧正行附历：正行，合法渠道，正规途径。附历，附带记录。通过正规途径附带记录。

⑨纠率：纠集统率。

⑩一色干硬糙（cāo）米：糙米，脱壳后尚未碾白或碾得不精的米。这句指同一颜色晾干的糙米。

纳。如保内有人逃亡，即同保均备①纳足），赴仓交纳。监官、乡官、吏斗等人，至日赴仓受纳，不得妄有阻节②及过数多取，其余并依给米约束施行（其收米人吏、斗子，要知首尾，次年夏支贷日，不可差换）。

——收支米讫，逐日转上③本县所给印历。事毕日，具总数申府县照会④。

——每遇支散交纳日，本县差到人吏一名，斗子一名，社仓算交司一名，仓子两名。每名日支饭米一斗（约半月），发遣裹足米⑤二石，共计米一十七石五斗。又贴书⑥一名，贴斗⑦一名，各日支饭米一斗（约半月），发遣裹足米六斗，共计四石二斗。县官人从七名，乡官人从共一十名，每名日支饭米五升（十日），共计米八石五斗。已上共计米三十石二斗。一年收支两次，共用

■ 释义

①同保均备：同保人分摊备纳。

②阻节：阻碍堵塞。

③转上：转报。

④照会：知晓，核准。

⑤裹足米：劳务报酬米。

⑥贴书：旧时书吏助手。

⑦贴斗：帮助量粮的人员。

米六十石四斗。逐年盖墙①，并买蒿荐②修补仓廒，约米九石。通计米六十九石四斗。

——排保式：某里、第某都、社首某人，今同本都大保长、队长，编排到都内人口数下项：甲户（大人若干口、小儿若干口，居住地名某处，或产户开说③产钱若干，或白烟耕田④开店买卖土著，外来系某年移来，逐户开列）。

余开

右某等今编排到都内人户口数在前，即无漏落及增添。

一户一口不实，如招人户陈首⑤，甘伏解县断罪⑥，谨状。

年月日大保长姓名，押状

队长姓名

保正、副姓名

社首姓名

——请米状式：某都、第某保，队长某人、大保长某人。下

■释义

①盖墙：修墙。
②蒿荐：蒿草或草席。
③产户开说：是产户的注明。
④白烟耕田：没有家业，靠出卖劳动力为人耕田谋食的长工或短工。
⑤招人户陈首：引起人户报告揭发。
⑥断罪：判罪。

某处地名、保头某人等几人，今递相保委，就社仓借米，每大人若干，小儿减半。候冬收日，备干硬糙米，每石量收耗米三升，前来送纳。保内一名走失事故，保内人情愿均备取足，不敢有违。谨状。

年月日保头姓名

甲户开名

大保长姓名

队长姓名

保长姓名

社首姓名

——社仓支贷交收米斛，合系社首、保正副告报队长、保长，队长、保长告报人户。如阙队长，许人户就社仓陈说，告报社首，依公差补如阙。社首即申尉司定差①。

——簿书锁钥，乡官公共分掌。其大项收支，须监管官签押，其余零碎出纳，即委乡官公共掌管。务要均平，不得徇私容情，别生奸弊。

■ 释义

①定差：指定派遣。

——如遇丰年，人户不愿请贷。至七八月而产户愿请者，听。

——仓内屋宇什物，仰守仓人常切照管，不得毁损及借出他用。

如有损失，乡官点检，勒守仓人备偿。如些小损坏，逐时修整。大段改造，临时具因依①申府，乞拨米斛。

■ 释义

①因依：原因，原委。

■点评

建立社仓和推行乡约是一致的。社仓是对《吕氏乡约》中"患难相恤"一条的补充和延伸。朱熹建立社仓的社会背景是，南宋孝宗乾道三年（1167年），建宁府崇安县（今福建武夷山市）遭遇水灾歉收，次年春夏之交当地饥荒之时。闲居在崇安县开耀乡的朱熹与该乡土居官员刘如愚受知县诸葛廷瑞的委托，劝豪富低价粜米，解救饥民，此举社会效果良好。接着，浦城县（今福建浦城县）因灾又发生饥民骚乱。朱熹等乃向府衙借到六百石粟，赈济饥民，缓和了社会矛盾。这年冬，乡民将所借米如数归还，朱熹等将民众归还的粮于次年（乾道五年，1169年）再借出去，秋冬归还时收息二分。乾道七年（1171年），朱熹得到知府六万钱的拨款，购地一块，建起仓廒，以原借粟六百石为谷本，青黄不接时贷给民户，由此一乡四五十里之间，虽遇凶年，人不缺食，社会稳定。宋孝宗淳熙八年（1181年）十一月，浙东饥荒，朱熹出任提举两浙东路常平茶盐公事，负责救灾，朱熹乃向宋孝宗奏报了他在崇安县开耀乡创办社仓的情况，建议皇帝下诏，在全国推广，得到宋孝宗的允准。这篇《社仓事目》，就是朱熹在崇安开耀乡办社仓的具体规约和条法。要点如下：

一、每年十二月，派各地社首、保正、保副等基层官员，将旧保簿重新编排，防止混入逃窜军人和可疑人口。待次年三月将所排保簿送交乡官，经查无误后，即按簿统计人口，到支放贷粮日，将人户请米状与保簿核对，然后监官按状支米。

二、每年五月下旬开始支贷。先于四月上旬请知府依例批文准贷。支贷时，选本县清廉强干官一员，助手一名，斗子（执斗人）一名，与乡官共同放粮。

三、县上官员到地方后，要出榜揭明支贷日期，按都支散，先远后近，一日一都。要通知人户按时写状，十人结为一保，均由本人赴仓请米。社首、保正副、队长、大保长等当地基层官员也都要到仓，面视请米人，如无冒充，然后签字画押，在监官、乡官监视下支散。

四、支米收米都用淳熙七年（1180年）十二月府衙所发黑色官桶及官斗，量时将桶斗装满刮平。监官、乡官随从人员各二人进入中门，其余不得近前，不得拥挤、争夺人户所请米，如违将予严惩。

五、丰年民户请贷官米，三仓中只开二仓，存留一仓。歉年饥荒时开第三仓，专门赈贷深山穷谷的民众，做到丰歉有节制。

六、民户借米，至冬纳还。还时先于十月上旬基层报府差官，与乡社官员一起负责折收。所借府衙本米还清后，过往所收每石二斗耗米不再收取，每石只收三升公费用米。

七、差官到基层后，同样一面出榜，排定各保交米日期，先近后远，一日一都分交。社首、保头要及时告知人户，联络缴纳一色晾干糙米。同保为一伙，人数不齐不能交。保内有逃户，其余人户即应分摊纳足。监官、乡官、吏斗等要按时到仓受纳，不得阻碍或多收。

八、收支完米，要逐日上报本县所发盖印清册。整体结束后汇总报府县。

九、支贷还纳，本县派遣的吏员、斗子、社仓算交司、仓子等，每人每天给口粮米一斗，约支半月；每人给劳务费米二石，共计十七石五斗。另，贴书、贴斗同样每日给伙食米一斗，约支半月。每人劳务费给米六斗，共计四石二斗；县官、乡官随从人员，只是每人每天支伙食米五升，约支十天，共计米八石五斗。以上合计米三十石二斗。一年支收共两次，总计用米六十石四斗；逐年维修仓房费折米九石，通计六十九石四斗，是为公费。最后还列了排保的格式及大保长、队长、保正副、社首姓名填写格式及请米状式等。

中国历史上的社仓名目首见于隋文帝时期。史载隋文帝开皇十六年（596年）正月，"诏秦、叠、成、康、武、文、芳、宕、旭、洮、岷、渭、纪、河、廓、鄯、陇、泾、宁、原、敷、丹、延、绥、银、扶等州社仓，并于当县安置。二月，又诏：社仓准上中下三等税，上户不过一石，中户不过七斗，下户不过四斗"①。这条诏令没有讲社仓粮赈济方式，使人看不清它与开皇五年（585年）五月工部尚书长孙平奏设的义仓"当社有饥馑者，即以此谷赈给"②，两者有何不同，我们从其时"社仓"置于县城，仓粮从民间征收看，似与义仓没有多大区别。

南宋最早建立社仓的人，是朱熹的同门好友魏掞（shàn）之。他于宋高宗绍兴二十年（1150年），就在建宁府建阳县（今福建南平市建阳区）长滩铺建仓济民。史载：自宋高宗建炎（1127—1130年）以来，福建各地民众因灾群起剽掠，布衣魏掞之以为"民之易动，盖因艰食"，"乃请于本路提举常平公事袁复一，得米千六百斛以贷民，至冬而取，遂置仓于长滩铺，自是岁敛散如常，民赖以济，草寇遂息"③。人们认此"乃古社仓遗意"④。又据《宋史》记载，魏掞之好行善事，每遇饥年，就用大锅煮粥救济饥民。"后依古社仓法，请官米以贷民，至冬取之以纳于仓。部使者素敬掞之，捐米千余斛假之，岁岁敛散如常，民赖以济。诸乡社仓自掞之始。"⑤就是魏掞之从部使者（提举常平公事袁复一）那里得捐米贷给民众，秋收后收纳于仓，年年如此，民众得到救助，这是南宋社仓制度的开始。魏掞之去世八年后，朱熹于宋孝宗淳熙八年（1181年）奏准，社仓制度开始在全国推行。

朱熹奏行的社仓制度，虽然同历史上的常平仓、义仓一样，用意都在于帮助民众解决粮食缺乏的问题。但三者的区别或特点是明显的：从用途上说，常平仓用以平抑粮价，防止富商大户乘灾之机，哄抬粮价，饥民买

①见《隋书》卷二十四《食货志》。
②见《隋书》卷二十四《食货志》。
③见（宋）李心传《建炎以来系年要录》卷一百六十一，绍兴二十年九月丙申。
④见（宋）李心传《建炎以来系年要录》卷一百六十一，绍兴二十年九月丙申。
⑤见《宋史》卷四百五十九《魏掞之传》。

不起粮而饿死；义仓置于府州县城，是无偿地赈济饥民；社仓则设于乡社，用于低息借贷（魏掞之创办时不收息），是一种微利性的服务。从承办者的身份说，常平仓是官办的；义仓有官办也有私设；社仓是官助官督，而由基层组织承办，民众承担粮本。从设置地点说，常平仓、义仓大都设于府州县城；南宋社仓都设于乡社。从覆盖面说，常平仓、义仓数目较少，覆盖面较窄，社仓的覆盖面相对较大。可见，南宋由魏掞之创立、朱熹承续并奏准在全国推行的社仓制，是一种新的民间救济措施和形式，它的建立有积极的社会意义。

《社仓事目》推行以后，南宋很多地方都遵照朝廷旨意承办了社仓。最为典型的是江西建昌军南城县的富民吴伸、吴伦兄弟，见到诏令后，遂于宋光宗绍熙五年（1194年）拿出自家四千石粮，办起一座特大的社仓，赈济乡邻。又修建书楼，训诲子孙践行仁义，将社仓坚持办下去。此举吸引朱熹、陆游、陆九渊、周必大等学者名流为之作文赞颂，在社会上激起一股弘扬仁义道德、笃行诚信友善、助人为乐的舆论暖流。至迟在宋理宗（1225—1264年）初年，南宋各路大都设置了社仓，而以两浙路、福建路和江南东、西路的社仓普及程度尤高。社仓作为乡约的延伸形式，所发挥的社会作用是不言而喻的。

龙祠乡社义约①

唐兀忠显
唐兀崇喜

《述善集》书影

■ 作者简介

唐兀忠显（1280—1344年），原名唐兀达海，因曾任忠显校尉，故被称为忠显公或忠显。唐兀忠显曾主持制定了"龙祠乡社义约""凡十余条"。又建学校，育人才，把"教子义方"看作"求家道久昌"、社会安定的最好途径。构讲堂未就，病终。

唐兀崇喜（1300—?），又称杨崇喜，字象贤，为唐兀忠显的儿子。杨崇喜曾袭任百夫长②，受敦武校尉，并就读于国子学。后入左翊蒙古侍卫兵籍。他在元末避乱京师，十余年后乱定，乃返回家乡濮阳，"续为前约，务农兴学，重建崇义书院，以酬平生之志"③。是一位热心公益事业的蒙古族人。

---

①见焦进文，杨富学校注《元代西夏遗民文献〈述善集〉校注》，甘肃人民出版社，2001年，第23-25页。本文标点有变动。

②百夫长：元代低级军官。

③见焦进文，杨富学校注《元代西夏遗民文献〈述善集〉校注》卷一，第23页。

■原文

至正元年（1341年）岁在辛巳，七月丙子朔，越二日，丁丑，十八郎寨龙王社内老人①百夫长唐兀忠显与千夫长高公等佥议曰：乡社之礼，本以义会；风俗之美，在于礼交。本寨近南有一大堤，上有一古庙，名曰"龙王之殿"，殿中所塑神像龙云皆古。时遇天旱，寨中耆老人等斋戒沐浴，洁其巾衣靸履②，诣庙行香祷祝，祈降甘雨，其应累著灵验。因此敬神为会，故名曰"龙王社"。

此社之设，其来久矣。所设之意，本以重神明，祈雨泽，美风俗，厚人伦，救灾恤难，厚本抑末，周济贫乏，忧悯茕独③。逮后因袭之弊，尚于奢侈，不究立社之义，乡约之礼。但以肴馔相侈，宴饮为尚，甚有悖于礼。

今议此社，置立籍簿，推举年高有德、才良行修者，俾充社举、社司④，掌管社人。斟酌古礼，合乎时宜，可行之事，当禁

■释义

①老人：这里指乡约内推选出的齿德俱高的头人。
②靸（jī）履：靸，马缰绳。此处指有绑带的鞋。
③茕独：孤独。
④社举、社司：龙祠乡社义约独有的头目名。

之失，悉载社籍，使各人遵守而行。其社内之家，死丧、患难、济救之礼，德业、过失、劝惩之道，逐项历举于后。

——议定每年设社。除夏季忙月不会，余月皆会。七月为首，三月住罢。上轮下次，周而复始。每设肴馔酬酢①之礼，肉面止各用二十斤，造膳不过二道，鸡酒茶汤，相为宴乐。盖会数礼勤②，物薄情厚。

——每月该设者不过朔望。既设必要如法，违者罚钞五两。若遇骤风雪雨一切不虞之事，过期不在此限。

——该设者与（遇）有丧之家，即报社司知会③，发书转送④。误者罚钞一两。

——其坐社者⑤必要早至，非社人不与。在社之时，务辨尊卑之杀⑥，别长幼之序，明宾主之礼，相为坐次，酬酢饮宴，言

■ 释义

①酬酢：主客敬酒，主敬客称"酬"，客还敬主称"酢"。这里指聚会应酬。
②会数礼勤：聚会频繁、礼仪较多。
③知会：知道。
④发书转送：书面告知社（约）众。
⑤坐社者：轮值办会的人。
⑥尊卑之杀：按职位、辈分等的高下排列的次序。

谈经史，讲究农务。不得喧哗作戏，议论人长短是非正法①。违者罚钞一两。

——其丧助之礼，各赠钞二两五钱，连二纸②五十张，一名（户）四口为率③，止籍本家尊长，随社人亲诣丧所，挽曳棺柩，以送其葬。非天命而死者不与④。其送纳赠钱，斋饭止从本家⑤，勿较其限量、多少、美恶。违者罚钞十两。

——婚姻相助之礼，时颇存行⑥，故不复书。

——学校之设，见有讲室。礼请师儒，教诲各家子弟。矧⑦又购材命工，大建夫子庙堂以为书院。自有交会⑧，亦不复书。

——其社内之家，使牛一犋，内有倒死，则社人自备饮食，各与助耕地一晌⑨。其锄田人，社随⑩忙月、灾害，自备饮食，各

■ 释义

①正法：正，借为"政"。政治、法律。

②二纸：二开纸。

③一名四口为率：一户名下参加丧礼饮食的不能超过四个人。

④非天命而死者不与：天命而死，指年老而正常死亡。非正常死亡的不行丧助之礼。

⑤斋饭止从本家：斋饭，本指供给僧尼的饭，此指为参加丧礼者提供的饭食。参加丧礼吃的饭食依从丧家，做什么就吃什么。

⑥时颇存行：颇，很。时下盛行。

⑦矧（shěn）：另外，况且。

⑧交会：有关人员的议定。

⑨一晌：方言，一般指半天。

⑩随：按照，随例。

与耘田一日。其助耕耘者不行，依法在意罚钞一两五钱。

——社内人等，不得托散^①诸物，及与人鸠告酒帖黍课^②，亦不得接散牌场^③，搬唱词话^④、傀儡^⑤、杂技等物戏，伤败彝伦^⑥，妨误农业，齐敛^⑦钱物，烦扰社内。违者罚钞十两。

——各家头匹^⑧，务要牢固收拾^⑨牧养，毋得恣意撒放，作践^⑩田禾，暴殄天物^⑪。违者每一匹罚钞一两。若是透漏^⑫，不在所罚，香誓^⑬为准。

——倘值天旱，社内众人俱要上庙行香祈祷。违众者罚钞五钱。

■ 释义

①托散：拿出散失；把公物弄丢了。
②鸠告酒帖黍课：鸠告，聚集。不能聚集讨要酒资饭钱。
③牌场：打牌的场所。
④词话：元明时期流行的有说有唱的曲艺形式。
⑤傀儡：以木偶为主要道具的小型戏，又叫傀儡戏。
⑥彝伦：指伦常；伦理道德。
⑦齐敛：征收；聚敛。
⑧头匹：牛马等牲畜。
⑨收拾：方言，管理。
⑩作践：践踏；糟踏。
⑪暴殄天物：暴，损害，糟蹋；殄，灭绝；天物，指自然生物。糟蹋东西，不知爱惜。
⑫透漏：指因疏忽而导致牲畜潜出。
⑬香誓：焚香起誓。

——夫社举、社司所举之事，务在公当①。若管社人当罚而不罚，与不当罚而妄罚者，罚钞二两。合举不举及举不当，亦罚钞二两。当罚者不受罚，除名。社内俱与绝交，违者罚绢一匹。

——社内所罚钞两，社举、社司附历②对众交付管社人收贮，营运修盖庙宇，补塑神像。余者周给社内，毋得非礼花破③，入己使用。

——除社簿内所载罚赏、劝戒事外，若有水火盗贼一切不虞④之家，从管社人所举，各量己力而济助之。

——如有无事饮酒，失误农业，好乐赌博，交非其人，不孝不悌⑤，非礼过为⑥，则聚众而惩戒，三犯而行罚，罚而不悛⑦，削去其籍⑧。若有善事，亦聚众而奖之。

如此为社，虽不尽合于古礼，亦颇有补于世教。今将各人姓名，籍录于左⑨。

■ 释义

①公当：公平妥当。
②历：收罚银的详细记录。
③非礼花破：不合理地花钱。
④不虞：意料不到；预料之外。
⑤不孝不悌：不孝顺父母祖上，不敬爱兄长或不顺从长上。
⑥过为：错误的行为。
⑦不悛：悛，悔改。不悔改。
⑧籍：约籍。
⑨原文无社人姓名。

■ 点评

这篇约文是文献所见极少的元代乡约。主要创约人唐兀忠显虽然担任过元朝的忠显校尉、百夫长，但创立乡约时他已卸任在乡，致力于家族、乡间的教育工作。

龙王祠社最早是依托本地龙王祠成立的，由来已久。在长久的传承中出现了许多弊病。如"尚于奢侈，不究立社之义，乡约之礼，但以肴馔相侈，宴饮为尚，甚有悖于礼"。因此，唐兀忠显同文献中没有留下名字的那位高姓千夫长及其他老人们经过商议，决定采取一些改革措施。在组织形式上，"置立籍簿，推举年高有德才良行修者，俾充社举、社司，掌管社人"。在乡约内容上则"斟酌古礼，合乎时宜，可行之事，当禁之失，悉载社籍，使各人遵守而行"。并就社内之家，死丧、患难、济救之礼，德业、过失、劝惩之道等，订立了十五条约文。如下：

一、每年设立社日即约众聚会的日子，除夏季忙月外，其余月份，从当年七月到来年三月都有约众聚会活动。以家族为单位，轮流操办，周而复始。每次聚会都有简便的宴席，即"肴馔酬酢之礼"，所费本着"物薄情厚"的原则，限用肉、面各二十斤，做菜两道，另备鸡、酒、茶、汤，相为宴乐。

二、每月的聚会日定在初一或十五，不能再迟。要按约定做好各项准备工作，违者罚钞五两。若遇大风雨雪或其他没有料到的事故，会日可以拖后。

三、遇上轮到办会的家庭有丧事，要报告社司知晓，书面告知约众。耽误者罚钞一两。

四、遇社日，大家都要早点来，按尊卑、长幼的次序及宾主礼节就座，应酬饮宴，谈经论史，讨论农事，不得喧哗，乱做戏耍动作，不得议论别人的长短、是非或政治国法。违者罚钞一两。

五、社内遇有丧事的礼仪，确定每户送钞二两五钱，加二开纸五十张。一户名下最多四口人参加，礼簿上只记本家尊长的名字，随社人到丧家，要帮抬棺柩，以送其葬。非天命而死者不行丧礼。吊丧吃斋饭要依从丧家，做什么吃什么，不能计较其限量多少及做得好坏，违者罚钞十两。

六、婚姻相助之礼，时下已很流行，不再书写。

七、利用现有讲室，聘请师儒，教诲各家子弟。

八、社内人家，遇到耕牛倒死，其他社人应自备饮食，各给助耕半天。成立有锄田社的，到忙月或遇灾害，其他人家应自备干粮，帮助除草一日。存心不这样做的，罚钞一两五钱。

九、社内人等不得拿散公物，以及与人纠合，向约众收取酒钱黍课。不得办牌场，唱曲艺、唱傀儡戏、耍杂技等，以防伤败伦常，耽误农业，聚敛钱物，烦扰社众。违者罚钞十两。

十、各家要管理好自家的牲畜，不能随意散放，践踏田禾。违者每一匹罚钞一两。不提防潜出的不在罚限，以焚香起誓为准。

十一、遇到天旱，社内众人都要上庙行香祈祷。不去者罚钞五钱。

十二、社举、社司办事要公平妥当。如果管社人当罚而不罚，与不当罚而妄罚者，罚钞二两。合举不举及举不当，亦罚钞二两。当罚者不受罚，除名。社内俱与绝交，违者罚绢一匹。

十三、社内所收罚钞，社举、社司连同清单一起，当众交付管社人收存，用于修盖庙宇，补塑神像。剩余部分赈济社内贫困户，不能乱花或自己使用。

十四、除社簿内所载的罚赏、劝诫事之外，同约人家若遇水火盗贼意外之灾，应按管社人介绍的情况，各家量力给予救济帮助。

十五、无事饮酒，耽误农时，好乐赌博，与不正派的人相往来，不孝父祖，不敬兄长，行为越礼的社人，约人应聚众惩戒。违犯三次行罚；罚而不改，就削去他的社籍。遇上善事也应聚众夸奖。

这份乡约同宋朝的《吕氏乡约》一样，保留着浓郁的乡土性。但它比《吕氏乡约》更简约，更接地气。它没有《吕氏乡约》那样的条文，而是采用民间语言，近于白话，直话直说，不加修饰润色。内容只关民生细务、约民行为举止，强调起码的礼法，并无引经据典，要求"读法"等内容和繁缛的礼仪程序。它把敬当地的龙王神和乡社义约结合起来。但敬神是为了求雨，立约是为了约束民众，并无神道设教的意蕴。它又将乡约和社约融合起来，如"锄田社"就是元代普遍设置的民间互助组织，这里给引到乡约里。再者，乡约首领的设置比《吕氏乡约》更少，见于约文的只有社举、社司和管社人三类，而且这些名字都是《龙祠乡社义约》所独创，不见于其他约文。还有，其他乡约的聚会都是由约正、约副等操持，《龙祠乡社义约》则将这一任务下放到各家族轮流主办，无形中增加了操办者的参与意识和责任感。在当时，能够备出二十斤肉、二十斤面和鸡酒茶汤的，绝非一般下等人户，最差也是中等人家了。《吕氏乡约》等聚餐是要交钱的，《龙祠乡社义约》则不缴费，谁办谁出费用，所以并非所有的人家都能操办得起约民聚会。当然，这是一种荣誉，也是一次同约内头面人物接触的机会，所以只要能承办得起，尤其是大户人家还是乐于承办的。最后，《龙祠乡社义约》的约文共有十五条，其中十条都有罚钞或绢的内容，这可能是民间缺少钞绢，罚钞绢更有约束力的缘故。

成化① 方孝孺

方孝孺画像

■ 作者简介

方孝孺（1357—1402年），字希直，一字希古，号逊志，台州府宁海县（今浙江宁波宁海）人，为大儒宋濂弟子，尽得其学。明太祖洪武二十五年（1392年）召致京，除汉中府教授，与诸生讲学不倦。蜀献王闻其贤，聘为世子师，名其屋为"正学"，学者因称其为正学先生。洪武三十一年（1398年），明太祖死，惠帝朱允炆即位后，即遵太祖遗训，召方孝孺入京，为侍讲学士，修《太祖实录》，为总裁。建文四年（1402年）五月，燕王朱棣发动"靖难之役"，进入南京，文武百官多见风转舵，投降燕王。燕王自称效法周公辅成王，召方孝孺起草诏书。孝孺怒问："成王安在？"掷笔于地，痛斥朱棣。遂被磔于市，宗族、亲友、弟子十族数百人牵连被杀。清高宗乾隆四十一年（1776年）追谥"忠文"。著有《逊志斋集》行世。

---

① 见（明）方孝孺撰《逊志斋集》卷三，《四库全书》文渊阁本。

■原文

寓控制天下之道①于迂远②不急之法，使人阴服乎上③而不自知者，周之所以得民也。欲人之服，从而炳然④示之以服人之具⑤，其服也必不坚。有意于服人，先以养人者示之，使天下成化⑥而归己，此诚能服人者也。

秦汉之君未尝不笑周，以为迂⑦。而其为治之术⑧固周之所笑，以为拙陋⑨而不为者也。恶犬升灶而食糜⑩，必严禁而预防之，使不敢近则可矣。不能制之于先，伺其既食而挤之于釜⑪，虽可以快意，而釜之糜岂可食哉。秦汉之法挤犬于釜之类也。其于民也未能教之知义，而禁之勿为乱；未能教之知孝，而禁之勿

■释义

①道：这里指方法。
②迂远：迂阔，不切合实际。
③阴服乎上：自然地暗服于主上的统治。
④炳然：明显貌；明白貌。
⑤服人之具：使人服从的方法、手段。
⑥成化：完成教化。
⑦迂：做法陈旧，不合时宜。
⑧为治之术：治理的方法。
⑨拙陋：愚陋；浅陋。
⑩糜：粥。
⑪挤之于釜：釜，古代的一种锅。推进锅里。

悖慢①。视斯民冥顽愚僻②，与熊豕麋鹿③无异，不少置于心而为之计，及其丽④乎刑，则三族诛灭之典，断焉⑤行之。而不顾威令既立，使人视斧锧⑥如就几席而无所避，岂不可畏哉！畏极而玩⑦，玩极而怨，有时不畏矣。故以刑罚为威者，威既亵⑧而乱生，以礼义化民者，俗既成而分定，能使民畏礼义如刑罚而不敢犯之，则刑罚可措⑨而不用矣。周之盛时是也。

五家置之长⑩，二十五家置之胥，百家置之师，五百家立之正，其事似乎不切也。岁时则读法⑪，春秋则会射蒐狩⑫，考其善而书之，紏⑬其恶而戒之，民之得休息者寡⑭矣，其事似乎太烦

■ 释义

①悖慢：违逆不敬；悖理傲慢。
②冥顽愚僻：愚昧顽固而又偏执。
③熊豕麋鹿：这里借指人性粗鲁。
④丽：古同"罹"，遭遇。
⑤断焉：断然；坚决；果断。
⑥斧锧：古代斩人的刑具。
⑦畏极而玩：畏惧到极点反而变得轻慢起来。
⑧亵：轻慢。
⑨措：弃置。
⑩五家置之长：五户人家设立一长，进行管理。
⑪岁时则读法：每年按时讲读国家法令。
⑫会射蒐狩：会射，会集在一起习射；蒐狩，春天打猎叫蒐，冬天打猎叫狩。指会集射箭打猎。
⑬紏（tǒu）：丝黄色，这里或是"纠"（检举）的讹字。
⑭民之得休息者寡：百姓很少有闲暇休息的时间。

也，然则周卒以此而治，孰谓果烦而不切①也哉。周之成法具在，今欲为此不难也。而民必以为甚病②。夫变其所久习而俾③为其所未见，非特今之人病之，虽周之民亦然。武王④、周公⑤，以至仁易至暴，宜其悦而顺⑥也。然殷民⑦纷纷思乱，久而后定者，以法制之骤⑧而然也。盖殷之政亡久矣，周骤以礼义绳之，俯仰揖让于规矩⑨之中，而不胜其劳，则思其纵逸⑩之安，固恒人⑪之所同然者。况今之世，承大乱之后乎！然先王之道所以利民，而上无所利⑫，能为之以渐，可不扰而复⑬也。稍揆⑭其当损益者而疏略⑮

■ 释义

①烦而不切：烦，搅扰。烦扰而不切合实际。
②甚病：很疲惫；深受损害。
③俾：使。
④武王：姓姬名发，周文王之子。史称周武王。
⑤周公：西周初期政治家，姓姬名旦，也称叔旦，文王子，武王弟，成王叔，辅武王灭商。武王死，成王幼，周公摄政。后多作圣贤的典范。
⑥悦而顺：喜悦而顺从。
⑦殷民：殷商遗民。
⑧骤：急；猛快。
⑨俯仰揖让于规矩：指处处按规矩办事。
⑩纵逸：恣纵放荡。
⑪恒人：常人，一般的人。
⑫上无所利：统治者不求什么利益。
⑬不扰而复：不扰民而重归治理。
⑭揆：度。
⑮疏略：疏，疏通；略，通达。疏解通达。

之，民可不甚病也。

宜定其制曰：民家十为睦①，睦者言相亲也。十睦为保，保者言相助也。十保为雍，雍者言众而无争也。雍咸属于县②。雍有长，以有德而文者③为之。保有师，以有行而文者④为之。睦有正，以忠信笃厚⑤为十家则⑥者为之。同睦之人，月之吉⑦，咸造睦正之庐⑧。正中坐，余立而侍。老者坐侍，令少者一人读古嘉训⑨，已，正为释其义，戒劝⑩之，众皆揖而听。一人读邦法⑪，已，正立而宣敷⑫之，众皆北向跪而听读。既⑬，正书⑭众名于册，列其所为于侧。善恶咸具。无恶者为上，善多者次之，善

■释义

①睦：基层十户人家的组织名。
②雍咸属于县：所有的雍都归县政府管辖。
③有德而文者：有品德懂文化。
④有行而文者：行为端正又有文化。
⑤忠信笃厚：忠信，忠诚信实；笃厚，忠实厚道。指诚信厚道。
⑥为十家则：为十户人家的模范。
⑦月之吉：农历每月初一或正月初一；一说一月中的吉日。
⑧庐：房舍；简陋的居室。
⑨嘉训：善言，有教益的话。
⑩戒劝：训诫劝勉。
⑪邦法：邦国管理百姓的通法。
⑫宣敷：讲说，敷陈。
⑬既：完毕，完了。
⑭正书：也作"真书"，指楷书。

恶均者为中，恶多者为次中，无善者为下。正饮众酒，位皆以其行为差[1]。下者不畀[2]酒，不命坐。三年而无恶者，告于县而复其身[3]。三年而无善者，罚及之，异其服[4]，不齿[5]。改者免之。其善之目：曰孝，曰弟，曰亲邻，曰恤贫，曰助同睦，曰敏好学。其恶反是。保有学，以教十睦之秀民[6]。四时[7]各一会，如睦制，而略其教之法[8]，取其孝、弟、忠、信之行，取其端庄[9]、和敏[10]之德，取其治经而知理[11]，射而中[12]，习礼乐而安[13]，知书数而适用[14]，月试而升黜之[15]。升则于雍，雍亦有学，其教如保而加详。

■ 释义

①位皆以其行为差：位次按辈分排列。

②畀（bì）：给与。

③复其身：复，免除。免除本人的徭役。

④异其服：使其穿不同于众的服饰，以表示鄙视，是古代一种惩罚行为。

⑤不齿：不与同列，表示轻蔑。

⑥秀民：德才优秀的平民。

⑦四时：指春夏秋冬四季。

⑧略其教之法：略，概要，简略；法，规章。简介儒教的规章法则。

⑨端庄：端正庄重。

⑩和敏：谦和慧敏。

⑪治经而知理：钻研儒家经典，进而懂得道理。

⑫射而中：射箭能中靶心。

⑬习礼乐而安：熟习礼仪、音乐而态度安和。

⑭知书数而适用：懂得书本知识、有技能，能派上用场。

⑮月试而升黜之：每月考试而升降。

雍试而善则升于县，而复其家①。黜则于睦，俾家之修②，修而有闻则复教之，而复升之。凡睦之民，有未达则问诸正，正未达则问诸学。农而暇，则惟学之。游以咨善言③，以法善行④。同睦、同保，遇相揖⑤，作相助，语相让，饮酒相命召⑥。若族⑦，虽非同睦，行族礼。童子则学于睦之正⑧，取其群而和⑨。睦正、保师、雍长，县岁考其绩而升易之，为（原注：此下疑有缺误）者其家复。凡民，力征相先⑩，粟赋相率⑪，上之所令，胥劝而趋⑫。葬死而绝者⑬，食病而窭⑭者，敬德而文者⑮，执强悍愎而败

■释义

①复其家：免除其家的徭役。

②俾家之修：俾，使。使其在家中修习。

③游以咨善言：咨，询问。通过游学询问有益之言。

④法善行：效法别人的善行。

⑤遇相揖：相遇于路途则互相行作揖礼。

⑥相命召：命，使；召，邀请。相互邀请。

⑦族：同族人。

⑧睦之正：即睦正，睦（十家）的首领。

⑨群而和：为群体而和睦。

⑩力征相先：服徭役相互争先。

⑪粟赋相率：粟赋，税粮。相率，相继，一个接一个。缴纳税粮相继不延。

⑫胥劝而趋：胥，都。都要相互劝勉而趋赴执行。

⑬死而绝者：死亡而绝后的人。

⑭病而窭：窭（jù），贫穷，贫寒。生病而又贫寒。

⑮敬德而文者：尊敬有道德有文化的人。

类者①，弃好佞而巧者②，此其要也。持而循之③，使不至于坏；谨而察之，使不至于弊。而朝廷、都邑④皆以礼为治，民宁有不化⑤者哉！由是道也，近者十年，远者数十年，周之治可复见矣。

呜呼！周之盛，至于今三千年矣。汉文帝⑥、唐太宗⑦、宋仁宗⑧有愿治之心，而治卒不如古者⑨，以其不法古之道⑩而失先王之意⑪也，道之行岂非难哉！然为天下者患乎无志，有志，无难

■ 释义

①强悍愎而败类者：强悍，强横凶暴；愎，固执任性。指强横凶暴、固执任性、败坏同类的人。

②好佞而巧者：喜好巧言谄媚的人。

③持而循之：坚持而遵循它。

④都邑：城市；京都。此处泛指城乡。

⑤不化：化，改变。不能教化改变。

⑥汉文帝：即刘恒（前179—前157年在位），为汉高祖刘邦子。在位时执行"与民休息"政策，减轻田赋和刑狱，发展农业生产。又削弱诸侯王势力以加强中央集权。他同汉景帝统治时期历史上并称"文景之治"。

⑦唐太宗：即李世民（627—649年在位），唐高祖李渊次子。随父起兵灭隋，被封为秦王。公元626年发动"玄武门之变"，继帝位。在位时吸取隋亡教训，善于用人纳谏，并推行均田制、租庸调制和府兵制，完善三省六部制和科举制，制定《唐律》。社会经济得到恢复和发展，史称"贞观之治"。

⑧宋仁宗：即赵祯（1023—1063年在位），宋真宗第六子。在位时，内部官吏、军队员额、俸饷大增，形成三冗（冗官、冗兵、冗费）和积弱、积贫的局面。曾起用范仲淹等实行新政，但不久即废罢。宋仁宗求治心切，但效果不大。

⑨治卒不如古者：治理效果始终不如古代的原因。

⑩法古之道：效法古人治理的方法。

⑪失先王之意：丧失了古先圣王治理的本意。

为也。患乎苟安①，求安，无难致也。患乎畏事，立事，无难成也。举而措之②，如斯而已矣。

■ 释义

①苟安：苟且偷安。
②举而措之：措，施行。筹划施行。

■点评

这是明朝初期一个政府官员设计，以"养民"而不是以刑罚为主要手段，通过潜移默化的方式，使民众归心于统治者的乡村治理方案。

方孝孺认为秦汉与西周治民之术的不同，在于秦汉统治者对于民众不重视"教"而一味地"禁"，"其于民也未能教之知义，而禁之勿为乱；未能教之知孝，而禁之勿悖慢……及其丽乎刑，则三族诛灭之典，断焉行之"。"故以刑罚为威者，威既亵而乱生"。周朝盛时的治术与此不同。它不是用刑罚而是用礼义教民。"以礼义化民者，俗既成而分定，能使民畏礼义如刑罚而不敢犯之，则刑罚可措而不用矣。周之盛时是也。"那么怎样才能不用刑罚，而用礼法教导民众呢？他提出教之不厌其烦，为法避免太"骤"的做法，即组织民众岁时读法，春秋两季会射打猎，考察他的善行并记载下来，纠察他的恶行并进行劝诫。"为之以渐"，可不扰而使民众照你的意思践行。接受周朝为法太骤的教训，将规章调整得简略一些，则民众执行起来也不会感到太累。

在组织形式上应当效法周朝定制：民家十户为睦，十睦为保，十保为雍，雍咸属于县。雍有长，保有师，睦有正。同睦之人，每月初一日聚集到睦正家，由老人坐镇，让一位识字的年轻人"读古嘉训"，即古代有教益的话。读后由睦正解释大意，勉励大家照着去做。之后，再让一人读国家法令，读完由睦正站着宣讲陈述，大伙则北向跪着听读。宣讲完后，睦正将大家的名字写入簿册，列其善恶行为于册。"无恶者为上，善多者次之，善恶均者为中，恶多者为次中，无善者为下。"接下来，睦正向大家敬酒，次序"以其行为差""下者不畀（bì）酒，不命坐"。三年没有恶行的，报告到县衙，免除其本身的徭役。三年没有善行的给予处分：让他穿与众不同的衣服，有事不与他同列，以示轻蔑，直到改正方才免予处分。善行包括孝、悌、亲邻、恤贫、助同睦及勤勉好学等；反之即为恶行。保有学，以教十睦的优秀者。四季各有一次集会，取其孝、悌、忠、信之行，取其端庄、谦和、敏慧之德，取其治研儒经而懂道理，射箭中，习礼乐而安静沉稳，掌握书、数知识而又懂应用，每月考试升降名次。保学生可以升入雍学，其教如保而更加详细。雍试善则升于县学，可免除其家的徭役。保学降级的送到睦，让他在家修习，有进步则继续收入保学，也有资格按成绩升级。睦众有问题问睦正。睦正有问题向保师请教。农暇时学习。还可以游学咨询善言，效法善行。同睦、同保的人，见面则相揖，做事相助，语言相让，饮酒相互邀集。同族的人，虽然不在同睦，也要行族礼。睦正、保师、雍长，县岁考其绩，从而升级或更换。考核上等的免除其家的徭役。要求民众踊跃承担国家的赋税徭役，响应政府的号召。还要主动埋葬"绝后"的死尸，救济贫穷有病的人，尊敬品德高尚、懂礼仪的人，捉拿强悍、凶狠、任性而败坏同类的人送官处置，远离谄媚奉承、巧言令色的人。坚持这些原则，"而朝廷、都邑皆以礼为治"，民众还会有不归化的吗！照这样做，近则十年，远则数十年，周朝那样的治理效果就可以复见了。

方孝孺认为，汉武帝、唐太宗、宋仁宗有愿治之心，而终不如古者，"以其不法古之道而失先王之意也"，只要有志向，愿作为，不怕事，就一定能成功。从这篇《成化》的内容看，他所谓的"古之道"，还是《周礼·地官司徒第二》的聚民读法。如州长的"正月之吉，各属其州之民而读法，以考其德、行、道、艺而劝之，以纠其过恶而戒之"。党正的"四时之孟月吉日，则属民而读邦法，以纠戒之"。族师的"月吉，则属民而读邦法"。他"法古之道"而提出的治民方案，说到底，还是沿袭孔子"道之以政，齐之以刑，民免而无耻；道之以德，齐之以礼，有耻且格"，即用政令刑法来治民。百姓只求能免于犯罪受惩罚，却没有廉耻之心；用道德引导百姓，用礼仪去同化民众，民众不仅会知羞耻，而且会有归服之心。

中国历史上典型的乡约均是士绅倡导的；它以官治为前提而不只是官治。它以民间的口气说话，强调对约民的"教"，而不多讲"刑"。方孝孺的《成化》篇同《周礼》《论语》等儒家经典一样，是站在学者的立场上，替统治者即治民者出谋划策，提出以教化为主的治民方案。方孝孺认为只要法古之道，行之以渐，就能"成化"，即达到教化，达到治理的效果。《成化》篇像《周礼》一样设计了基层组织形式"睦""保""雍"，设计了"读法"、计善恶、奖惩等条文。尤其是"睦"众只要在考核中三年无恶，就可以"告于县而复其身"，"雍"民考试而善则报于县"而复其家"，这两条更能吸引民众，也是《成化》篇最具创意的亮点。问题是，它只是一个理想化的基层治理方案。方孝孺做官时，如他任汉中知府期间有无实行已不可考。它的积极意义在于为后世的乡约倡导者提供了一份参考。

南赣乡约①

王守仁

王守仁画像

■ 作者简介

王守仁（1472—1529年），初名云，字伯安，别号阳明子，浙江绍兴府余姚县（今宁波市余姚市）人。明孝宗弘治十二年（1499年）进士，授刑部主事。明武宗正德（1506—1521年）初，忤宦官刘瑾，遭廷杖，谪贵州龙场驿丞。刘瑾被诛后，任庐陵知县。正德十一年（1516年）累擢右金都御史、巡抚南赣。镇压大帽山、浰头、横水等处盗贼，设崇义、和平两县。正德十四年（1519年），平宁王朱宸濠之乱。明世宗时（1522—1566年）封新建伯。世宗嘉靖六年（1527年），总督两广兼巡抚，镇压了断藤峡叛军。以病乞归，行至南安而卒。王守仁是明代心学的倡导者和代表人物。其学以"致良知"为主，谓格物致知，当自求诸心，不当求诸物。弟子极多，世称"姚江学派"。因曾筑室阳明洞中，学者称阳明先生。著有《王文成公全书》。

---

① 见（明）王守仁撰，吴光、钱明、董平、姚延福编校《王阳明全集》卷十七《别录九》，上海古籍出版社，1992年，第664—669页。

■**原文**

咨尔①民，昔人有言："蓬②生麻中，不扶而直；白沙在泥，不染而黑。"民俗之善恶，岂不由于积习③使然哉！往者新民④盖常弃其宗族，畔⑤其乡里，四出而为暴⑥，岂独其性之异，其人之罪哉？亦由我有司治之无道，教之无方。尔父老子弟所以训诲戒饬⑦于家庭者不早，薰陶渐染于里闬⑧者无素⑨，诱掖⑩奖劝之不行，连属叶和⑪之无具，又或愤怨相激，狡伪⑫相残，故遂使之靡然⑬日流于恶，则我有司与尔父老子弟皆宜分受其责。呜呼！往

■**释义**

①咨尔：发语词，提起注意的语气词。表示赞叹或祈使。
②蓬：草本植物，叶似柳叶，籽实有毛。
③积习：积渐形成的习惯。
④新民：反叛后又来降附的百姓。
⑤畔：离开。
⑥暴：暴力活动。
⑦训诲戒饬：教导告诫。
⑧里闬（hàn）：里门，村门，家门。
⑨无素：不经常。
⑩诱掖：诱导扶助。
⑪连属叶和：连接和合，联系。
⑫狡伪：狡诈虚伪。
⑬靡然：顺风而倒，闻风响应。

者不可及，来者犹可追。故今特为《乡约》，以协和①尔民，自今凡尔同约之民，皆宜孝尔父母，敬尔兄长，教训尔子孙，和顺尔乡里，死丧相助，患难相恤，善相劝勉②，恶相告戒，息讼罢争，讲信修睦③，务为良善之民，共成仁厚之俗。呜呼！人虽至愚，责人则明；虽有聪明，责己④则昏。尔等父老子弟毋念新民之旧恶而不与其善，彼一念而善，即善人矣；毋自恃⑤为良民而不修其身，尔一念而恶，即恶人矣。人之善恶，由于一念之间⑥，尔等慎思⑦吾言，毋忽⑧！

——同约中推年高有德为众所敬服者一人为约长，二人为约副，又推公直果断⑨者四人为约正，通达明察⑩者四人为约史⑪，

■ 释义

①协和：使协调和睦。
②劝勉：劝导勉励。
③讲信修睦：讲究信用，谋求和睦。
④责己：要求自己。
⑤自恃：自负。
⑥一念之间：一个念头决定是善是恶。
⑦慎思：慎重思考。
⑧忽：疏忽，忽略。
⑨公直果断：公正正直，处事干脆。
⑩通达明察：通情达理，观察入微，不受蒙蔽。
⑪史：负责记事的书记员。

精健廉干①者四人为知约，礼仪习熟者二人为约赞②。置文簿三扇③：其一扇备写同约姓名，及日逐④出入所为，知约司之；其二扇一书彰善⑤，一书纠过，约长司之。

——同约之人每一会，人出银三分，送知约，具饮食，毋大奢⑥，取免饥渴而已。

——会期以月之望⑦，若有疾病事故不及赴者，许先期遣人告知约。无故不赴者，以过恶书，仍罚银一两公用。

——立约所于道里均平⑧之处，择寺观宽大者为之。

——彰善者，其辞显而决⑨。纠过者，其辞隐而婉⑩，亦忠厚之道也。如有人不弟⑪，毋直曰"不弟"，但云："闻某于事兄敬

■ 释义

①精健廉干：精明勇健，廉正干练。
②约赞：参谋。
③三扇：扇，文书的封面。三扇，即三本。
④日逐：逐日，每天。
⑤彰善：表彰善行。
⑥大奢：大，同太。太奢侈。
⑦望：农历每月的十五日。
⑧道里均平：路程远近差不多。
⑨显而决：明显果断，直截了当。
⑩隐而婉：含蓄委婉。
⑪弟：同悌，敬爱兄长，顺从长上。

长之礼，颇^①有未尽，某未敢以为信，姑^②案之以俟。"凡纠过恶皆例此。若有难改之恶，且勿纠，使无所容^③，或激而遂肆^④其恶矣，约长副等，须先期阴^⑤与之言，使当自首^⑥，众共诱掖奖劝之，以兴^⑦其善念，姑使书之，使其可改。若不能改，然后纠而书之；又不能改，然后白之官^⑧；又不能改，同约之人执送之官，明正其罪；势不能执，戮力协谋^⑨官府请兵灭之。

——通约之人，凡有危疑^⑩难处之事，皆须约长会同约之人与之裁处区画^⑪，必当于理济于事而后已。不得坐视推托，陷人于恶，罪坐约长、约正诸人。

■ 释义

①颇：略微，稍。
②姑：姑且。
③无所容：无地自容。
④肆：放肆，恣纵，放任。
⑤阴：私下。
⑥当自首：当众自我告白，认错。
⑦兴：激发。
⑧白之官：告到官府。
⑨戮力协谋：齐心协力，共同谋划。
⑩危疑：怀疑，不信任，疑惧。
⑪裁处区画：裁处，裁决，处置；区画，亦作"区划"，区分，筹划。裁处区画，即裁决筹划，处置安排。

——寄庄①人户，多于纳粮当差之时躲回原籍，往往负累②同甲③。今后约长等劝令及期完纳应承，如蹈前弊，告官惩治，削去寄庄。

——本地大户，异境客商，放债收息，合依常例，毋得磊算④。或有贫难不能偿者，亦宜以理量宽⑤。有等⑥不仁之徒，辄便捉锁磊取⑦，挟写田地⑧，致令穷民无告⑨，去而为之盗。今后有此告，诸约长等与之明白，偿不及数者，劝令宽舍；取已过数者，力与追还。如或恃强不听，率同约之人鸣之⑩官司。

——亲族乡邻，往往有因小忿投贼复仇，残害良善，酿成大患。今后一应斗殴不平之事，鸣之约长等公论是非；或约长闻

■ 释义

①寄庄：外来户，原非本庄的户口。
②负累：连累，带累。
③甲：明朝基层组织单位，一甲含十户。
④磊算：多算。
⑤量宽：放宽。
⑥有等：有一些。
⑦捉锁磊取：捉锁，抓住关键机会。意为抓住机会多要。
⑧挟写田地：挟持典当田地。
⑨无告：有苦无处诉。
⑩鸣之：告于。

之，即与晓谕①解释。敢有仍前妄为②者，率诸同约呈官诛殄③。

——军民人等若有阳为良善，阴通贼情，贩买牛马④，走传消息⑤，归利一己，殃及万民者，约长等率同约诸人指实⑥劝戒，不悛⑦，呈官究治。

——吏书⑧、义民⑨、总甲⑩、里老⑪、百长⑫、弓兵⑬、机快人⑭等若揽差下乡，索求赍发⑮者，约长率同呈官追究。

——各寨⑯居民，昔被新民之害，诚不忍⑰言。但今既许其自

■ 释义

①晓谕：上对下告知，使知晓。
②仍前妄为：同过去一样乱来。
③诛殄：诛杀殄灭。
④贩买牛马：当时牛马是禁止贩卖的农用物。
⑤走传消息：传播风声，泄露机密。
⑥指实：核实。
⑦不悛：不悔改。
⑧吏书：指秘书之类的人员。
⑨义民：指离任后来到其原辖地的士民。
⑩总甲：职役名称，在明朝里甲制度下，总甲承应官府分配给一甲的赋税劳役等。
⑪里老：指里长。
⑫百长：百人之长，为军职。
⑬弓兵：负责地方巡逻、缉捕之事的兵士。
⑭机快人：快传机要文书的人。
⑮赍发：资助，送钱物。
⑯寨：基层区域名。
⑰不忍：不忍心，不愿。

新，所占田产，已令退还，毋得再怀前仇，致扰地方，约长等常宜晓谕，令各守本分，有不听者，呈官治罪。

——投招新民，因尔一念之善，贷①尔之罪。当痛自克责②，改过自新，勤耕勤织，平买平卖，思同良民，无以前日名目，甘心下流③，自取灭绝。约长等各宜时时提撕④晓谕，如踵⑤前非者，呈官惩治。

——男女长成，各宜及时嫁娶；往往女家责聘礼不充，男家责嫁妆不丰，遂致愆期。约长等其各省谕⑥诸人，自今其称家之有无，随时婚嫁。

——父母丧葬，衣衾棺椁，但尽诚孝，称家有无而行。此外或大作佛事，或盛设宴乐，倾家⑦费财，俱于死者无益。约长等其各省谕约内之人，一遵礼制。有仍蹈前非者，即与纠恶簿内书以不孝。

■ 释义

①贷：饶恕，宽容。
②克责：责备。
③下流：下品，劣等，龌龊。
④提撕：拉扯，提携，提醒。
⑤踵：继，追，重蹈。
⑥省谕：明白告知。
⑦倾家：拿出全部家产，荡尽家产。

——当会前一日，知约预于约所洒扫张具①于堂，设告谕牌及香案南向。当会日，同约毕至，约赞鸣鼓三，众皆诣香案前序立，北面跪听约正读告谕毕。约长合众扬言②曰："自今以后，凡我同约之人，祗奉戒谕③，齐心合德，同归于善。若有二三其心④，阳善阴恶者，神明诛殛⑤。"众皆曰："若有二三其心，阳善阴恶者，神明诛殛。"皆再拜，兴，以次出会所，分东西立，约正读乡约毕，大声曰："凡我同盟，务遵乡约。"众皆曰："是。"乃东西交拜，兴，各以次就位，少者各酌酒于长者三行⑥。知约起，设彰善位于堂上，南向置笔砚，陈彰善簿。约赞鸣鼓三，众皆起。约赞唱⑦："请举善！"众曰："是在约史。"约史出就彰善位，扬言曰："某有某善，某能改某过，请书之，以为同约劝⑧。"约正遍质于众曰："如何？"众曰："约史举甚当！"约正乃

■ 释义

①张具：摆设家具、用物。

②扬言：大声。

③祗奉诚谕：祗奉，敬奉；诚谕，告诫训谕。此谓敬奉告诫训谕。

④二三其心：三心二意，不专心。

⑤诛殛：诛杀。

⑥三行：敬三次酒。

⑦唱：高呼。

⑧劝：勉励。

揖善者进彰善位，东西立。约史复谓众曰："某所举止是①，请各举所知！"众有所知即举，无则曰："约史所举是矣！"约长副正皆出就彰善位，约史书簿毕，约长举杯扬言曰："某能为某善，某能改某过，是能修其身也。某能使某族人为某善，改某过，是能齐其家也。使人人若此，风俗焉有不厚？凡我同约，当取以为法！"遂属于其善者。善者亦酌酒酬约长曰："此岂足为善，乃劳长者过奖，某诚惶怍②，敢不益加砥砺③，期无负长者之教。"皆饮毕，再拜会约长，约长答拜，兴，各就位。知约撤彰善之席，酒复三行，知约起，设纠过位于阶下，北向置笔砚，陈纠过簿。约赞鸣鼓三，众皆起。约赞唱："请纠过！"众曰："是在约史。"约史就纠过位，扬言曰："闻某有某过，未敢以为然，姑书之，以俟后图④，如何？"约正遍质于众曰："如何？"众皆曰："约史必有见。"约正乃揖过者出就纠过位，北向立，约史复遍谓众曰："某所闻止是，请各言所闻！"众有闻即言，无则曰："约史所闻

■ 释义

①止是：仅此而已。
②惶怍：惶恐惭愧。
③砥砺：磨炼。
④后图：今后之计，以后打算。

是矣!"于是约长副正皆出纠过位,东西立,约史书簿毕,约长谓过者曰:"虽然姑无行罚,惟速改!"过者跪请曰:"某敢不服罪!"自起酌酒跪而饮曰:"敢不速改,重为长者忧!"约正、副、史皆曰:"某等不能早劝谕,使子陷于此,亦安得无罪!"皆酌自罚。过者复跪而请曰:"某既知罪,长者又自以为罚,某敢不即就戮①,若许其得以自改,则请长者无饮,某之幸也!"趋后酌酒自罚。约正副咸曰:"子能勇于受责如此,是能迁于善也,某等亦可免于罪矣!"乃释爵。过者再拜,约长揖之,兴,各就位,知约撤纠过席。酒复二行,遂饭。饭毕,约赞起,鸣鼓三,唱:"申戒②!"众起,约正中堂立,扬言曰:"呜呼!凡我同约之人,明听申戒:人孰无善,亦孰无恶。为善虽人不知,积之既久,自然善积而不可掩;为恶若不知改,积之既久,必至恶积而不可赦。今有善而为人所彰,固可喜,苟遂以为善而自恃③,将日入于恶矣!有恶而为人所纠,固可愧,苟能悔其恶而自改,将日进于善矣!然则今日之善者,未可自恃以为善,而今日之恶

■ 释义

①就戮:谦辞,受戮、被杀。
②申戒:告诫。
③自恃:自负。

者，亦岂遂终于恶哉？凡我同约之人，盍^①共勉之！"众皆曰：

"敢不勉。"乃出席，以次东西序立，交拜，兴，遂退。

■ 释义

①盍：何不。

■点评

南赣是以江西南安、赣州为中心，包括福建西部、广东东部等地的一个明代巡抚管辖区。明武宗正德十一年（1516年），王守仁任南赣巡抚，平定了那里的反叛势力，并写下著名的《南赣乡约》，强化对包括归附民在内的民众的礼仪教导和互助精神的教育，是明代乡约中最重要的一种。

从思想内容和性质上看，王守仁的《南赣乡约》将明太祖朱元璋的《圣训六谕》"孝顺父母，尊敬长上，和睦乡里，教训子孙，各安生业，无作非为"和《吕氏乡约》融合在一起，这是一个重大的创举。它使原属于民间性的乡约与"圣训"联系起来，其性质发生了质变，由民间性上升为官方行为，因而实行起来更具有权威性和说服力。加上王守仁的政治业绩远大于朱熹，其学术影响也与朱熹近似，因而实行起来就很果决、很武断，是官方命令必行的，而不是可参加可不参加的。难怪当他在明朝首次实施《南赣乡约》以后，社会效果就那样的显著。

从组织形式上看，《吕氏乡约》是民间的，而《南赣乡约》则是官方的。前者民众入不入约是自愿的，后者则是官方强制的，乡民必须参加。而且自此以后，明代的乡约大都逐渐变成了刚性的要求，变成了政府维持基层稳定的一种工具。

王守仁的《南赣乡约》同吕大钧的《吕氏乡约》、朱熹的《增损吕氏乡约》相比较，首先是负责人更多了。《吕氏乡约》规定，乡约中只选约正一至两人，值月每月一人。《增损吕氏乡约》规定，约中推举都约正一人，副职两人，值月每月一人，总共在职不过四人。《南赣乡约》则规定：每月选约长一人，副约长两人，约正四人，约史四人，知约四人，约赞两人，共十七人，大大超过了之前两种《乡约》，且没有群众性的值月，管理性更强，更加严格了。其次，管理更加细致。前两种《乡约》所置的簿籍，其一本只是登记入约人的名字，《南赣乡约》则除了记载约众的姓名，还要记载各人每天的行踪作为，由知约管理。这是因为前两种《乡约》的约众都是原住民，而后者则多有新归附或安置的人员，他们随时有被流窜作案者拉拢，重新扰害地方的可能，所以管理更加严格细致。

再次是对犯约人的处理的语言表述较温和，但结果则更加严厉了。前两种《乡约》对于犯约者的最严处分是令其退约，而《南赣乡约》则是请官府派兵将其"诛灭"。"因小忿，投贼复仇，残害良善，酿成大患"的，也要"呈官诛殄"。

青阳乡约记

洪 富

《青阳乡约记》碑

■ 作者简介

洪富（1488—1560年），字国昌，晋江青阳镇屿头村（今福建晋江）人，明世宗嘉靖八年（1529年）进士，初授刑部郎，出守雷州，兴学训士，筑海堤捍潮，后升两浙转运使。丁母忧，服除，补两淮转运使，半年后，升四川布政使司左参政，蜀人乐其廉恕，呼为洪佛。他屡与巡抚政见不合，违忤巡抚，遂乞归。归十余年卒。著有《浅说》一书行于世。洪富在国子监读书时，权臣严嵩正做国子祭酒，知道他对《周易》很有研究，就请他为其子严世蕃当老师。及至严嵩为相，洪富从不因私登门拜谒，谋求私利，其人品得到当时舆论的高度评价。洪富辞官回家后，深居简出，以诗书自娱，修水利、植松柏，以德义教诲乡人。《青阳乡约记》碑，就是他为褒扬青阳乡绅庄用宾主持乡约，移风易俗而撰写的。

■ 原文

夫乡之有约，古也。而约正之名，委重于士夫者，自吾郡守方南王公①始。公立法之意徽②矣，盖以末俗③滋伪，讼端蜂兴，所望于士夫者，以身率物④，为陈太之表正⑤，为王彦方之劝谕，为蓝田吕氏之乡约，庶几⑥俗可治而讼可省。是故立斯名以责其实也。然立之未久，官去而逐废⑦者，岂法之病哉？其故在士夫一杜门谢事为高，而不屑于任怨；有司以权柄下移为讳，而不常以任人。法虽良而罔克⑧有终者此耳。求能终其事以无负有司委托之初意，以厌服⑨远近不一之人心，予于方塘庄子见之。庄子讳用宾，字君采，方塘其别号也。与柔顺⑩少有师生之分，及长

■ 释义

①方南王公：指泉州知府王方南（名士俊），明世宗嘉靖间（1522—1566年），曾在泉州知府任上推行乡约。
②徽：美好；善良。
③末俗：低下的习俗。
④以身率物：以身作则；给大家作出榜样。
⑤陈太之表正：陈太，待查。表正，谓以身为表率而正之。
⑥庶几：差不多；才能。
⑦逐废：跟着废止。
⑧罔克：不能。
⑨厌服：信服；使心服。
⑩柔顺：人名。

为同年之雅①，予知其深矣。盖其天性聪敏，心事磊落，夙承乃考石泉公②之训，年末三十联魁科第③，由大行历刑曹④，出为浙之佥宪⑤。方繁节⑥古人，锐志当世，竟以忤时宰⑦落职家居。而余羁薄宦⑧，别之累年。至嘉靖乙巳岁⑨，予丁外艰⑩而归，闻其为约正，甚整齐严肃……每岁庄姓偕诸巨姓各二人，分董其事，务在相劝、相规、相有、相恤，有善者与众扬之，虽微不弃；有犯者与众罚之，虽亲不贷。抑强而扶弱，除奸而御盗，解纷而息争。由是凡子弟以礼相轨⑪，童仆以法相检⑫，乡族以睦相守，鸡

■释义

①同年之雅：指同一年考中科举。

②石泉公：庄用宾父亲，字石泉。石泉公是对庄文的尊称。

③年末三十联魁科第：年末，谓年纪尚小；联魁，在科举考试的乡试、会试中接连考取第一名。意为不到三十岁就在乡试、会试中接连夺魁。

④由大行历刑曹：大行，古代接待宾客的官吏；刑曹，分管刑事的官署或属官。指由接待宾客的官吏转为分管刑事的官员。

⑤佥宪：提刑按察使司佥事的美称，为正五品，员数无定。

⑥繁节：关键的节奏、节拍。

⑦忤时宰：忤，抵触，不顺从。与当时的宰相相抵触。

⑧羁薄宦：羁，束缚，捆绑；薄宦，卑微的官职，这里是谦辞。羁绊于小官职，不得自由。

⑨嘉靖乙巳岁：指明世宗嘉靖二十四年（1545年）。

⑩丁外艰：丁，当，遭逢；外艰，旧指父丧或承重祖父之丧。遭遇父丧。

⑪相轨：轨，遵循。相互循礼而行。

⑫检：约束。

犬赖以宁，百谷果木赖以蕃，沟渠水利赖以疏。德辈①嘉其行谊，欲镌诸石，"敢丐②公之文以垂不朽"。予闻其言而壮之。呜呼！士君子鼎立天地间，抱道于身者其素也然，在庙堂则行之庙堂，在藩臬③则行之藩臬，在郡县则行之郡县，在乡党邻里则行之乡党邻里。是故行因乎遇，遇因乎时；时有通塞，遇有显晦，而道则不予通塞显晦拘也。庄子弗获究所施于庙堂、藩臬以被郡县，而施之乡党邻里者，如此亦可谓有功于物而不负所举之矣！视彼退居乡里，举生平之廉名而尽丧之，与夫虚糜廪禄④而民穷且悍不能为之所者，相去竟何如耶？《易》云："有亲则可久。"⑤庄子为舆论所推如此，则可谓有亲⑥矣。吾知其因人以自信，履旋以终誉⑦，则予不文之言庶足以昭德考行⑧，信今而传后矣。庄

■ 释义

①德辈：辈，等，类。指有德行的人。

②丐：请求。

③藩臬：藩司和臬司。承宣布政使和提刑按察使的并称。

④虚糜廪禄：虚糜，白白地损耗、浪费；廪禄，禄米，俸禄。指白领俸禄，浪费官俸。

⑤有亲则可久：亲，和亲。意为事物相互亲和，不相残害，就可以长久。（晋·韩康伯撰《周易注》卷七）。

⑥亲：这里指亲和力。

⑦履旋以终誉：履，实行，躬行；旋，圆；终誉，死后的声名。指躬行始终，声名流传。

⑧昭德考行：昭德，宣扬美德。考行：考察行为事迹。谓宣扬美德，考定行为事迹。

子虽遘郁于时①，夫何歉②乎哉！而林君辈好德慕义之心、胥义③之心，胥可录也。是为记。④

（明世宗嘉靖间）赐进士及第、太中大夫、四川布政司左参政洪富撰文。

***

■释义

①遘（gòu）郁于时：遘，古同"构"，构成；郁，这里指怨恨，愤怒。指当时曾引起怨恨或愤怒。

②歉：惭愧，觉得对不住人。

③胥义：胥，相互，皆。指相互讲义气。

④此碑现存福建泉州晋江市梅岭街道青阳石鼓庙乡贤祠。

■点评

这篇《青阳乡约记》，表彰了状元出身的浙江承宣布政使司佥事庄用宾因忤时相张文忠而落职，在家乡晋江县（今福建晋江市）"闲居"时，不耻为约正，捐资办公益、兴教育、修水利，为乡民利益，常出面找府县官理论，终获百姓的好评。他的抱负未能施于朝廷、藩臬以被郡县，"而施之乡党邻里者，如此亦可谓有功于物而不负所举之矣！"庄用宾以状元之身，为地方、百姓办了那么多好事，这是他不论职位高低，为民之心不变的可贵之处。他在会所立乡贤祠，所立乡贤夏秦和李聪，都是谨守道德法度的普通教书人，夏秦还是个外地迁来的孤老头，而非士宦之身。可见他取人以德行，而不是衣冠，这又是他的一个可贵之处。

从洪富的《青阳乡约记》看，庄用宾为约正的乡约在青阳一带不但实行了，而且实行得很认真，效果也较好："务在相劝、相规、相有、相恤，有善者与众扬之，虽微不弃；有犯者与众罚之，虽亲不贷。抑强而扶弱，除奸而御盗，解纷而息争。由是凡子弟以礼相轨，童仆以法相检，乡族以睦相守，鸡犬赖以宁，百谷果木赖以蕃，沟渠水利赖以疏。"其间虽不无大族以势压人，强迫约众的现象，但客观效果确实比较好。洪富生活的时代，乡约推行比较普遍，尤其是在南方闽广地区。明人何乔远撰的《闽书》中就有很多知府、知县"教民行乡约"，且有效果的真实记载。庄用宾作约正、行乡约仅是一个典型事例。我们从这一典型事例中也看到了士绅倡导的乡约制与官府基层里甲制相融汇，教与刑相并用的具体例证。从进士不耻为约正，既看到了他们的随和及真诚为民办事的高贵品格，又看到了乡约制度在基层的权威性。这篇《青阳乡约记》文字虽短，给人启发却良多。

泰泉乡约① 黄佐

黄佐画像和《泰泉乡礼》书影

■ 作者简介

黄佐（1490—1566年），字才伯，号泰泉，广东香山（今广东中山市）人。明武宗正德十六年（1521年）进士，选庶吉士，授编修，出任江西提学佥事，不久改任提督广西学政。他听闻母亲病重，就以自己有病为由告假，不等批复就离任而去，朝廷勒令他正式退职居家。明世宗嘉靖九年（1530年），朝廷简选皇宫中的僚属，任黄佐为翰林编修，兼任司谏，不久晋升为侍读，掌南京翰林院。征召为右谕德，又提拔为南京国子祭酒。母殁守孝期满，起任少詹事。其间，他拜见大学士夏言，与其讨论河套地区防御蒙古入掠的事意见不合，不久乃罢职回乡。黄佐在学术上推崇程颢、程颐兄弟及朱熹，读书广博，学人称其为泰泉先生，著有《论学书》《东廓语录》《论说》《乐典》《泰泉集》《泰泉乡礼》等。卒，赠礼部右侍郎，谥文裕。

①见（明）黄佐撰《泰泉乡礼》卷二，《四库全书》文渊阁本。

■ **原文**

凡乡之约四：一曰德业相劝；二曰过失相规；三曰礼俗相交；四曰患难相恤。众推一人有齿①德者为约正，有学行者二人副之。约中月轮一人为直②月，约正、副不与直月之数。约正总理期会告谕，约副赞相礼仪，辅佐约正；直月掌走报干办。置三籍，凡愿入约者书于一籍，德业可观者书于一籍，过失可规者书于一籍，直月掌之，月终则以告于约正而授于其次③。

德业相劝

德，谓孝于父母，友于兄弟，肃于闺门，和于亲党，言必忠信，行必笃敬，见善必行，闻过必改之类。业，谓读书治田，营家济物，兴利除害，居官举职，凡明伦敬身者皆是，如礼乐射御书数之类，皆可为之，非此之类皆为无益。

■ **释义**

①有齿：有一定年龄的人。
②直：当值，轮值。
③其次：下一位直月。

右件^①德业，同约之人各自进修，互相劝勉，会集之日，相举其能者书于籍，以警励其不能者。

过失相规

过失，谓犯义之过六；犯约之过四；不修之过五。犯义之过，一曰酗博斗讼。酗谓纵酒喧竞，博谓赌博财物，斗谓斗殴骂詈，讼谓告人罪恶，意在害人，诬赖争诉，得已不已者。若事干负累，及为人侵损而诉之者非。二曰行止逾违，逾礼违法，众恶皆是。三曰行不恭逊，侮慢齿德^②者持人长短者，恃强凌人者，知过不改、闻谏愈甚者。四曰言不忠信，为人谋事，陷人于恶，或与人要约^③，退即背之，或妄说事端，荧惑众听者。五曰造言诬毁，诬人过恶，以无为有，以小为大，面是背非，或作嘲咏匿名文书，及发扬人之隐，无状可求，及喜谈人之旧过者。六曰营

■释义

①右件：古文是从右向左竖写的，右件犹今"以上""上述"。
②齿德：齿，年长；德，品德高尚。指年老而品德高尚的人。
③要约：立盟，立约，约定。

私太甚，与人交易伤于掊克①者，专务进取，不恤②余事者，无故而好干求③假贷者，受人寄托而有所欺者。

犯约之过，一曰德业不相劝，二曰过失不相规，三曰礼俗不相交，四曰患难不相恤。

不修之过，一曰交非其人。所交不限士庶，但凶恶及游惰无行，众所不齿者，而己朝夕与之游处，则为非其人，若不得已而暂往还者非。二曰游戏怠惰。游谓无故出入及谒见人上，务闲适者，戏笑无度及意在侵侮，或驰马击鞠与虽不赌财物，而铺牌④、演戏、奕棋、双陆⑤、玩弄骨董、雅好弹唱、广收花石、猎养禽鸟、作诸无益者。怠惰谓不修事业及家事不治，门庭不洁者。三曰动作无仪。谓进退太疏野⑥，及不恭者，不当言而言及当言而不言者，衣冠太华饰及全不完整者，不衣冠而入街市者。四曰临事不恪，主事废亡，期会后时，临事怠惰者。五曰用度不节。谓

■ 释义

①掊克：聚敛，搜刮。

②恤：忧虑。

③干求：请求，求取。

④铺牌：即纸牌。古称叶子、叶子戏。

⑤双陆：亦称"双鹿"，古代一种博戏。

⑥疏野：粗略草率，放纵不羁。

不计家之有无，过为侈费者，不能安贫而非道营求者。

右件过失，同约之人各自省察，互相规戒，小则密规之，大则众戒之，不听则会集之日，直月以告于约正，约正以义理诲谕之，谢过请改则书于籍以俟，三犯则行罚，其争辩不服与终不能改者，皆听其出约。

礼俗相交

礼俗之交，一曰尊幼辈行①，二曰造请②拜揖，三曰请召③送迎，四曰庆吊赠遗④。

尊幼辈行，一曰尊者，谓长于己三十岁以上在父行者。二曰长者，谓长于己十岁以上在兄行者。三曰敌者，谓年上下不满十岁者。长者谓稍长，少者谓稍少。四曰少者，谓少于己十岁以下者。五曰幼者，谓少于己二十岁以下者。

■ 释义

①辈行：辈分。
②造请：登门晋见。
③请召：邀请；招请。
④赠遗（wèi）：赠送；赠送的财物。

造请拜揖（凡三条）。一曰凡少者、幼者于尊者、长者，岁首①、冬至、四孟②、月朔，辞见贺谢，皆为礼见，皆具名帖，用白纸折幅楷书，少者曰侍生、姓名、再拜，幼者曰晚侍生、姓名、顿首拜，或作学生、契家子③，或姻戚则作忝眷④，或作拜谢、拜贺，随宜服色⑤，有官则冠带⑥，诸生则儒巾襕衫⑦，余人角巾青直领⑧。辞见，谓久出，而归则见，远适将行则辞，出入不及一月者否。贺谢，谓己有贺事当谢，人有庆事如寿旦、生子、升官、受封、起第⑨之类，则往贺之，凡当行礼而有恙故⑩，皆先使人白之⑪，或遇雨雪则尊长先使人喻止来者，此外，候问

■ 释义

①岁首：正月初一日。
②四孟：四个孟月，即农历正、四、七、十月。这里指四孟月的初一日。
③契家子：通好之家的晚生，为谦辞。
④忝眷：谓愧为眷属，谦辞。
⑤随宜服色：谓服饰随意，怎样方便怎样来。
⑥冠带：戴帽子，束腰带。指讲礼仪。
⑦儒巾襕衫：儒巾，古代读书人戴的一种头巾，明代通称方巾，为生员的服饰；襕衫，古代士人之服，因其于衫下施横襕为裳，故称，明代为秀才举人公服。
⑧角巾青直领：角巾，方巾，有棱角的头巾，为古代隐士冠饰；直领，古代外衣领口的一种式样。
⑨起第：建造府第。
⑩恙故：恙，疾病；故，意外的事情。指因有病或有急事不能到会。
⑪白之：告白，说明。

起居①，质疑白事，及赴请召，皆为燕见②。服深衣③、凉衫④皆可，尊长令免即去之，尊者受谒不报。岁首、冬至，具名⑤，令子弟报之，如其服⑥。长者岁首、冬至具名帖报之，如其服，余令子弟以己名帖代行。凡敌者⑦，岁首、冬至，辞见、贺谢相往还，用笺纸一小片，书其上曰：侍生姓名拜。稍不敌则书友生、知生、乡生、辱交⑧之类，服色同上。凡尊者、长者无事而至少者、幼者之家，唯所服，通名。而敌者或用老拙、老友之类，或不通名可也。敌者燕见亦然。二曰凡见尊者、长者，门外下马，俟于外次，乃通名。凡往见，将入门，必问主人食否，有他客否，有他干否，度无所妨乃命展刺⑨；有妨则少俟，或且退，后皆仿此。若年少居显官而乘轿者亦如之。主人使将命者⑩先出迎客，客趋

■ 释义

①起居：作息；日常生活。

②燕见：指公余会见。

③深衣：古代上衣、下裳相连缀的一种服饰，是诸侯、大夫、士家居常穿的衣服，也是庶人的常礼服。

④凉衫：上衣，单褂，为便服。

⑤具名：在帖子上署名。

⑥如其服：穿平时穿的衣服。

⑦敌者：年龄、辈分相同。

⑧辱交：交往者。为谦辞。

⑨展刺：刺，名帖。递上名帖。

⑩将命者：奉命者，传命者。

入，至庑间，主人出降阶①，客趋进②，主人揖之，升堂礼见，再拜而后坐，燕见不拜，旅见③则旅拜。少者幼者自为一列，幼者拜则跪而扶之，少者拜则跪扶而答其半④，若尊者、长者，齿德殊绝⑤，则少者幼者坚请纳拜⑥，尊者许则立而受之，长者许则跪而扶之，拜讫，则揖而退。主人命之坐，则致谢讫揖而坐，若稍敌则相对行再拜礼。凡称呼尊长曰老先生，敌者相谓曰先生，于少者则字之，幼者则名之，若异爵⑦，尊长曰老大人，敌者少者曰大人。退，凡相见，主人语终不更端则告退，或主人有倦色、或方干事而有所俟⑧者，则告退可也。后皆仿此。主人送至庑下⑨，则三辞，许则揖而退，出大门，乃上马。不许则从其命。若送至大门，让尊长先己⑩，必随行在后，毋得相并⑪。凡见敌者，门外

■ 释义

①降阶：走下台阶。
②趋进：小步疾行，表示敬意的一种动作。
③旅见：众人一同进见。
④答其半：本身为尊长，受人全套礼节，而答礼仅一半，称为"半礼"。
⑤齿德殊绝：殊绝，超绝。指年龄、品德都很高。
⑥纳拜：接受拜礼，又指低头拜见。
⑦异爵：爵，爵位，官位。指爵位或官位不同。
⑧俟：等待。
⑨庑下：堂下周围的走廊下，亦泛指屋檐下。
⑩先己：走在自己前面。
⑪相并：并肩而行。

下马，使人通名，俟于庑下或厅侧，礼见则再拜。稍少者先拜，旅见则旅拜，退则主人请就阶上马，徒行则主人送于门外。凡少者以下则先遣人通名，主人具衣冠以俟，客入门下马，则趋出迎揖升堂，来报礼则再拜谢，客止之则止。退则就阶上马，客徒行则迎于大门之外，送亦如之，仍随其行数步，揖之则止，望其行远乃敢入。三曰凡遇尊长于道，皆徒行则趋进揖尊长，与之言则对①，否则立于道侧，以俟尊长已过，乃揖而行。或皆乘马，于尊者则回避之，于长者则立马道侧揖之，俟过乃揖而行。若己徒行而尊长乘马，则回避之。凡己徒行，遇所识乘轿者皆仿此。若己乘马而尊长徒行，望见则下马前揖，己避亦然，过既远乃上马；若尊长令上马则固辞。遇敌者皆乘马则分道相揖而过，彼徒行而不及避则下马揖之，过则上马。遇少者以下皆乘马，彼不及避则揖之而过，或欲下则固辞之。彼徒行不及避则下马揖之，若于幼者则不必下可也。

■ 释义

①与之言则对：尊长与他说话则作答。

请召迎送（凡四条）。一曰凡请尊长饮食，亲往投书，诺则拜之，辞则止。既许赴，至日黎明，复遣子弟迎之。既至，明日亲往拜辱①。若专召他客，则不可兼召尊长。如礼薄，则不必书召②，敌者以书简明日交使相谢。召少者，以书列客目③，明日客亲往谢主人。赴尊长召，若有众客，则约之同往，始见则拜其见召，主人辞则止，明日人亲拜，若主人预辞则书简谢之，非专召不拜。赴敌者召，始见则揖谢之，明日具名帖谢之。赴少者召，始见以言谢之，明日传言致谢。二曰凡聚会，皆乡人则坐以齿，非士类则否，若有亲则别序④，若有他客，有爵者则坐以爵，不相妨者犹以齿，若有异爵，虽乡人亦不以齿。异爵，谓命士大夫⑤以上及京堂官⑥皆是。虽乡人不敢与之序齿⑦，以尊贵故也。若主

■ 释义

①拜辱：古代宾主相见的一种礼仪，意为拜谢对方的辱临。

②书召：书简招请。

③客目：客人们的名录。

④别序：分别安排次序。

⑤命士大夫：命士，指受有爵命的士；大夫，古代官职名，又指爵的一类。

⑥京堂官：京官和堂官。京官指在京师做官的人。堂官是明代对中央各部长官，如尚书、侍郎等的通称，因在各衙署大堂上办公而得名。"堂官"对"司官"而言。各部以外的独立机构的长官，如知府、知县等，也可称"堂官"。

⑦序齿：按年龄排序。

人之族有异爵，属卑幼者，亦勿与席①，或别席以礼之。若特请召，或迎劳②出饯，皆以专召者为上客，余为众宾，坐如常仪。如婚礼，则姻家为上客，皆不以齿爵为序。凡一命齿于乡，再命齿于族，三命而不齿③，惟祭毕而燕，虽有三命不逾父兄④，古礼也。非专召，毋及异爵，以全尊尊之义⑤。三曰凡燕集，初坐，别设卓⑥子于两楹间，置酒杯于其上，主人降席，立于卓东，西向，上客亦降席，立于卓西，东向，主人取杯亲洗，上客辞，主人洗毕，置杯卓子上，亲执注酌酒，以注授执事者⑦，相揖，再让客西向，主人东向，遂执杯以献上客，上客受之，复注酒以让主人，主人复举杯献客，客受之置卓子上，再拜，兴，取酒东向，跪祭，兴，遍告饮于同席者，遂饮，以杯授赞者⑧，遂拜，

■释义

①勿与席：不要同席，指应特殊对待。

②迎劳：迎接慰劳。

③三命而不齿：周朝官爵分为九等，九命最高，一命最低。三命而不齿，指受三命官爵的人，宴会时就不以年龄排序，而要用专席，特殊对待。

④不逾父兄：不能排到父兄以上的位置。

⑤毋及异爵，以全尊尊之义：不要随便邀请有高爵的人，以保护他们的尊贵地位。

⑥卓：同"桌"字。

⑦执事者：办事人员。

⑧赞者：协助侍酒的人员。

主人答拜。若少者以下为客，则主人举酒先祭。饮毕而拜，主人受之。若上客，先不拜而饮，主人勿强，此谓从俗。上客酢①主人如前仪，主人乃献众宾，命赞者取众宾酒杯，一一亲洗之，众宾合词以辞，主人执注酌酒，以次献众宾，众宾各受杯，以授赞者，各置于席前，若主人是尊长，则众宾固辞洗及执注，赞者酌酒，旅揖②，自置于席前。若是少者以下，皆揖而跪饮，主人止之则立饮，饮遍乃就坐。若众宾中有齿爵特异者，则特献如上客之仪，不酢。若婚会，姻家为上客，则虽少亦答其拜。以上礼兼酌古今而行之，如俗所谓三宝杯诸类，皆宜革去。四曰凡有远出、远归者，则送迎之，少者幼者不过五里，敌者不过三里。各期会于一处，拜揖如礼，有饮食则就饮食之。少者以下俟其既归，又至其家省之③。

庆吊赠遗（凡五条）。一曰同约有吉事则庆之。冠子、生子、预登第④、进官之属皆可贺。婚礼虽曰不贺，然礼有曰"贺娶妻"者，盖但以物助其宾客之费而已。有凶事则吊之，丧葬水火之

■ **释义**

①酢（zuò）：向主人回敬酒。
②旅揖：众人一起作揖。
③省之：看望。
④预登第：预，参与。犹考中进士。

类，每家只家长一人，与同约者俱往，其书问亦如之。若家长有故，或与所庆吊者不相接①，则其次者当之。二曰凡庆，礼如常仪②，有赠物，用币帛、酒食、果实之类，众议量力定数，多不过二三千，少至一二百，如情分厚薄不同，则从其厚薄，或其家力有不足，则同约为之借助器用，及为营干③。三曰凡吊礼，闻其初丧（闻同约丧），未易服则率同约者，深衣而往，哭吊之，凡吊尊者，则为首者致辞而旅拜④。敌者以下则不拜，主人拜则答之，少者以下则扶之。不识生者则不吊，不识死者则不哭，且助其凡百经营之事⑤。主人既成服，则相率素巾、素襕衫、素带（皆以白生纱绢为之），具酒果、食物而往奠之。死者是敌者以上，则拜而奠；以下则奠而不拜。主人不易服则亦不易服，主人不哭则亦不哭，情重则虽主人不变不哭，亦变而哭之。赗仪⑥用钱帛，众议其数，如庆礼及葬，又相率致赗⑦，俟发引则素服而

■ 释义

①不相接：平时没有来往。
②常仪：通常的仪式。
③营干：办理，操办。
④旅拜：同行拜手礼。
⑤凡百经营之事：各种丧葬事务。
⑥赗仪：向办丧事的人家送的礼。
⑦致赗（fèng）：送财物助人办丧事。

送之，赗如赙礼，或以酒食犒其役夫，及为之干事。及卒哭①、及小祥②、及大祥③，皆常服吊之。四曰凡丧家不可具酒食、衣服以俟吊客，吊客亦不可受。五曰凡闻所知之丧，或远不能往，则遣使致奠，就外次，衣吊服，再拜而送之，惟至亲笃友为然。过期年则不哭，情重则哭其墓。

右礼俗相交之事，直月主之。有期日者为之期日，当纠集者督其违慢。凡不如约者，以告于约正而诘之，且书于籍。

患难相恤

患难之事，一曰水火，小则使人救之，甚则亲往，多率人救且吊之。二曰盗贼，近者同力追捕，有力者为告之官司，其家贫则为之助出募赏。三曰疾病，小则遣人问之，甚则为访医药，贫则助其养疾之费。四曰死丧，缺人则助其干办，乏财则赠赙借贷。五曰孤弱，孤遗无依者，若能自赡则为区处，稽其出纳，或

■ 释义

①卒哭：古代丧礼，百日祭后，止无时之哭，变为朝夕一哭，名为卒哭。

②小祥：父母丧后周年的祭名，也称一般死者的周年祭。

③大祥：古时父母丧后两周年的祭礼。

闻于官司，或择人教之。及为之求婚姻，贫者协力济之，无令失所；若有侵欺之者，众人力为之办理。若稍长而放逸不检①，亦防察约束之，毋令陷于不义。六曰诬枉②，有为人诬枉过恶，不能自申③者，势可以闻于官府，则为言之；有方略可以救解，则为解之。或其家困而失所者，众共以财济之。七曰贫乏，有安贫守分而生计大不足者，众以财济之，或为之假贷置产，以岁月偿之④。

右患难相恤之事，凡有当救恤者，其家告于约长，急则同约之近者为之告，约正命直月遍告之，且为之纠集而程督⑤之，凡同约者，财物、器用、车马、人仆，皆有无相假，若不急之用及有所妨者，则不必借。可借而不借及逾期不还，及损坏借物者，论如犯约之过，书于籍。邻里或有缓急，虽非同约而先闻知者，亦当救助，或不能救助，则为之告于同约而谋之，有能如此者则亦书其善于籍，以告乡人。

■ 释义

①放逸不检：放纵逸乐，行为不检点。
②诬枉：诬陷冤枉。
③自申：独自申理。
④以岁月偿之：分阶段偿还。
⑤程督：按法式监督。

以上四条，本出朱子《损益蓝田吕氏乡约》^①，今取琼山邱氏《仪节》^②以通于今，而又为《约仪》如左方。

凡预约者，月朔皆会，朔日有故，则前期三日别定一日，直月报会者。将会，则先一日洒扫里社，设香案，立戒谕牌于其上。若春秋二仲月，改用祭社日以便行礼，或社未建，设先圣神位于乡校正堂，以便行礼。

直月率钱^③具食，入约人众每一人不过一十文，人少则随宜增之，毋过五十文。孟月朔，具果，酒三行，饭食一会；余月则去酒果，或直设饭，或米粉面食亦可。

会日夙兴^④，约正、约副、直月先率宗族皆衣冠俟于乡校，同约者如其服而至，有故则先一日使人告于直月。同约之家子弟及在乡校童生虽未能入籍，亦许随众序拜；未能序拜，亦许侍立观礼，但不与饮食之会，或别率钱，略设点心别处。里社鸣鼓三

■ 释义

①朱子《损益蓝田吕氏乡约》：指宋人朱熹撰《增损吕氏乡约》，见本书。

②邱氏《仪节》：（明）邱浚撰，全名《家礼仪节》，八卷。邱浚，字仲深，琼山（今海南海口琼山）人，明代宗景泰五年（1454年）进士，官至文渊阁大学士。

③率（shuài）钱：率，积聚，这里指征收。

④夙兴：早起，早上起床后。

通，约众既集，以齿为序立于门外，东向北上，约正以下西向南上，教读不与，约正与齿最尊者正相向，揖迎入门，至庭中，北面，皆再拜行礼。以约正与约副、直月三人列于左，以次而东；约众尊者长者列于右，以次而西；少者幼者从尊者长者之后，社祝①立于香案之东，赞，鞠躬，拜，兴；拜，兴，平身。约正升堂上香，降，与在位者皆再拜，社祝赞，诣香案前，约正升自阼阶，上香，降，赞，鞠躬，拜，兴；拜，兴，平身。乃誓于神，社祝抗声以誓，约正以下皆跪听应命，毕，皆再拜，乃出。社祝扬言曰："约正某等，敢率同约者誓于里社之神，自今以后，凡我同约之人，祗奉②戒谕，孝顺父母，尊敬长上，和睦乡里，教训子孙，各安生理，毋作非为；遵行四礼条件，毋背乡约，齐心合德，同归于善。若有二三其心，阳善阴恶者，神明诛殛③。"众答曰："若有二三其心，阳善阴恶者，神明诛殛。"社祝赞④，俯伏，兴；拜，兴；拜，兴，平身。诣乡校，俟于外次，约正以下

■ 释义

①社祝：社坛主管香火、祝告的人。
②祗（zhī）奉：敬奉。
③诛殛：诛杀。
④赞：唱礼；称颂；赞美。

110

皆东向立，教读①出迎，西向立，与约正三揖，约正以下三让，乃入。教读，约正三揖三让，升堂，同约者皆从之。教读升自阼阶②，约正以下及同约者升自西阶，若无里社，则教读迎入，誓于先圣如前仪，皆北面立，约正揖，教读东上，南面立，教读就位，皆再拜，教读立于位，约正少进西向立，约副、直月、社祝次其右少退。直月引尊者东向南上，长者西向南上（皆以约正之年推之，后仿此），西向者其位在约正之右少进，余人如故。若乡校正堂设神位，则以北面为尊，序次如前仪。约正再拜，凡在位者皆再拜（此拜尊者，社祝不必赞礼，后仿此），尊者受礼如仪，惟以约正之年为受礼之节，若约正是尊者，则长者以下皆如少者仪，可以类推。退北壁下南面东上立，直月引长者东面如初礼，退则立于尊者之西东上，此拜长者，拜时惟尊者不拜，直月又引稍长者东向南上，约正与在位者皆再拜，稍长者答拜，退立于西序，东向北上，此拜稍长者，拜时尊者长者不拜。直月又引稍少者，东面北上拜约正，约正答之，稍少者退立于稍长者之

■ 释义

①教读：教师。
②阼（zuò）阶：东阶。

南。直月以次引少者东北向西北上，拜约正，约正受礼如仪，拜者复位。又引幼者亦如之，既毕，揖各就次。同列①来讲礼者拜于西序如初。

以上礼，若冬日晷②短，或从简便，惟东西序齿，相向再拜，顷之③，约正揖就坐，教读正坐，稍东南向。约正坐堂东南向，约中年最尊者坐堂西南向，约副、直月次约正之东，南向西上，社祝次之，余人以齿为序，东西相向，以北为上。若有异爵者，则坐于尊者之西，南向东上。若乡校正堂设神位，则以南为上，异爵者东北向西上。直月抗声读约一过，教读推说其意，未达者许其质问。于是，约中有善者众推之，有过者直月纠之，约正询其实状于众，无异辞乃命直月书之。能行四礼者亦附于善籍，违者附于过籍。

直月遂读记善籍曰："某能为某善，能改某过，能行四礼，使人人若此，风俗焉有不厚。凡我同约，当取以为法。"或能使

■释义

①同列：同一班列，同等地位，亦指地位相同者。

②日晷：又称"日规"，是中国古代利用日影方向和长度变化测定时刻的天文仪器。它主要由一根投射太阳阴影的指标（称为晷针）、承受指标投影的投影面（即晷面）和晷面上的刻度线组成。日影投射在一个标有时刻的平面上，当太阳移动时，影子所指示的时间也跟着变动。

③顷之：片刻，一会儿。

其族人为某善，改某过，行四礼，则易其辞。善者兴，直月亦兴，揖善者，善者对曰："某实无所有，乃劳过奖，敢不加勉。"约正帅同约者北面序立，再拜，善者退居末位，答拜。或酌酒，则先善者，善者向尊长三让乃饮，复位。命执事者以记过籍遍呈在坐，各默观一过，三犯不改，待他日誓于里社，鸣鼓罚之，毋得辄扬其过，过者不服，听其出籍。有大恶，则言于有司惩之。

既毕乃食，食毕少休复会于堂上，鸣讲鼓，说书若歌诗，或习礼射，皆以钟鼓为节。教读说书一章，或讲切要故事，皆鸣鼓三声，若童生歌诗，习冠、昏、祭三礼，及习乡射礼，皆钟以宣之，鼓以节之，以耸众观听。讲论从容，书丹①而退。讲论须有益之事，毋得喧竞失仪②，言非所宜言，及扬人过恶，违者直月纠而书之。事既毕，于入约籍中姓名各押字③于其下，谓之书丹，书丹毕，教读送至大门之外，揖让而退。凡约正、约副，正本如士大夫，立教明伦敬身，以为乡人取法，出入道路，见者拱立，

■ 释义

①书丹：这里指用红笔签名或签字。
②喧竞失仪：喧闹相争，有失礼仪。
③押字：犹今言签字。

避路致敬，毋得狎侮凌犯①，违者直月纠而书之。若能化行一乡，有司延至后堂，待以殊礼②，为特设位，帅各乡约正、约副拜之，仍用花红羊酒旌奖，遇例③，先给与冠带④。

■ 释义

①狎侮凌犯：狎侮，轻慢侮弄；凌犯，侵犯，侵扰。指轻慢侵扰。
②殊礼：特殊的礼遇。
③遇例：例行的奖励。
④冠带：帽子和腰带，指一种礼遇。

■ 点评

黄佐的《泰泉乡约》是他任江西提学佥事期间，乞休家居时所著《泰泉乡礼》的一部分。《泰泉乡礼》共六卷，系吸收、概括和补充前人相关著作而成，首举乡礼纲领，以立教、明伦、敬身为主；次则冠、婚、丧、祭等"四礼"，条分缕析，期以可行，又不悖古；接着归纳论述了行乡礼应做的五事：乡约、乡校、社仓、乡社和保甲，"皆深寓端本厚俗之意"；末尾附录了士相见礼及投壶、乡社礼。全书"大抵皆简明切要，可见施行"。

黄佐将"乡约"纳入"乡礼"的范畴来叙述，说明他将乡约只当作乡民自教、自助和自我保护的一种措施、一套办法，而不是要同国家基层治理相提并论或取而代之。明朝统治阶级基层治理的重点无非是要百姓按时完纳赋役，保持社会稳定；黄佐《泰泉乡约》虽然也督促民众"祗奉戒谕""毋作非为"，包含了承担并按时完纳赋役的意思，但它的重点却在约众的教化、互助和保护。推行乡约虽然也有益于国家的基层治理和安定，但二者的出发点和落脚点不完全一样。

乡约、乡校、社仓、乡社和保甲，在《泰泉乡礼》中是并列的关系，共同服务于"立教、明伦、敬身"为主的"乡礼纲领"。黄佐写道："乡礼纲领，在士大夫表率宗族、乡人，申明四礼而力行之，以赞成有司教化。其本原有三：一曰立教，二曰明伦，三曰敬身。"意思是说，乡礼的纲领作用，关键在于士大夫在宗族、乡人中起表率作用，倡导冠、婚、丧、祭四项礼仪，并且身体力行，以协助官府的教化。其根本有三：建立儒教，让整个社会按儒家学说运行；明了人际关系；持身谨慎、严肃。为此，他提出要做好五件事：一是乡约，从品德、事业、礼仪、安全上相劝、相规、相交、相恤。二是乡校，让"在城四隅大馆，统各社学，以施乡校之教。子弟年八岁至十有四者皆入学。约正、约副书为一籍，父兄纵容，不肯送学者有罚，有司每考送儒学肄业，非由社学者不与。凡在城坊厢，在乡屯堡，每一社立一社学，俱设于闾巷民居聚处，不必拘定道里，须择宽大地基建之"。三是社仓，"凡社有学则有仓，保甲时当看守。立乡老掌之，与教读及约正等公同出纳，有司毋得干预抑勒"。四是乡社，"凡城郭坊厢以及乡村，每百家立一社，筑土为坛，树以土所宜木，以石为主，立二牌位，以祀五土、五谷之神，设社祝一人掌之"。五是保甲，"凡一社之内，一家为一牌，十牌为一甲。甲有总，十甲为一保，保有长。为保长者，专一倡率甲总，防御盗贼，不许因而武断乡曲。推选才行为众所信服者充之，或即以约正带管"。

黄佐的《泰泉乡约》及《泰泉乡礼》是按儒家学说和他的理想编写的，意在通过在全社会的推行，立儒教，明人伦，提高个体礼仪修养，帮助约众解决一些实际困难和安全问题，这也有益于国家的社会基层治理和安定。他在广西任提督学政期间，曾将此书刻印发放到辖区基层，试图推行。据邓迁为《泰泉乡礼》所作《序》云："先是，书盖刻于广之藩司，颁诸郡邑行矣。彼都人士讲明诵说，见诸行事。夫固有所感发兴起，以蹈道迁义哉。"就是说，它在局部范围内实行过。但实际上，那只是一时一地的昙花一现。黄佐生活的时代，明朝皇帝昏庸，不问政事，奸佞当道，宦官专权，政治腐败，百姓生活极端贫困，国家赋役有增无减，儒家的礼仪很难大范围推行。所以，黄佐《泰泉乡约》实际推行的空间很小。它的积极意义，在于继承、集注了前人乡约的有关论述资料，为其后相关的研究积累了资料。他提出的一些做法，如基层教化的组织化、仪式化、经常化等，有一定现实借鉴作用。

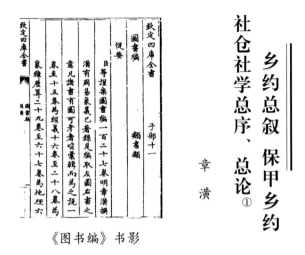

《图书编》书影

■ 作者简介

章潢（1527—1608年），字本清，江西南昌人，明代理学家、易学家。自幼好学，建此洗堂于东湖之滨，聚徒讲学，弟子从学者甚众，曾主白鹿洞书院讲席，与意大利人利玛窦有交往，请其到白鹿洞书院讲西学。

明神宗万历三十三年（1605年），经御史吴达可推荐，遥授顺天府儒学训导。乡人称其自少至老，口无非礼之言，身无非礼之行，交无非礼之友，目无非礼之书。著有《图书编》《周易象义》《诗经原体》《书经原始》《春秋窃义》《礼记札言》《论语约言》等。前两种《图书编》《周易象义》尚存，其余已佚。

乡约总叙 保甲乡约
社仓社学总序、总论①

章 潢

---

①见（明）章潢撰《图书编》卷九二，《四库全书》文渊阁本。

■原文

乡约总叙

《周礼》党正、州长①、族师②，咸以时属民③而读邦法。读法之典④废，后儒于是乎有乡约之举。蓝田昌氏之言，可征也。我太祖高皇帝立里社⑤乡厉⑥之祭，因以礼义法禁劝戒斯民，即古属民读法之意。而又颁圣训六言⑦，以木铎⑧徇于天下，虽深山穷谷，咸使闻知。《大诰三编》⑨及教民榜文，其于五常之训，养

■释义

①州长：管理一州或若干部族的诸侯、方伯，州的最高行政首长。

②族师：周时百家为族，五族为党。族师就是一族的行政长官，掌管一族的政事戒令，负责登记全族户口、服役者，六畜、车马等数量，并推行五家为比，十家联保之法。

③属民：聚集民众。

④典：前代的法度、制度。

⑤里社：里中祭祀土地神的地方。

⑥乡厉：旧指乡间无亲族祭祀的逝者。

⑦圣训六言：又称圣谕六言、教民六条等。明太祖朱元璋为教化民众，增进社会和睦说的六句话："孝顺父母，恭敬长上，和睦乡里，教训子孙，各安生理，毋作非为。"它上承宋太祖圣谕余绪，下开清康熙帝"十六条"先河，在封建社会后期发挥了极大的教化作用。

⑧木铎：木舌铜铃，古代宣布政教法令，振之以召集群众所用。

⑨《大诰三编》：《大诰》是明太祖朱元璋亲自编纂的带有特别法性质的重刑法令，分初编、二编、三编共三部，称"大诰三编"。

亲、祀先、教子、睦族、勤生业、厚闾里、举善惩恶之事，言之不一而足。而尤谆谆①者，同里之义，孝子顺孙，义夫节妇②，则里甲③老人奏闻。士农工商各守本业，毋许闲惰，则贤者良者互相劝勉。见丁著业，用心生理④，则老人督并⑤劝民为善。细微事务，互相含忍，则本里人民恳切告戒。五常⑥不率⑦，则乡高年并年壮豪杰者会议戒训。斯亦曷非乡约之意哉。历岁既久，奉行废忽⑧，而不知所存者。诸乡村春秋社稷⑨，而农巫告赛⑩，亦非钦降⑪之文。其在城郭方隅，则社厉之礼，守宰行之，法戒虽明，

■ 释义

①谆谆：反复叮咛，教诲不倦的样子。

②义夫节妇：指遵守礼教的男女。

③里甲：明朝基层的组织形式。以邻近的一百一十户为一里，从中推丁多、田多的十户充当里长，余一百户分十甲，每甲十户，合称里甲。明朝的里甲制度也是政府推行黄册制度的基础之一。

④生理：生计，生活。

⑤督并：督责；督促。

⑥五常：即仁、义、礼、智、信，儒家认为人应该拥有的5种最基本的品格和德行。

⑦率（shuài）：带头。

⑧废忽：废弃忽略，指不重视。

⑨春秋社稷：春秋两季祭祀土神和谷神。

⑩农巫告赛：农事的祈祷活动和酬神之祭。

⑪钦降：以皇帝的名义颁发的文书。

而环听无几。然则申圣代之明谟①，述前贤之彝训②，以淑③乡闾，以厚风俗，行之岂不以坊郭为首乎？坊郭阜蕃④，当以礼义旧家衣冠长者倡之。古族师月吉则行，或恐太繁，党正以四孟吉时⑤行之，似可依也。

保甲乡约社仓社学总序

古人良法美意，凡以为民也。今之莅官⑥行法者，苟实心以为民，则《周官》⑦法度，率不外是，顾⑧力行何如耳。是故保甲之法，人知足以弭盗⑨也，而不知比闾族党⑩之籍定，则人自不敢

■ 释义

①明谟：美好、英明的谋略。
②彝训：尊长对后辈的教诲、训诫。
③淑：善，美好。
④阜蕃：繁衍生息。这里指盛行。
⑤四孟吉时：春、夏、秋、冬四季每个季节第一个月，即正、四、七、十月所选的吉利日子。
⑥莅官：任官。
⑦《周官》：《尚书》篇名，传为周成王作，记述周朝的官职、职责以及成王对各级官员的告诫。
⑧顾：但，但看。
⑨弭盗：弭，平息。平息盗贼。
⑩比闾族党：周代基层组织名。五家为比，五比为闾，四闾为族，五族为党。（见汉·郑玄注，唐·贾公彦疏：《周礼注疏》卷十五。）

以为非。乡约之法，人知其足以息争讼也，而不知孝顺忠敬之教行，则民自相率以为善。由是社仓兴焉，其所以厚民生者为益周①。由是社学兴焉，其所以振民德者为有素。可见四者之法，实相须②也，使以此行之一乡，则一乡之风俗同，道德一，弦诵③之声遍于族党，礼让之化达于闾阎④，民日迁善违罪⑤而不自知，而古道其再见于今矣。乡乡皆然，县有不治乎？县县皆然，天下其有不太平乎？所以孔子观于乡⑥，而知王道之易易⑦也。噫！我朝之洪武礼制，教民榜文，可谓尽美尽善矣，志经济者幸留意焉。

又夫法当便民，事宜画一⑧。惟一，则民易从，而法可久也。即如举行乡约，则宜立乡约亭；申明里社，则宜立里社坛⑨；兴起社学，则宜增置社学；劝立社仓，则宜盖造社仓。然四者并

■ 释义

①益周：更加周全。
②相须：亦作"相需"，互相依存，互相配合。
③弦诵：弦歌和诵读。
④闾阎：本指里巷内外的门，后多指里巷或民间。
⑤迁善违罪：改过向善而不违法。
⑥观于乡：观察一个乡村。
⑦王道之易易：实行王道很容易。
⑧画一：一致，一律。
⑨里社坛：古代社会基层里社祭祀土神之坛。

举，势难遽行①，除里社坛不必别立，止以五谷八蜡②之神牌，加入本村神庙奉祀，更为省便。且顺民情，因以正俗。其余三项，亦止当合为一处，各村宜择空地一方，周以墙垣，中立一堂，傍立二仓，则乡约亭在此，社学在此，社仓在此矣。工费既省，且教读训蒙③于中，亦有看守之便，况是举也，礼法兼资，教养具备，使盗息民安，政平讼简，风移俗易，其责自乡之贤士大夫始，自乡之父老长者始。一倡百和，或合众共造，或倡义独造，则于各乡之贤达者④有厚望焉。

保甲乡约社仓社学总论

经国莫先于立法⑤，法制既定，则张而理之，而纪纲振于上

■ 释义

①遽行：遽，急，仓促。仓促地实行。

②五谷八蜡（zhà）：五谷，五种谷物，通常指黍（糜子）、稷（谷子）、麦、豆、稻，或稻、稷、麦、豆、麻。也用作粮食作物的总称。八蜡，周代每年农事完毕，于建亥之月（十二月）举行的祭祀名称。这里指五谷八蜡之神。

③教读训蒙：指教师对儿童进行启蒙教育。

④贤达者：有才德和声望的人。

⑤立法：建立法度。

矣。立法莫要于便民，民情既顺，则驱而从之，而礼教①兴于下矣。何为而必于法之立也？广谷大川异制②，民生其间异俗，刚柔迟速③异齐，使法有不立，民将曷④从，何为而必于民之便也？以定民志，以厚民生⑤，以正民德，使情有不协，法将安用？君子知上下本一体也，情法本相维⑥也，惟法立而民便，则民皆见其利而不见其害，夫是之谓良法。惟情顺而法行，则民将日迁于善，而不罹⑦于刑，夫是之谓良民。尽天下皆良民，而相忘于法，虽帝王之法，何以加此。是故法莫详于周，而考周之法，莫详于《周礼·地官司徒⑧》，所以掌邦教⑨而保王，安扰⑩邦国者也，而其所以安扰之法，不有足稽⑪乎。彼五家为比⑫，使之相保，则

■ 释义

①礼教：礼义教化。
②制：式样，规模。
③刚柔迟速：刚柔，强弱；迟速，快慢。指人们性格的刚强和柔弱，行事风格的缓慢和迅速。
④曷：何。
⑤民生：百姓的生业，指物质生产。
⑥相维：关联，联系。
⑦罹：遭受。
⑧地官司徒：古代官名，主管教化民众和行政事务。
⑨邦教：邦国，指各诸侯国。邦国的教化。
⑩安扰：扰，也是"安"的意思。安定，安抚。
⑪稽：考核，考查。
⑫比：古基层组织单位，每五户人家组成一"比"，有比长。

比有长以帅之。五比为闾①，使之相受，则闾有胥以帅之。四闾为族②，使之相葬，则族有师以帅之。五族为党③，使之相救，则党有正以帅之。五党为州④，使之相赒，则州有长以帅之。五州为乡⑤，使之相宾，则乡有大夫以帅之。上之统斯民者何其肃⑥也，州长各掌其州之教治政令，正月之吉，各属其州之民而读法，以考其德行道艺而劝之，以纠其过恶而戒之。岁时祭祀州社，属民读法亦如之。党正四时之孟月吉日⑦，属民而读邦法以纠戒⑧之。族师月吉属民而读邦法，凡孝悌睦姻有学者则书之。闾胥春秋之祭祀，役政丧纪之数聚众庶，既比则读其法，凡敬敏任恤⑨者则书之，上之教斯民者何其详也。夫比闾族党所以因民情之乐生而安之也，而后世保甲之法其肇于斯乎？属民读法，所

■ 释义

①闾：古基层组织单位，一闾包括二十五家，有闾胥。
②族：古基层组织单位，每族包括一百家，有族师。
③党：古基层组织单位，每党五百户，有党正。
④州：古基层组织单位，每州含两千五百户，有州长。
⑤乡：古地方组织单位，每乡含一万二千五百户，有乡老。
⑥肃：整饬。
⑦孟月吉日：孟月，是每个季度的第一个月，正、四、七、十，为四孟月；吉日，吉利的日子。
⑧纠戒：纠正错误，告诫正行。
⑨敬敏任恤：敬敏，谨慎明敏；任恤，诚信并能同情、帮助人。谨慎明敏，诚信并能助人。

以因民情之好善而导之也，而后世乡约之法其肇于斯乎？自周而下，汉唐或废之不行，宋或行而未善，此治化所以不能比隆成周矣。虽程伯子曾举保甲于晋城①，而止于一邑。吕氏曾举乡约于蓝田，而止于一乡，何怪乎古道之日微耶？洪惟我太祖高皇帝作民君师，而立之法纪，夫固尽善而尽美矣。十户为甲，甲有首。百户为里，里有长，是即比闾族党之法也。因里社乡厉之祭，示以礼义禁令之详，是即属民读法之意也。恭睹《大诰三篇（编）》，教民榜文及"圣训六言"，真可与《周礼》并传矣，但法久而弊滋，时变而势异，里甲移徙不常，而居或相远，得不因民情之便而联属之哉。要必随其城邑乡村，无论贵贱贫富，编定十家为甲，立甲长；十保为党，立党正，使其出入相友，贫乏相助，平居则互相觉察，有警则互相救援，如此而盗贼有不息者乎？随其居之远近疏密，举里社乡厉，于以申明国朝之圣训，斟酌吕氏之规条，使其道义相勉，礼让相先，善则记之以示劝，过则罚之以示惩，如此而争讼有不息者乎？

■ 释义

①程伯子曾举保甲于晋城：程伯子，指宋代大儒程颢。程颢在泽州晋城县（今山西晋城市城区）任知县事（县令）时曾行保甲法。

　　然而成周之治化终不可复者，何也？盖成周因比闾族党户居，而即寓夫伍两卒徒之众，因属民读法之礼，而即行夫乡举里选之规，以其一本于井田学校，而教养之兼备，故民不必出粟以养兵，而自养自卫，盗何从而起也。民皆欲敦行以待举，而有恒心①，讼何自而兴也。今也欲行井田②之政，固已难矣，苟师其意，不师其迹，不尚有可润色③者在乎？彼厚生正德，民之情也，保甲固足以弭盗④矣，然富者得以保其财，而贫乏何能以自给也。莫若于一保之中共立社仓⑤，以待乎凶荒之赈，则衣食有藉，庶乎礼义其可兴矣。乡约固足以息争矣，然长者得以读其法，而子弟不可以无教也，莫若于一约之内，共立社学⑥，以豫⑦乎童蒙之训，则礼教相尚，庶乎道德其可一矣。可见四者名虽殊而实相须也，以此行之一乡，则盗息民安，政平讼理，孔子所谓观于乡而知王道之易易也。使各乡皆如此焉，郡县其有不治乎？各郡县皆如此焉，天下其有不太平乎？以立法制，以便民情，要在握化理之权者加之意焉耳。

■ **释义**

①恒心：长久不变的意志。

②井田：古代的一种土地制度，"古者三百步为里，名曰井田"（《谷梁传·宣公十五年》）形如"井"字，故名。

③润色：使事物有光彩。

④弭盗：弭，平息。平息盗贼。

⑤社仓：古代为防荒年而在乡社设置的粮仓。

⑥社学：古代设在乡社间的学校。

⑦豫：古同"与"，参与。

■点评

章潢是明代继黄佐之后，较早将乡约、保甲、社仓、社学连成一体进行论述，统一付诸实施的学者。这里选自章潢所撰《图书编》的《乡约总叙》《保甲乡约社仓社学总序》《保甲乡约社仓社学总论》三篇文章，就是他在这方面的代表作。

《乡约总叙》首先援引《周礼·地官司徒》党正、州长、族师都"以时属民而读邦法"的事作为立论依据，认为"读法之典废"，后儒才提出了"乡约之举"来进行弥补。明太祖朱元璋"以礼仪法禁劝戒斯民"，也是沿袭了"古（周代）属民读法之意"的传统。即明太祖的《大诰三编》、"圣谕六言"等，也是按《周礼》、乡约遗意教化民众的。现在历时既久，奉行废忽，已经很难找到"读法"的地方了。他认为要重新拾起"圣代"这一美好的教民谋略，传承前辈对后辈的嘉谋彝训，改善乡间风俗，首先应从城区的坊郭开始，而要使坊郭礼仪畅行，则应由有讲礼传统的"衣冠长者"，即有官职或已卸任而有德行的人站出来，进行倡导。在具体做法上，古代族师每月讲一次法稍嫌烦多，党长每季度讲一次，似可依行。

在《保甲乡约社仓社学总序》中，章潢认为古代优秀的法度，都是为了保护民众而设置的。时下当官者若是实心为民考虑，那么，《尚书·周官》记载的都是属于这方面内容，就看你照着执行得怎样了。人知保甲可以息盗贼，登记户籍，管理好了，居民谁还敢胡作非为？人知乡约之法可以平息争讼，实行孝顺忠敬的教化，则民众自然会相率为善，哪里还会有争讼？在此基础上，建社仓，周备地为民生服务。立社学，从根本上提升民众的品德修养。可见乡保社仓社学，是相辅相成的，行之一乡则一乡的风俗齐一，道德振兴，弦歌吟诵之声遍于族党，礼让之风普及于里巷，古风就可以重见了。乡乡如此，县有不治的吗？县县如此，天下会不太平吗？所以孔子说我观察一个乡，就知道行王道原来是很容易的事。当朝洪武时期推行的礼制和教民榜文（"圣谕六言"），可谓尽善尽美，请关心民政的人留意于此。

又，法治应当便民，事类应当统一，这样民众才便于依从，法制也可以久行了。即如举行乡约，则应立乡约亭，在里社公布恶行，就应立里社坛，要兴办社学，就应增建学馆，要立社仓，就应建造仓房。若是四者同时举办有困难，那么，除里社坛不须另立，只将五谷神、八蜡神的牌位奉入本村神庙供奉就可以了，这样较为省便，又能顺民情，正风俗。其余的乡约、社仓、社学三项，可以合在一处建立，既省工费，又便于看守，一举而礼法兼资，教养具备，使盗息民安，政平讼简，风移俗易，何乐而不为呢？做这件事应由乡贤士大夫牵头，父老长者表率，则一唱百和，或合众力而共建，或倡义举而独担，寄厚望于各乡贤达者。章潢的殷殷之心，溢于言表。

在《保甲乡约社仓社学总论》中，章潢开宗明义地提出，治理国家关键是要建立法制。法制既定，依法而行，就会收到纲举目张的效果。立法一定要便民，顺着民情，因势利导，振兴礼教。为什么非要立法不可？因为广谷大川，环境不同，民众生活习惯各异。有的性格刚强、有的柔弱，有的做事缓慢、有的迅捷，若没有一定的法度，民众就会无所适从。而只有民众感觉可行的法度，才是良法。民情顺，法度行，民众就会日益向善，不遭受刑罚，而为良民。天下的民众都变成良民，而不知有刑罚，虽有帝王制定的刑罚也派不上用场了。

章潢认为考察法制，莫详于《周礼·地官司徒》，那是掌管国家教化，维护天子权威，安抚邦国的美意良法。其法，五家为比，使之相互保护，比有长，率领五户。闾、族、党、州、乡，也都选举首长进行管理。如此，朝廷管理民众就很整饬。乡、州、党、族，各自管理各自的教化政令，按时读法，同时考察属民的德行而进行劝诫，适时进行祭祀，率民读法，奖善罚恶。闾、比也借祭祀、役政、丧纪等民众相聚的机会读法。对民众谨慎明理、聪敏诚信、乐于助人的品行都要有记载，朝廷教民是何等的细致！《周礼》是顺民情行事的，后世的乡约就发端于此。周以后，汉唐各代废而不行。宋朝是有实行的，如程颢行保甲于晋城，吕氏行乡约于蓝田，但推行范围较小，整个时代做得并不好，这使后世的政治教化不能隆盛于周。只有我朝（明）所立法度才尽善尽美。里甲制就是古代的比闾族党之法，在社祭和乡厉之祭时向民众讲礼仪法禁，也类似于古代的率民读法。《大诰三编》、教民榜文、"圣谕六言"，都可与《周礼》并传不朽。但法制行之既久就会产生不合时宜的弊病，世易时移，民人迁徙，里甲人居相远，这时就应该因情势的变化采取措施，把民众继续联系起来？而且这样做的关键是要随着城乡居住情况，编制甲、保、党等组织，确定头人，使其出入相友，贫乏相助，平时相互了解，有警则互相救援。这样，还愁盗贼不息吗？根据民众居住的远近疏密建立里社、乡厉坛，借机会向民众宣讲"圣训"，推行《吕氏乡约》的规条，这样，乡讼还会产生吗？

那么，像成周那样的治理教化始终不能复现的原因是什么呢？章潢认为西周寓兵于比、闾、族、党的基层组织中，又将乡举里选与属民读法相结合，这一切又都建立在井田、学校的基础上，有教有养，教养结合，故民不必出粟养兵，而自养自卫，盗贼从何而起？民众都趋向敦厚，争取得到乡举里选，有恒产恒心，讼从哪里产生？现在要推行井田制比较困难，但模仿井田之义，不学井田形式，不也可以使现行法制增添光彩吗？他认为《周礼》之义就是厚民生，正德行。推行保甲固然可以息盗贼，然而单纯的保甲制，重点解决了富人保住其财的问题，尚未解决穷人给养的问题。不如每保建一社仓，以备荒年，使贫者也衣食无虞，有条件实行礼仪。推行乡约固然可以平息争讼，但成人可以读法，子弟不能无教，不如每约都建社学，以训养童蒙，则礼仪和教养相互促进，道德就可以齐一了。可见，乡约、保甲、社仓、社学四者名虽不同，实质却是较若画一的。四者行于一乡，则一乡盗息民安，政治平静，争讼解决。各乡都这样，郡县有不能治理的吗？郡县都是这样，天下还会不太平？立法制，察民情，关键是掌握教化治理之权的人要动脑筋。章潢的以上三篇文章，在明代以后的乡约史上产生了重要的影响。

**乡约篇①
惠安政书·**

叶春及

叶春及雕像及其著作《惠安政书》书影

■ 作者简介

叶春及（1532—1595年），字化甫，湖州府归安县（今浙江湖州市吴兴区）人，明世宗嘉靖三十一年（1552年）举人，授福清教谕，上书《端治本》《纠官邪》《安民生》等25篇论时政的奏疏，近三万言，都人传诵。在福清教导百姓以孝悌、忠信为先。后迁惠安知县任三年，"民爱之如慈父"，并以歌赞之："叶君为政，惟饮吾水，设施不烦，五风十雨"。后荐为郧阳同知，入为户部郎中，竟以劳瘁卒。工诗文，著有《石洞集》。

---

① 见（明）叶春及撰《石洞集》卷七《惠安政书九》，《四库全书》文渊阁本。

■ 原文

惟皇制治①，建府置县，画乡分里，以奠民庶②。乃立耆老，以佐令敷政教③。国家之法，十户为甲，甲有首；一百一十户为里，里有长，统以县、府、布政使司④，而达于部⑤。又于里中选高年有德，众所推服者充耆老，或三人，或五人，或十人，居申明亭，与里甲听一里之讼，不但果决⑥是非，而以劝民为善，是即汉之三老⑦，得与县令并立，以事相教⑧者，厥⑨任重矣。法废，各里亭尽堙没⑩，县令徒存，所谓老人，率阘茸⑪辈，不过督办勘

■ 释义

①惟皇制治：惟，句首助词；制治，犹言统治。意为皇帝治理政务。
②以奠民庶：奠，稳固地安置。指安置百姓。
③敷政教：敷，通"布"，宣告，陈述。谓宣告政治与教化。
④布政使司：全称为承宣布政使司，前身为元朝的行中书省，设左、右承宣布政使各一人，掌管地方行政事务，同提刑按察使司（主管地方司法）、都指挥使司（主管地方军事）合称三司，为明朝地方最高行政机关。
⑤部：户部，为中央尚书省六部之一，分管户籍财政、仓储等。
⑥果决：果断判决。
⑦汉之三老：汉代的三老，共有四级，乡三老、县三老、郡三老、国三老。
⑧以事相教：这里指县三老，县三老虽不是国家正式官吏，但权力很大，得与县令平起平坐，遇事相互商量、指教。
⑨厥：其。
⑩堙（yīn）没：堙，古同"湮"。埋没。
⑪率阘（tà）茸（róng）：率，都是。阘茸，庸碌低劣。

委①，以取刀锥之利②，拜揖送迎，事官长为仪③耳。有司遂蔑视

之，嘉靖④间，部檄天下⑤，举行乡约，大氐⑥增损王文成公之教⑦，

有约赞、知约等名，其说甚具⑧，实与申明之意无异，直所行稍

殊耳。知县寡昧⑨，参列圣之典⑩，从简易之规，创亭⑪以为约所，

推择耆老⑫为约正、副，余咸属之⑬。邑中长者，初引避不就⑭，

盖其习见近日，亦惧有司之蔑之⑮也。招以谕文⑯，加以束帛⑰，

明知知县愿与共治之心，乃肯来会，置酒设礼，与之更始⑱，嗟

■ 释义

①勘委：勘察交办。

②刀锥之利：比喻微末的小利。

③为仪：按程序进行的礼节。

④嘉靖：明世宗朱厚熜的年号，即 1522—1566 年。

⑤部檄天下：檄，古代一种文书。指明世宗嘉靖时礼部发文全国，提倡地方推行乡约。

⑥大氐：氐，同"抵"。大抵，副词，大多，多半。

⑦王文成公之教：王守仁撰的《南赣乡约》。

⑧甚具：很详尽，完备。

⑨寡昧：谦辞，谓品德、知识不够。

⑩列圣之典：列圣，历代帝王。这里指诸皇帝的法典。

⑪创亭：创建申明亭。

⑫耆老：这里指老年人。

⑬余咸属之：其余有关乡约的事，都交给约正、约副去办。

⑭引避不就：引避，躲避、回避。指推托不愿就任。

⑮蔑之：轻视，轻侮。

⑯谕文：旧时上级对下属的文告、指示。

⑰束帛：捆为一束的五匹帛，古代用于聘问、馈赠的礼物。

⑱更始：除去旧的，建立新的。这里指重新开始。

夫！张敞①、鲍宣②，汉之三老也，孰敢蔑诸！

以十有九章听民讼。一曰户婚，二曰田土，三曰斗殴，四曰争占，五曰失火，六曰窃盗，七曰骂詈，八曰钱债，九曰赌博，十曰擅食园林瓜果，十有一曰私宰耕牛，十有二曰弃毁器物稼穑③，十有三曰畜产咬杀人，十有四曰卑幼私擅用财，十有五曰亵渎④神明，十有六曰子孙违犯教令，十有七曰师巫邪术，十有八曰六畜践食禾稼，十有九曰均分水利奸盗诈伪⑤。人命重事，方许赴官陈告，户婚田土，一切小事，务由本管里甲老人理断⑥，不由者不问虚实，皆杖六十发回。官吏不即杖断，稽留⑦作弊，

■ 释义

①张敞（？—前48年）：字子高，河东平阳（今山西临汾西南）人。曾任有秩，为乡官。掌听讼收税等事。后以太中大夫事宣帝，徙居杜陵（今陕西西安市东南），官至豫州刺史。

②鲍宣（前30—3年）：字子都，渤海高城（今河北盐山东南）人。好学明经，曾为县乡啬夫，掌赋税徭役，兼听词讼。哀帝时为豫州牧，征为谏大夫。王莽秉政，以鲍宣不附己，逮之入狱，鲍宣自杀。

③稼穑：稼，种植谷物，也泛指农业劳动；穑，收割谷物，也泛指耕作。种植和收割，泛指农业劳动。

④亵渎：轻慢，不庄重不尊敬。

⑤奸盗诈伪：奸盗，指为非作歹、劫盗财物；诈伪，巧诈虚伪，指在均分水利问题上的巧诈虚伪、强取豪夺行为。

⑥理断：评理决断。

⑦稽留：停留。

诈取财物，处以重罪。里甲、老人不能决断，致令赴官紊烦①者，亦杖六十，仍着果断。循情作弊，颠倒是非，依出入人罪律②论。已经老人、里甲处置停当，顽民不服，展转告官，捏词诬陷，正身处以极刑③，家迁化外④。官吏不察所以⑤，一概⑥受理，一体罪之⑦。

凡老人、里甲，于申明亭议决，坐先老人，次里长，次甲首，论齿序坐。如里长长于老人，坐于老人之上。事干别里，须会该里老人、里甲。本里有难决事，或亲戚子弟有犯，须会东西南北四邻里分老人、里甲，公同议决。许用竹篦、荆条，量情决打；不许拘集⑧。自来陈告，方许辨理，闻风勾引⑨者，杖六十。有赃者，以赃论。

■ 释义

①紊烦：烦扰。

②出入人罪律：把有罪的人判为无罪，把无罪的人判为有罪，即"出入人罪"，对其进行追究的法律叫出入人罪律。

③极刑：指死刑。

④化外：旧时指政令教化达不到的地方。

⑤所以：原因，情由。

⑥一概：一样。

⑦一体罪之：一样处以罪罚。

⑧拘集：传讯集中。

⑨闻风勾引：听到某一音讯或传闻，就勾结某种邪恶势力，或引诱他人做不正当的事。

　　臣按：高皇帝为民之心至矣！至矣！盖耆老、里甲，于乡里人室庐相近，田土相邻，周知其平日是非善恶。长吏自远方来至，一旦坐政事堂，求情于尺牍之间，智伪千变，极意揣摩，似评往史，安能悉中？重以隶卒呵于其旁，棰楚罗于其前，视其长吏，犹鬼神之不可睨，十语九忘，口未出而汗交颐，何如反复于乡里之间，若子弟于父兄然，得以尽其词说。又况不肖之吏，恣为暴虐，自以解官①，挺身去耳，无有顾虑。耆老、里甲，其乡里长久人也，即有不平，何敢相远②！且一被逮，往复岁时③，它无论④，道途饮食费已不赀⑤，万一触忤⑥，朴击⑦交下，孰与保家产，全肤体，争于陌头⑧，释于闬尾⑨者哉？是以知县钦遵圣制⑩，一切小事付诸耆老，愚民訾訾⑪，或动浮言，微察耆老，常

■ 释义

①自以解官：解官，解免官职。自以为解免官职以后。
②相远：脱离干系。意为一旦判断不公平，获罪免不了处罚。
③往复岁时：来回历时经岁。
④它无论：其他的不说。
⑤不赀：赀，计算，估量。意为很多，无法估量。
⑥触忤：冒犯。
⑦朴击：原意"击杀"。这里指一顿乱棍打下。
⑧陌头：路上，路旁。
⑨闬（hàn）尾：闬，闾里的门，又泛指门。指门后。
⑩钦遵圣制：钦遵，恭敬尊奉。意为尊奉皇上制定的法制。
⑪訾（zī）訾：訾，通"訾"。谓怨恨，放纵。

有惕然①之意，岂法可行于昔而不可行于今乎！抑诚之未至②也。凡我父老，尚共勉旃③。

以六谕道万民：一曰孝顺父母，二曰尊敬长上，三曰和睦乡里，四曰教训子孙，五曰各安生理，六曰毋作非为。诸臣多有解，不录，"圣谟洋洋，嘉言孔彰。"④何解为⑤！

以四礼齐万民：一曰冠，二曰婚，三曰丧，四曰祭。知县⑥尝上书于朝曰：国家制礼，达乎庶人，俗吏以刀笔筐筐⑦为事，废而不问，三加不举⑧，六礼⑨不修，遣女满车葬死⑩，殚家设席

■ 释义

①惕然：惶恐貌，忧虑貌。

②诚之未至：诚心还未达到。

③勉旃（zhān）：旃，语助词，之焉的合音字。勉旃，意为努力。

④圣谟洋洋：语出《尚书·伊训》。本谓圣人治天下的宏图大略，后亦为称颂帝王谋略之词。圣谟，犹圣训，圣旨；洋洋，盛大。

⑤何解为：为，语助词，表示反诘或感叹。这句意为何须解释。

⑥知县：这里是叶春及自称，他曾任惠安知县。

⑦刀笔筐筐：筐，方正。指文字记录。

⑧三加不举：古代男子行加冠礼，初加缁布冠，次加皮弁，再加爵弁，称为三加，意为不行冠礼。

⑨六礼：指古代的冠礼、婚礼、丧礼、祭礼、乡饮酒和乡射礼、相见礼。

⑩遣女满车葬死：让女子坐车去参与埋葬死者。

肆筵①，推牛②击鼓，旛幢③蔽道，锱黄④盈室，括发持衰⑤，纳妇诞子，甚至于水火为棺椁⑥，此弑父之罪也！遗祖祢⑦，略报祀⑧，为出门之祭⑨，祈名岳⑩，媚淫鬼⑪，男女杂乱，画夜⑫奔驰，千里而赴之，常人琢器雕题⑬，匹庶曳绮履锦⑭，酒馆歌楼，上切云汉，乃有设容貌，倚市门，非君子所忍睹也，无礼甚矣。请责守令，重民四教，冠婚丧祭，禁其靡丽邪僻⑮，今谬为

■ 释义

①殚家设席肆筵：殚，竭尽；肆筵，设宴。指竭尽家资操办宴席。

②推牛：推，刺，杀。推牛即宰牛。

③旛幢：泛指旌旗之类。

④锱黄：锱，当为缁之误写。缁，黑色。古代僧人穿黑色衣服，这里代称僧人。黄，古代道士穿黄色衣服，这里代称道士。

⑤括发持衰（cuī）：括发，古人服丧期间以麻束发，借指守丧；衰，古代丧服。持衰也指服丧。

⑥水火为棺椁：指将尸体抛入水中或火焚，实行水葬、火葬。

⑦祖祢（mí）：祖，先祖；祢，古代对已在宗庙中立牌位的亡父的称谓。指先祖和先父，也泛指祖先。

⑧略报祀：报，报祭。忽略了报答神灵的祭祀。

⑨出门之祭：出门时祭路神，旧时一种迷信习惯。

⑩祈名岳：祈求名山之神保佑。

⑪媚淫鬼：媚，谄，逢迎，喜爱。指相信和谄媚恶魔。

⑫画夜：画，划分。画夜指到了夜间。

⑬雕题：雕，刻；题，额头。指在额上刺花纹，又指雕刻题字于器物上。

⑭匹庶曳绮履锦：匹庶，平民；曳绮履锦，拖着绮衣带，穿着用锦做的鞋。指衣着豪华。

⑮靡丽邪僻：奢华不端。

令，岂敢忽诸！盖六谕所以道①民，四礼则其事也，朱子家礼②，成祖已列于学官。琼山丘民③，又著为仪，户有之，故不录，而揭其条件④于篇。

■**释义**

①道：同导，引导。

②朱子家礼：南宋朱熹的礼学著作，共分五卷，通礼、冠礼、昏（婚）礼、丧礼和祭礼。

③琼山丘民：琼山，山名，在海南海口市琼山区南；丘民，指百姓。这里指明代丘浚（1418—1495年），他撰有《家礼仪节》八卷，本文下句"又著为仪"即指此书。

④条件：条目。

■点评

　　叶春及的《乡约篇》是古代中国少数几篇在局部地区付诸实行的乡约之一。叶春及首先回顾历史上国家在基层设立耆老，协助县令宣布政令与教化，听讼断案，劝民为善的过往，慨叹这一制度废毁已久。明世宗嘉靖中，恰遇朝廷由礼部发文，令全国各地举行乡约，叶春及对此如遇春风，立即参照各代皇帝的法则，化繁为简，建申明亭作为乡约办公的地方，推择耆老为约正、约副，将举行乡约的其他事务都交给他们去办。在《乡约篇》中，叶春及确定乡约的职责包括三个方面：一是听民讼；二是教万民；三是行四礼。

　　听民讼包括户婚、田土、斗殴、争占、失火、窃盗、骂詈、钱债、赌博、擅自取食园林瓜果、私宰耕牛、毁坏农具放弃耕作、犬畜咬人致死、卑幼私占财物、对神灵不庄重不尊敬、子孙违犯教令、从事师巫邪术、六畜践食禾稼、均分水利巧诈虚伪等十九个方面。确定只有人命关天的大事才能直接告官，其余户婚田土等一切小事，全由管区内里甲老人评理断决。若直接跑到官府告状，不管为何，均打六十大板，仍发回原管区决断。官吏不如此办理，滞留作弊，骗取财物的，处以重罪。里甲老人不能据理处置，致使当事人到官府上诉烦扰的，也杖六十，并让他继续决断。循情作弊，颠倒是非，将有罪的判作无罪；无罪的判作有罪，即依"出入人罪律"论处。而已经老人、里甲处置妥当，顽民不服，辗转告官，捏词诬陷的，本人处以死刑，家属迁到偏远地区。官吏不察情由，将那些不该赴官的和该赴官的一样受理，同样处以罪罚。导万民就是以明太祖朱元璋的"六谕"教导民众：孝顺父母，尊敬长上，和睦乡里，教训子孙，各安生理，毋作非为。齐万民即以"四礼"规范民众的行为。四礼，指冠礼、婚礼、丧礼和祭礼。

　　这篇乡约有几个特点：首先，它将由士绅倡导组织的以约民自教、自助、自卫为目的的乡约组织，同国家的基层管理机构——里甲制相结合，改变了乡约的民办性质，使它变成了官府行为和官办组织。其次，它将士绅倡办乡约的教民、济民、卫民宗旨，变成了官府主导的听讼、导民和约束民众。原来由士绅倡办的乡约也有听讼、以"六谕"教导民众、行"四礼"或"六礼"等，但它的主要内容还是北宋蓝田吕氏乡约，行政管理的意涵未如此之强烈。叶春及这篇乡约，赫然凸显了官府治民的意图。最后，它对违规约民及耆老里甲、官吏的处罚非常严重。以往士绅倡办的乡约只有教，没有刑，对违规约众最大的处罚是令其"出约"，即开除，其余哪怕是人命大案，也只交由官府处置，约中不会用刑，对耆老、里甲、官吏更无处罚条例。而叶春及的乡约规定，对违反约规者可施以杖刑，甚至处死，迁其家属于边远地区。官吏不立即施杖断决，滞留案件，从中作弊，诈取财物的，处以重罪。里甲老人不能及时依理决断，造成当事者赴官的，也杖六十。有循情作弊、颠倒是非等情节的，则依"出入人罪律"论处。各项处罚都极为严厉，这是此前乡约所未见的。

在这篇乡约中，叶春及深入细致地分析论述了由耆老、里甲听讼判案的优越性，还说他曾上书于朝，揭露了基层社会种种违礼背道的现象，"请责守令，重民四教，冠缔丧祭，禁其靡丽邪僻，今谬为令，岂敢忽诸！"《惠安政书》四至八，列表说明惠安县境内的下埔、琼田、下浯（wú）、驿坂、承天、下江、前黄、前涂、上郭、尹厝（cuò）、举厚、峰前、仙塘、后郑、东张、袁厝、吴厝、通津、前塘、象浦、员庄、前头、梁山兜、白崎、里春、下安、大拓、黄田、杨宅、苏坑、凤洋、许塘、乌石、仓边、赤厝、许山头、刘厝、张坑、大吴、坑北、前庄、上庄等四十三个乡村置有申明亭。说明这里都曾实行过耆老听讼的乡约制度。《惠安政书》将申明亭分别登记为"今申明""旧申明"和"申明"三类。"今申明"应指当时创立的申明亭；"旧申明"应是由前人设置的；"申明"则可能是前已有之，当时或经修补、或较简陋的申明亭。我们由此可以认为，至少在叶春及任惠安县令期间，他的《乡约篇》曾付诸实行。但实行效果如何，却没有史料可稽。因此，这篇乡约的价值仍只在于政治思想方面。作为现任地方官员，叶春及看到了民间组织乡约的一些优越性，积极地将它与官府的基层管理制度结合起来，用乡约组织之长，糅合里甲制度，加强乡里管理，从而将民众都纳入"六谕""四礼"或"六礼"的轨道，以实现基层社会的长治久安。这一设想是理智的，也为当时社会基层治理找到了一条新的途径，但它的实现是很困难的。像他在《乡约篇》中提到的那些听讼、礼仪宣教的东西，在社会大环境比较安定，民生衣食粗给的情况下，实行起来或许有些效验。然而，明世宗嘉靖、穆宗隆庆、神宗万历年间，即在叶春及生活的时代，明朝的政治已经相当腐败，内忧外患，天灾人祸，民不聊生，在这样的政治背景下，谁能安下心来组织乡约？组织起来了又哪能有验、持久？因此，叶春及《乡约篇》的政治意义，是它提醒统治者应该重视官方管理和民间自教、自助、自卫两方面相结合。它为其后的乡村治理提供了一个参考。

吕坤画像及其著作《呻吟语》书影

■ 作者简介

吕坤（1536—1618年），字叔简，一字心吾、新吾，自号抱独居士，明归德府宁陵（今河南商丘宁陵）人。吕坤天资聪颖，六岁入学启蒙，十五岁作《夜气铭》《招良心诗》。明神宗万历二年（1574年）中进士，初为襄垣知县，因政绩卓著，调大同，征授户部主事，历郎中。迁山东参政、山西按察使、陕西右布政使。擢右佥都御史，巡抚山西。居三年，召为左佥都御史。历刑部左、右侍郎。吕坤所至，颇有政绩，深受士民爱戴。任山东参政时，"崇文教，恤孤寡，伸武备，禁邪党，立社学，创冬生院以恤残疾"。有奸人借朝泰山之机，装神弄鬼，诈取人财物，多致殒命。吕坤严惩恶人。巡抚山西时，著有《实政录》。吕坤爱民如子，视贪官若仇，所刻《风宪约》《民务》各款深受称颂。他与沈鲤、郭正域被誉为明万历年间天下"三大贤"。

①见（明）吕坤撰，王国轩、王秀梅整理《吕坤全集》中册《实政录》卷五，中华书局2008年版，第1061—1087页。

■ 原文

钦差提督雁门等关、兼巡抚山西地方、都察院右佥都御史吕为申明乡约保甲以善风俗、以防奸盗事。

照得成周立教，监于夏商，士有庠序学塾以乐其群，民有比闾族党以萃其涣。故百井结为一体，千民联属成家。观俗于乡，则里仁为美；化行于下，则比屋可封。未有人各任情，家自为俗，而能成迁善远罪之治者也。自教衰民散之后，惟乡约保甲最良，虽化民成俗之意未及昔（一作"古"）人，而轨众齐物之方实仍前代。兹二法者，累朝之所申明，庙堂之所建白，不啻再三矣。乃有司视为常套，谈者反唇；间巷苦其骚烦，闻之疾首。非法之不良，民之难令，则行法者为法之病也。约束不择善良，编派委之里老，时逢朔望，聚者岂无千人？待至未申，讲者不闻一语，混杂而来，饥疲而散。圣谕昭揭，遵违谁复知闻；粉壁分明，奸宄全不觉察。即犯者盈庭，罪人满狱，吾惟有三尺之法在，轻则杖笞，重则绞斩，如此而已矣。不知先王以刑弼教，非以刑为教也。嗟夫！道之以政，而后齐之以刑，犹为末务。矧一言不教，而惟五刑是加，岂朝廷设官之本意哉？积习既久，振举实难。若殿最之条，但以教化风俗为首；则守令之政，自以乡约保甲为先。乡约实行，自无奸凶，犹有奸凶，是乡约之法未行也。保甲实行，自无盗贼，犹有盗贼，是保甲之法未行也。二者不行，即有便捷之才，清修之节，簿书词讼，催科之能，不免为俗吏。何者？谓其所急者末，而教养之政不修也。寓教养于乡约保甲之中，则词讼自息，差粮自完，簿书不期省而自省矣。但劝善惩恶，法本相因，而乡约保甲原非两事。本院捧读高皇帝教民榜文，及近日应行事例，谓乡约之所约者此民，保甲之所保者亦此民。但约主劝善，以化导为先；保主惩恶，以究诘为重。议将乡约保甲总一条编，除寄住流民各听房主地主约束，容留者查其来历，出入者问其缘由，但有强盗窃盗生发，即将房主地主并治外，其余本县及寄庄人民，在城在镇，以百家为率，孤庄村落，以一里为率，各立约正一人，约副一人，选公道正直者充之，以统一约之人。约讲一人，约史一人，选善书能劝者充之，以办一约之事。十家内选九家所推者一人为甲长，每一家又以前后左右所居者为四邻，一人有过，四邻劝化不从，则告于甲长，转告于约正，书之纪恶簿。一人有善，四邻查访的实，则告于甲长，转告于约正，书之纪善簿。其轻事小事，许本约和处，以息讼端；大善大恶，仍季终闻官，以凭奖戒。如恶有显迹，四邻知而不报者，甲长举之，罪坐四邻。四邻举之，而甲长不报者，罪坐甲长。甲长举之，而约正副不书，掌印官别有见闻者，罪坐约正副。如此严行，则一人罪犯，九十九家之责也。九十九家耳目，一人善恶之镜也。平居无事则互相丁宁，一有过恶则彼此诘责。白莲妖术，奸宄凶民，何所容其身？出境为贼，在家窝盗，何所遁其迹？地方安得不辑宁？百姓安得不寡过？刑清政简之效可以渐臻，知礼畏义之风可以日长，此目前第一急务也。为此，将已试者与二三有司一讲求之，傥以怠忽之心应督责之命，选择不得其人，激劝不由其道，则期会衹增烦扰，约束反济奸雄，非法之无良，实尔有司惰慢之罪也。本院觍然抚临于上，岂能昧是非之公以相曲庇哉！

乡甲至要

乡约原为劝民，保甲原为安民。行之而善，则民乐于行；行之扰民，不惟无益，而又害之。如约长、保长，不许用无身家棍徒，使挟倚外需索，一不扰。约保不许出一里之外，人不许拘数，惟令一处住居者行之，则近便易行，二不扰。不许令乡保长等打卯接官及派应夫役，三不扰。掌印官自己抽查，不许委佐贰首领及快壮查点巡逻，四不扰。乡甲中有事，系贼盗人命，方许呈报，如斗殴小事等项，听民自便，不许呈报，五不扰。去此五扰，而后良法不失美意，民自乐行矣。此最吃紧，故首列之，行者幸留意焉。

乡甲会规

凡一约之人，或寺庙，或公馆，或大家厅房可容百人处所，上面立圣谕木牌一面，傍设约正、约副、约讲、约史四坐，将约众分左右二班，如所在宽敞，做板凳数条，约众论齿序坐，亦可每月初二、十六日一竿时候取齐，击鼓三声，约中择少年读书者四人为约赞，唱："排班，班齐，鞠躬，拜兴，拜兴，拜兴！拜兴，拜兴！"三叩头平身，分班对揖平身，唱："正副讲史就坐。"唱："甲长出班言事。"十甲长出，向牌跪，举曰：本甲某人某日行某善，某人见证。举毕，分立于班前。为善与证人出，向牌跪，约正副问明约史，即照口词记于善簿，毕，为善者叩四头起。十甲长复出，北向跪，举曰：本甲某人某日为某恶事，某人见证。举毕，分立于班前。为恶与证人出，向牌跪，约正副问明约史，即照口词记于恶簿，为恶者叩四头起。约正副先将本甲善恶事劝戒一番，约史讲又将本甲善恶事劝戒一番，毕，约讲讲劝善一条，讲律演一条，毕，画左右二扇卯簿，毕。其有事不到者，甲中代之给假，卯簿写一"假"字，但不许连给三假。至日，应举善恶者亦不许给假。毕，总揖圣谕而退。仍将格叶未完事件，丁宁申戒，下会定完。如约正副讲史一人有事不到，三人代之行事。

乡甲事宜

——每百家选约正一人、约副一人，俱以正直公道能管束处断者为之。约史一人、约讲一人，俱以正直识字能劝善戒恶者为之。如百家之内无此四人，二百家有此八人，遥相管束亦可。或八人总管二百家亦可，或不足二百家，或二百家有零者，在州县正官各随地方街巷村落远近编派，难以拘泥。但不许越管遥制，不便挨查。其同居父子兄弟，只报一名在约，分居者人人在约。如有乐善之人，父子兄弟情愿俱入乡约者，听从其便。

——选约正、约副、约讲、约史，须百家个个情愿者。选甲长，须九家个个推服，及常不出外者。如扶同滥举非人，许不愿者举出。但全人难得，或旧过而改新，或善多而过少，或口毒而心善者，情愿从今学好，不妨准收。甲长不服人，许九家同禀于约正副，如果不称，九家另举一人更之，不许轮流攀当。约正副不服人，许九十八家同禀于官，如果不称，众人另举一人更之，不许一人私告。中间如有以曲为直，将善作恶，向亲识、受买嘱、报私仇、欺贫贱、大伤公论者，亦许同约公报到官，小者本约除名，纪恶于申明亭，大者比众加倍究处。如无大过，及三五人私怨者，不许轻更约正副，致有投充推诿，以生奸弊。

——州县正官，先将各约为善为恶之人密细访察，要见某约某人，某日为某善事，某约某人，某日为某恶事，却将各约善恶两簿及作善作恶之人拘查，或随便亲到本约呼唤审问，如果善恶是真，而本约不曾书写者，除当面奖戒外，约正副讲史各重责纪过。甲长四邻隐匿不报者，与作恶之人一体重究。

——旌善、申明二亭，国初设老人二名，以佐州县之政。但老人名色，近皆归于里甲催科及仆隶顶当，朝捶暮楚，人皆耻为。今选概州县殷实有德二人，另名公正，总理城中乡约，四乡再选公正八人，分理各乡乡约，各约正副讲史不公不法，听其纠举，应更换者听其保举。各给帖文印子，以便行事。先给与耆老衣冠，如果正直无私，督约有功者，三年给与冠带。

——约正副举行乡约一年之外，许戴耆老幅巾青直身博带，见州县行两跪一揖礼，州县起立答揖。见本院亦许两跪一揖，本院起立拱手。本一平民，一旦如此优待，为约正副者可不勉励奋发，劝善惩恶，表正风俗，以仰体上官之心乎？

——约中一年无人违犯条款格叶者，约正旌善亭纪善一次。二年无犯者，约副亦于旌善亭纪善一次。三年无犯者，约正副二人先以花红卮酒赏送于公堂，约讲史各纪善于旌善亭一次。六年无过者，约正副讲史各送扁一面。本约九年不违犯条款格叶者，同约保举约正给与冠带，约副免本身差役，仍与约讲史俱给约正衣冠，以礼相待。十二年约中不违犯条款格叶者，约正副各送牌扁，书本院姓名，待年至七十，仍从各约通举，准入乡饮酒席。其约正年近七十，不能待九年者，掌印官每年考其勤惰公私等第，但肯实心任事，三考各约第一者，三年亦准冠带。

——约正副讲史，止为管教一约之人，不许接送官员及州县一切差委、接递听事、朔望升堂、及不干本约事情。无故骚扰拘唤、无罪轻加凌辱；以伤优礼良民之体。违者，掌印官即系昏庸不肖，坏乱乡约，虽有他长，亦行戒饬。

——约正副讲史除正项亲朋礼节往来外，如有处分本约事情，因而受人只鸡杯酒斗谷分银者，即系不立行止无耻之人。被本约评出，枷号游迎，仍纪恶申明亭，乡邦不与为礼。

——除缙绅举监生员不须编入乡约外，其致仕闲住州县佐贰首领及省祭散官衣巾生员，但有德望，众推为约正副者，州县官以见任乡官、在学生员礼貌一体优待，与各约正副另班行礼。

——乡约呈报善恶及条陈利害者，不分是何衙门，俱用连七粗纸手本，封袋缝上，写某州县某字约，约正副某人某人封。若系概约公报，则写某州县某字约，约正某人等同封，不许用细纸，以生科派之端。

——大奸大恶，久惯行凶，报恶纪恶，动辄与人为仇者，许同约百家连名指实，用手本封固，差约中一人密禀州县掌印正官，差的当兵快当时锁拿，扭解本院。

——乡约之中，不怕豪强棍恶，只怕浮薄少年。此等浮薄之子，或系大家贵族，倚托门第钱财，将欲不编入约，此人置之何地？将欲编之约内，彼傲气雄心，轻口薄舌，无恂恂乡党之谦，怀卑卑贫贱之意。甲中不敢举过，约中不敢纪恶。或造言捏事，或构怨生仇。其明理父兄，当思共守圣谕科条，替伊教诲子弟，不护短，不尤人。不明理者，或到约中发怒，令长少难堪，或向州县递呈，托守令处置。彼庸懦有司，那分皂白？约中一伙平民，何苦与人斗气，从此而一约坏矣。一约坏而各约皆坏矣。以后约中少年，务要低心下气，一遵条款格叶，不许分毫傲慢。掌印官时时另行体察，但有扰混一约不成者，另申本院施行。如有徇私诬善以伤众心者，访知以罢软论。

——约中除乐户、家奴，及佣工、佃户，各属房主、地主挨查管束，不许收入乡甲外，其余不分匠作、裁缝、厨役、皂隶、快手、门禁、马夫，但系本县老户人家，或客商经年久住，情愿入约者，俱许编入乡甲，以乡党辈数齿序，不许作践。

——各州县做竖牌十面，长二尺，宽八寸。凡不养父母，时常忤逆者，牌书"不孝某人"。骨肉无恩，尊长无礼，夫妻无情，父子生分，牌书"不义某人"。偷鸡摸狗，拔树掐谷，系本县老户人民者，牌书"做贼某人"。赌博开场等众，牌书"赌博某人"。游手帮闲，牌书"光棍某人"。生事殴人，牌书"凶徒某人"。诡隐地粮，教唆词讼，阴险害人，贪婪利己，牌书"奸民某人"。口无实言，行无实事，搬弄是非，妄传诬告，牌书"诈伪某人"。诓骗财物，勾引妇人，及一切干事不顾行止体面，人所共恶者，牌书"无耻某人"。淫荡破家，牌书"败子某人"。各用大字钉于本犯门左，每会跪约听讲，街民不与往来。两院访拿，即将此人举报，待十分悔悟，本约连名出连坐甘结，保其省改者，方许去其门牌。

——乡约有犯，除徒流以上，自有应得罪名外，其余纪恶呈报访知等事，不系告发者，只是朴责，重者枷号，不许问罪。

——各约"纪善""纪恶""纪和""纪改"四簿，有司终日查考，假如一百二十约每日照依约号次序，初一日某字号等四约讲史送簿来看，掌印官细查，善有可赏者，批奖三二句；恶有当惩者，批戒三二句。其和处不当者，即与更正。罪恶大而和不足以尽法，贫者拘来责治，不贫者罚谷，多不过五石，少不下一石，注于簿上，责令甲长催完。下次查簿，即于罚谷项下注某月日纳讫。其谷即贮本会殷实之家，以备本约社师束修及孤老残疾赈济，或本约不得已公用。俱约正呈知掌印官，方准动支，不许有司将谷入仓，违者以科罚坐罪。其批查约簿，俱以红笔，大约每日查数本，一月查一周。其大善大恶，登记州县善、恶、和、改簿上，以备申呈上司，大加奖赏，拿问施行。

——凡讲约之日，遇大雨雪，改于次日。不向甲长给假而不到者，纪过一次，无假三次不到，约者禀官。

——麦忙放通假两会，秋忙放通假两会。其间或疾病、或家中疾病、或公事、或忙事、或远行给单假者，俱许准理。其疾病及远行之人，过三假后，再给不许。每会点卯不到，罚谷致误穷汉生理，违者罪坐正副讲史。

——每约百家选保正一人，百五十家量加选保正副各一人。乡甲之内，属本县者，听其挨查出入。乡甲之外，属房主地主者，听其访问。但有为盗窝盗，听其举报到官。但有失盗，听其率领各甲救护。其甲中人等，除六十岁以上十八岁以下免其救护外，其余丁壮，十月后收秋已毕，三月前农工未动，各家所备枪刀弓箭，短棍绳鞭等器，一百家或二百家内，共觅教士一人，令其习学武艺。一年觅一人，习一艺，不及五年，而各艺皆熟矣。又以本甲教本甲，不及五年而各人皆熟矣。一甲共置锣一面，保正副各置铳三杆，遇有盗贼打劫，甲中鸣锣，保中放铳，一拥救护，但于盗所生获或扎死强贼一名者，州县官花红鼓乐迎至公堂，银杯递酒三杯，当时赏银十两，仍给帖一张，免其本身差役。如果贼见救护人多，要杀失主解围，失主见贼要杀，骂人不许救护，保甲人等一味上前捉贼，不许因而解散。盖盗贼杀人与救护者无干，盗贼走脱则救护者何用？况贼见失主骂人而救护者不散，彼何仇于失主而杀之哉！

——保正副须选家道殷实、力量强壮、行止服人者为之。如有优占，即令其子男弟侄为之，不许掌印官听嘱徇情，巡捕官受贿卖放，却为无德贫棍顶充。盖盗贼打劫不寻穷汉，而棍徒保正岂能率人？借保甲之法率百人之众，代富势者看守家财，何负于彼而推托以图苟免哉？是法也，有司必不遵行，但遇地方失事、贼盗脱逃者，掌印巡捕官即注劣考。

——乡甲之约，良民分理于下，有司总理于上。提纲挈领，政教易行；日考月稽，奸弊自革。若掌印官视为虚文，如醉如梦，则约正副以为奇货，通贿通情，是良法反为弊政。乡约保甲果弊政乎？何不将《周官》法度一读也。故得千良民不如得一贤守令。呜呼！吾辈读圣贤书，受民社寄，终日抗尘走俗，身教既不倡先，言教又不修举，上负朝廷，下惭士庶，子夜深思，宁不汗背？本院自愧庸劣，愿与诸君子共勉之。

乡甲会图

凡处断本约事情，将和事牌移置圣谕前，约正副先在牌前焚香，誓曰："处事不公，身家被祸。"叩四头起。干证①同有事人向牌前誓曰："举事不公，身家被祸。"从公实说，讫，叩四头起。约正副问有事人明白心服，斟酌王法天理人情，与讲史商量处断。断讫，约史向牌前誓曰："纪事不公，身家被祸。"叩四头起。即纪其事于和簿、恶簿。有不服者，听其告官，约中具由以备查。取其举善纪善人等俱一体誓神，以压嫉妒之口。

■ 释义

①干证：与讼事有关的证人。

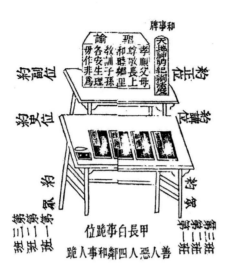

乡甲集会图

圣谕格叶

州县　字约第　甲　系　籍　户

——父母　在　衣　食　缺　忤逆祭扫　缺

——长上　尊敬　乡里　和睦　放债　违禁

——子　孙　教训

——地　顷　亩　分　差粮　限完　限完　限完　限完

——生理　勤　惰　用度　俭　奢

——救命会积钱　千　百　十　文　量贫富为多寡

——积菜 百 十 斤 积粪 十 车

——养牛 只 驴 头 猪 口 羊 只 鸡 十 只

——栽桑 百 十 株 枣 百 十 株 榆 百 十 株 柳 百 十 株 杂果 百 十 株 杂树 百十株

——取茧丝 十 斤 两 纺花 十 斤 两

——衣食 足 身无破絮家无糟糠

——荒闲地土 亩 分 种菜 亩 分

——赌博 宿娼 酗酒 诈财

——聚众行凶 白莲随会

——容留奸盗生人 行使大秤小斗

——被人告 次 刁告人 次 唆证人 次

填格叶法

第一格填某县某字约第几甲，系约正、副、讲、史，则填约正、约副、约讲、约史。系甲长，则填甲长。系甲众，则填甲众某人。系军、民、匠、灶籍，或上上，或中中，或下下户。

第二格父在母不在，母下填一"不"字；母在父不在，父下填一"不"字。俱在，父母下填一"俱"字；俱不在，父母下写一"不"字。

第四格填子某人某人，孙某人某人。或时常教训，或通不教训。

第五格填地几顷几十几亩，一限完填"一"字，二限完填"二"字，三四限俱同。

第六格填庄农生理，或卖酒生理，或佣工生理，各照生理填写。

以上俱于领格叶之日，约讲史审明填写，其钱粮四限，完一限填一限。

——十二月十六日，约正率十甲长焚香誓神曰："凡我会人审填格叶，遵行者不许诬枉，违犯者不许回护，如有不公不实，神鬼鉴察，身家被祸。"叩四头起。约正先唤第一甲长到圣谕前填第二格，约史问某人事奉父母衣食有无缺少，如缺则于衣食下填一"常"字，不缺则填一"不"字。祭扫缺，填一"常"字，不缺填一"不"字。

第三格尊敬长上，填一"常"[①]，字，不尊敬填一"不"字。乡里和睦填一"常"字，不和睦填一"不"字。放债违禁填一"常"字，不违禁填一"不"字。

■ 释义

①编者按，原文为长。

第四格子孙教训填一"常"字，不教训填一"不"字。

第六格或常勤不惰，或常惰不勤，或好奢不俭，或好俭不奢，各照格填。

第七格填钱数，各照多寡实书。

第八格填积菜积粪数。

第九格填牛驴猪羊鸡只数。

第十格十一格填栽树数。

第十二格填丝绵数，俱分毫不许增减。

第十三格衣食四项填，不缺衣食者填"亦足"。次贫填"略足"。贫填"不足"。身无之上填"未至"二字。极贫填"不足"，"身无"之上填"见今"二字。

第十四格荒地、种菜照数填。

第十五、十六、十七格，犯者填"时常"字，不犯者填"不敢"字。

第十八格被告三款，照次数填，填毕，至十二月二十日以后，约正将格叶册单钉送掌印官处查遵违。全遵无违者，纪大善一次。全违无遵者，纪大恶一次，仍行责治。半违半遵者，量轻重酌处。仍将旧格叶收库，照数发新格叶于各约。其格叶一年一发，乡约三年一发，纸张工墨之费许于正项公用钱粮开销。若正副讲史甲长填格叶不公不实者，访出各重责枷号。其约史甲长格叶，四邻报填。正副讲格叶，十甲长报填。俱不许扶同妄报一字。

编乡甲字号

孝弟忠信，礼义廉耻。正直公平，欢爱忻喜。忍耐让恭，温和柔美。畏天守法，怀德循礼。知止存心，省身克己。智①仁宣哲，睦姻任恤。富贵康宁，昌盛丰足。进修讲习，敬谨纯笃。操持有常，千祯百禄。劝君学好，希圣为贤。端方清静，实行真言。淑慎庄洁，福寿延绵。吉祥如意，饱暖安然。

续编乡甲字号

人钟五秀，灵于万物。慧悟聪明，刚毅朴讷。六府三事，水火金木。复性②利用，厚生土谷。阴阳寒暑，日月星辰。昭晰宇宙，鉴视严森。春冰惕励，戒惧临深。一乡善士，鸾凤麒麟。官

■ 释义

①编者按，原文为知。

②复性：小注说原是"正德"二字，可能是因为"正德"二字与前《编乡甲字号》重复，故改。

赏民颂，此感彼钦。凡兹黎庶，细听吾说。望汝遵依，致我乐悦。恩则雨露，威是霜雪。路只两条，从尔审择。

右一约分占一字，如约多而字号少者再领。

和处事情以息争讼

为和处事情以息争讼事。人生天地间，谁没个良心①，各人拿出良心来，少人的就还人，恼着人就陪话②，自家得罪于人，自家就认不是，这等③有甚么争竞④？只为那奸狡⑤的利己损人，强梁⑥的欺大压小，昧心⑦的枉口刁舌⑧。或自知理亏，先递拦头

■ 释义

①良心：善良的心，这里指内心对是非的正确认识。
②陪话：赔不是，赔礼道歉。
③这等：这样做。
④争竞：争逐奔走，争胜，争执。
⑤奸狡：奸诈狡猾。
⑥强梁：强横凶暴。
⑦昧心：违背良心。
⑧枉口刁舌：枉口，空口，改口；刁舌，刁滑，奸诈。谓不顾事实，胡言乱语。

假状①；或买求硬证②，专告无影虚词③。到那衙门时，吏书皂隶④使了多少钱，拶板锁枷⑤受了多少气，有年没月误了多少营生⑥，往来酒饭使了多少盘缠⑦，父母妻子耽⑧了多少忧愁。一入衙门，身体不属自家，田宅不能自保，俗语云："原告被告，四六使钞。"又云："官府不明，没理的也赢。"你自寻思⑨，告状那（哪）有一件好处？且如乡邻有事，你知我见，哄瞒过了谁？如有不平，到那乡约中口禀一番，约正副差本甲人唤来一问，如系两约，请两处约正在一处同问，谁是谁非，眼同证见⑩，一一问明，差那证见押着那理屈的，替那理直的些些礼物上门陪话，约史仍将所问事情来历始末一一记于《和簿》⑪。如事情稍重，及

■ 释义

①拦头假状：拦头，当头，迎头；假状，内容虚假的状子。指抢先递上内容虚假的状子。

②硬证：捏造证词，一口咬定。

③无影虚词：无影，虚构的；虚词，假话。虚构的假话。

④吏书皂隶：吏书，官府文书人员；皂隶，古代贱役，衙门差役。指衙门文书差役人员。

⑤拶（zǎn）板锁枷：拶，压紧；拶板，古代套入手指用力紧压的一种刑具；锁，古代用铁环钩连而成，挂在双手或双脚上的一种刑具；枷，古代用方形木质圈套住脖子或双手的一种刑具。

⑥营生：谋生，维持生活的手段。

⑦盘缠：花费，费用。

⑧耽：承受，担负。

⑨寻思：考虑，思考。

⑩证见：证人，证据。

⑪和簿：记载和解事项的文簿。

不服处断者，不问告何衙门，约正副分别是非，补呈子一张，递于问官，以凭从公究处。仍将理屈者纪恶。如本约处分不公，约正副坐罪。如处分极公而诬枉约正副者，分外加责。这等和处，既不失乡亲体面，又省了多少钱财，免了多少凌辱①，何等便宜。各约百姓切记吾言。须至和簿者，计开应和条件：

——婚姻不明，审问原媒，某女定与某男，受何定礼，量其贫富，除富贵人家外，其余下三则人家，多不过十两，少不过三两，主令成婚。若嫌贫弃婿，将女别嫁者，本约审明，待告状之日，一同呈报。

——地土不明，查审文契中人，应退回者退回，应找子粒者找子粒，应补差粮者补差粮，算明主令改正。若系欺隐诡寄不肯首正者，待告状之日，本约一同呈报。

——骂詈斗殴，主令理屈之人置办礼物，与理直者陪话。若有伤者，审明记日，待告状之日，一同呈报。

——牲畜食践田禾，照亩赔偿。如打死人牲畜者，照价赔偿。

——放债三年以上，本利交还，不与者处追。借人财不还及毁坏者，主令赔补。

■ **释义**

①凌辱：欺压，侮辱。

——钱到取赎房地，力不能回者，果系日久利多，酌量情法两便，委曲处分，无令贫人失业。

——买卖货物不公，亏损人者，主令改正，不改者纪恶呈报。

——地界房界不明者，查明改正。

——走失收留人口牲畜，主令各还本主，中间事情，应处分者处分，应呈报者呈报。

——约中处和事情，不系徇私受财，诬直作曲，冤枉良善者，有司不许将约正、约副擅加凌辱。

——除徒流以上罪名，本约不得专断外，其笞杖事情，掌印官将词批与原告，执付本约问明，开具手本，以凭处断。愿息者听登《和簿》，径缴原词，有司不许加罪。若将轻小事情不批本约，而径批佐贰首领阴阳义民等官差皂快勾拘者，掌印官另议。

——本约之人在别州县生事者，听各处官司断理。若在本县别约生事者，听别约断理。事完之日，仍付本约纪恶。若本约偏听与别州县别约为仇者，掌印官问明，将为仇之人尽法重处。

——大小过失，不分新旧，但能自首改正者，俱免究罪。

——国初老人里长，俱许笞杖断决。今恐是非连累，只用口说和处，倘有因成人命，并不许干连本约，违者有司另议。

此卷后添余页五十张，以载本约和处之事。

纪善以重良民

为纪善以重良民事。天理①在人心，个个都有，那一个人平生没一件好事？那一日不说几句好话？所以朝廷设那旌善亭②以记善民，使为善之人名姓褒扬，不善之人知所羞愧。近来教化不行，百姓们就干一好事，官府不知；就存一好心，乡党不重。将你学好的百姓，都亏负了。我今置一本《纪善簿》放在乡约中，凡我百姓，不论贵贱贫富、老少尊卑，有一善事，不论大小，四邻报于甲长，到那会日，举在乡约里面，将那好事就记在《纪善簿》上。天长日久，好事渐多。州县官吊（调）查真实，类报本院。或各道出巡，吊（调）查那乡约善簿，细细分别，谁是大善，谁是小善，谁是真善，谁是假善，谁人善多，谁人善少，逐一等第明白，以凭轻重礼待。如被告到官，曾行大善者如何，曾行小善者如何，无善者如何。如赈济蠲免，曾行大善者如何，曾行小善者如何，无善者如何。如乡饮冠带，曾行大善者如何，曾

■ 释义

①天理：自然法则。

②旌善亭：明太祖洪武五年（1372年）开始，命全国基层设立的表扬好人好事的场所，因有亭子，故称。常同申明亭（用以读法、明理、决断小的争讼）合建。

行小善者如何，无善者如何。善大善多者，便宜必多；善小善少者，便宜必少；无善可称者，只以常人相待。约正、约副、约讲、约史人等，务要秉公持正，上誓①天地神明，下服尊卑长幼，记一善不许假捏徇私，怀恨刁难。如有善应纪而不纪，本无善不当纪而纪，及不由四邻甲长举报，不同正副讲史问明，不写善事实迹者，罪坐正副讲史四人。今将应纪善事大略开列于后，仰乡约遵照施行。其为善在条件之外者，不妨指事直书。须至簿者，计开善行条件：

——孝顺父母者，一事为一大善。

——尊敬长上者，一事为一善。

——舍义学②义冢③，舍饭舍衣，舍药舍方④，及报信指路者，为一善，多者为一大善。

——劝化十人改过者为大善，五六人为中善，一二人为小善。能化大恶者，一人准作十人。

——救人贫苦，助人婚丧，可值银二三两，为大善。一两以

■ 释义

①上誓：向天地神灵发誓。
②舍义学：舍，施舍。出钱办义学。
③义冢：旧指埋葬无主尸体的墓地。
④舍方：方，指棺材。施舍棺材或棺木。

上为中善。五钱以下为小善。

——他人告状劝回和解者，一事为一善。

——能成就人好事者，一事为一善，大者为一大善。

——能救人患难者，一事为一善，救人一命者，为一大善。

——修桥补路者，一事为一善。修寺庙，塑鬼神，吃素念经，朝山设醮①者，此是谄神求福之人，不许纪善。

——家富而衣服车马酒席不肯奢华，只尚节俭者，一事为一善。

——能受辱忍事者，一事为一善。

——拾人物不隐昧即还原主者，百钱即纪一善，多者纪一大善。

——牛马驴骡死而能葬者，及不食牛马驴骡肉者，一事为一善。

——干公道事不行奸巧者为一善。

——积谷积钱过数者为一善。

——一年能守格叶者为一大善。

■ 释义

①朝山设醮：朝山，到神山佛寺进香参拜；醮，祭，祭礼。朝山设醮意为祈神的道场，此指敬拜神佛的一切活动。

——一年不犯条款者为一善。

——九族之亲贫老无依，能收养或给衣食全活终身者，准二大善。

——同行替人劳苦，同饭替人还钱，同事而己无罪替人分过，同劳而己独善不肯专功，小事纪一小善，大事纪一大善。

——百姓有大善，人所共知，众所推服者，许约中连名不时揭报。掌印正官申详本院，以凭优奖。其尤关系风化伦理者，仍送牌扁（匾）鼓乐花红，以示旌异。

——凡小善五次，中善三次，俱准大善一次。纪名于旌善亭，上面大书姓名，下面分纪实事。凡犯公罪，到官杖一百以下者，应纳赎免其纳赎，应的决免其的决，牌上仍存姓名。若犯私罪者，免纪恶一次，罪姑减半。若再犯私罪者，不准饶免，善牌除名，恶牌纪过。

此卷后添余叶五十张，以载本约善人之事。

纪恶以示惩戒

为纪恶以示惩戒事。朝廷设官满天下，不为管善良之民。那善良之民，他纳粮当差，分毫不少，凶心恶事，一些不为。立身则行公道积阴骘，见人则深唱喏①高举手。天下要那许多官何用？只为你这不良之民，凶恶的拿刀弄杖，欺凌那善良；强梁的倚势恃财②，作践③那柔弱；奸巧④的百计千方，啜哄⑤那老实。朝廷差粮，诡隐延捱⑥不肯上纳；他人财帛，抢骗争夺没些廉耻⑦。清平世界，叫你这伙人混⑧的不得安生。所以朝廷无奈，做一部《大明律》⑨，置五等苦刑罚⑩，设天下大小官员，只为钤束⑪你这伙歪人⑫，替那公正善良的百姓作主。随你是何等英雄好汉，朝廷法度还比你势要⑬，你就走在海角天涯，也拿得你来，就将你杀

■ 释义

①唱喏：喏，古代表示敬意的呼喊。指对人作揖，同时出声致敬。
②恃财：恃，依赖，仗着。仗着有财。
③作践：摧残，糟踏。
④奸巧：犹奸诈。
⑤啜（chuò）哄：哄骗。
⑥诡隐延捱：诡隐，欺骗隐没；延捱，同延挨，拖延。谓欺骗隐没，拖延时间。
⑦廉耻：廉洁的操守和羞耻的感觉。
⑧混：闹，搅乱。
⑨《大明律》：明太祖洪武时期（1368—1398年）制定的一部综合性法典。
⑩五等苦刑罚：指笞、杖、徒、流、死五等刑罚。
⑪钤束：管束，约束。
⑫歪人：不正派的人。
⑬势要：有权势。

了剐①了，你往那里去？但念你这愚人，生下来时遇着不省事②的父母，少调失教；长大了时和那不学好的亲朋乱道胡行③，日日年年，把这个身子十分坏了④。自家也不知道自家是甚么一个人，全不觉自家分毫不是⑤。那善良的见你如臭屎一般，那忍事的见你如毒蛇一般，谁好说你？谁敢劝你？你就不犯刑罚，也做了个没行止⑥的小人，叫人做了些骂名。你犯了刑罚时，就是个没主儿的身子，任官府夹打牢狱。与你做父母的，也是苦命，招了多少羞耻。与你做妻儿的，也是苦命，耽了多少忧愁。到此地位，悔之何及？我今把你百姓的小过且不说，只将犯条款⑦的大过恶二十二件，就放在《纪恶簿》上。你旧日未发过恶，我都不题，自入乡约之后，犯一件过恶就记在这簿子上。州县官双月一查，小过失劝化⑧肯改的便罢，中过失与三犯不改的，发州县官处置。

■ 释义

①剐：凌迟处死的俗称，是古代一种残酷的死刑。
②不省事：不懂事。
③乱道胡行：乱道，妄言，胡说；胡行，胡作非为。谓随意妄言，胡作非为。
④十分坏了：全弄坏了，品行都坏了。
⑤分毫不是：一分一毫都是不好的。
⑥没行止：行止，偏指行动，活动。谓一举一动都不正确。
⑦犯条款：指违反国家法令条规。
⑧劝化：劝教，劝改。

大过失定然解来①，我自有法度②，将你做个恶人的样子③。若要救你性命，除是约正约副领着概会中人保你，我才饶你。我定不失言，你们千万记着。须至簿者，计开恶行条件：

——子妇冲撞父母，及自吃酒肉，父母粗茶淡饭；自穿绢帛，父母破衣烂裳；自骑鞍马，父母步行；自享安闲，父母劳苦，及一切不服管束，气恼爷娘，亲死三年不葬，服内宿娼作乐者，是为不孝之子。四邻甲长报知约正副纪恶，开揭送官，情重者扭解本院。

——卑幼侮慢尊长，兄弟互结冤仇，邻里以小事相争，亲戚以微嫌起怨。甲长报知约正副，即与扶礼，仍处分明白，登《记和簿》。其卑幼两犯尊长者，约正副开揭报官，以凭究处。

——丈夫宠妾凌妻，正妻欺夫虐妾，继母折磨前子，妇翁嫌婿改婚，伯叔兄弟欺凌寡妇、孤儿，逼嫁夺产，公婆因赔送供给凌虐儿妇，小姑小叔陷害哥嫂，嫡长兄骗占卑幼家财，买使义女卖与人为妾。以上数事，俱系恶俗，许四邻甲长约正副苦劝，不改者，开具揭帖，公同禀官，以凭重处。

■ 释义

①解来：发送来，押送来。
②法度：法令制度。
③样子：情形，模样。

——白莲教①、无为教②、南阳教③、明尊教④、白云宗⑤，百家成群，千人为号，持斋念佛，暗结私通，夜聚晓散。或妄言天文，或僭称官号，敛骗钱财，奸污妇女。愚民被其欺瞒，全不知其诈伪，诚可哀怜。四邻甲长禀知约正副，止将传头教主开写实迹，绑缚送官。或本教中人有能拿获真正传头教主送官者，俱赏银五十两。其余吃素念佛男妇，限本约劝化，三个月仍旧聚会邪说不改者，约正副体访真实，报知州县，依律以妖言惑众定问死罪。仍押锁家属，待拿获传头教主之日，然后释放。其四邻甲长明知不举者，即系同伙妖民，一例尽法重究。至于术士邪人，回避镇魇，及驴驮神像，头顶佛经，化缘修造者，约中不许容留施舍。违者，约正副纪恶呈报。

——三五成群，然（燃）香饮血，带刀持棍，一家有怨则同去报仇，上门乱行采打；见人财帛则设法抢夺，到官捏证扛帮。

■ 释义

①白莲教：唐、宋以来民间流传的一种教派。北宋净土结社盛行，多称白莲社或莲社。

②无为教：创建于明武宗正德至明世宗嘉靖年间，亦称悟空教，也被看作白莲教的一支。

③南阳教：民间教派，也被看作是白莲教的一支。

④明尊教：即摩尼教，又称明教、二尊教等，公元3世纪中叶由波斯人摩尼创立。

⑤白云宗：宋徽宗大观年间，由僧人孔清觉创立于杭州白云庵，故名。

或挟骗娼妇财物，盗抢成熟田禾，百端为害一方不宁者，约正约副率领同会之人详开恶事，递送掌印正官，扭解本院。

——暴横凶徒，拿砖握石，擦掌摩拳，气高声粗，无故开口骂人，动说打死对命，或强买货物，或硬主事情，或撒泼图赖钱财。乡约有此等人，不分初犯再犯，事大事小，约正副连名同会之人详开恶事，递送掌印正官，尽法施行。

——刻薄贼名，或争酒食起恨，或因借贷怀仇，脚踏茂盛田苗，拔打未成瓜果，或夜烧房屋柴薪，或毁伤牲畜器物，或采打小儿，或唆词作证，此等之人最可气恨。但有拿获者，除将本犯尽法重治外，仍将拿获之人，照捕盗例，一体给赏。

——淫邪棍徒，啜奸①良家妇女，骗买为妾，因而贩卖为婢、为娼，或包奸娼妇，败乱家风，因而当卖衣服首饰，致令妻室投井自缢者，四邻报于甲长约正副，许不时指实送官，着实重治，情重者仍解本院。

——甲中除开酒饭店家宿下过客暂时经行②外，其余往来亲友，人所共知。若遇面生可疑之人，不系本乡本里，四邻甲长查其何处人民，骑坐何畜，带何行李，因何相交，来此何干。或系

■释义

①啜奸：哄骗奸污。
②经行：行程中经过。

白莲道友，或系窝访通家，或系赌博相识，或系盗贼合伙，务要十分盘问。如踪迹可疑，即便密细报官。本甲之人但有出外经宿者，白知四邻甲长，有何事故到于某处，带何物件，回来仍告邻家，查其有无添带物件。如财物似赃者，即便夺送甲长，禀于本约，送官施行。如觉察不严，及无故而搜诈者，四邻甲长一体重究。

——赁房买卖客户、庄村农作流民，房主地主务寻的当保人，熟知来历，方许容留。仍将本院住人共若干家立一庄头，遵照乡约法互相觉举。家主或一月半月访问院人所干何事，所交何人，如不子（仔）细觉察，致令出外做贼，或窝藏外盗者，房主地主不问曾否知情，不分是何人家，俱以窝主律分别治罪。

——赌博开场之家，帮闲绰揽之徒，或啜赚幼年破家，或勾引痴愚迷性，彼因乘机阳向阴倾，骗财帮食，四邻甲长夺其牌骰头钱及摊场财物，查其起灭情弊，报知约正副，当时送官。除将在场财物给与外，仍于犯人名下追谷三石充赏。

——造言生事，弄巧行奸，好讲闺门是非，惯贴匿名谣语，破毁人家好事，离间人家骨肉，这等坏心奸民，四邻甲长报知约正副，小者初犯，纪恶改正。大者及再犯者，开揭送官，尽法重处。

——鸡鸭猫狗过墙，牛马猪羊入院，当时赶送出门。或知是四邻之物，次日送还。如收藏三日，本主寻而不与者，即系盗贼，本约纪恶一次，仍报知州县惩治。再不改者，以窃盗论。其兵快应捕人役诬执平人做贼，捆缚苦拷，诈骗财物，公差下乡打诈需索者，轻则本约纪恶，重则指事连名报官。若畏惧不报者，约正副甲长一体重治。

——士农工商，每日各有生理。如有游食光棍，短衣长裙，高帕细网，酒朋茶友，趁会游街，或捕鸟斗鸡，或围棋双陆，安闲自在，百没生活，一月以上者，纪过一次。再月不改者，甲长约正副报于州县，拘令照月应当轿扛等夫，以罚其惰。

——醉酒无德，打街骂巷，怒子殴妻，及子弟生事，父兄不说，妇人骂街，男子不管者，四邻甲长举报约正副纪恶，以凭查处。再次不改者，报官惩治。

——放债只许一年三分起利，过三年者本利倍还。不还者法当告理。若一年加倍起利，及虽过三年而折准田宅人口，强拿欠主采打苦拷者，以势豪论。本约同名禀官究治，重者申解本院。

——物价有千般，斗秤无两样。以后民间秤只用十六两，斗尺照官定法式。物贵物贱，只在价上消长，不许使假瞒人。以后敢有私用大小斗秤尺者，甲中举出重究。有能夺来禀官者，准于犯人名下追银三两给赏。

——纵放生（牲）畜作践他人田禾，强砍两邻树木，侵赖地界房界，诡寄地土，脱漏丁粮，或税写假契，或洗改文册，或造私钱假银，或信邪人烧炼，一切昧己瞒心，说谎负约，约中有此等人，不分初犯再犯，俱要纪恶，仍指实报官，依法重处。

——骗赖财物不还，花费官物不补，正项钱粮不纳，负累里长包赔者，约中纪恶劝戒，再不改者，报官。

——戏子、小唱、水户，及不做生活少壮流民，及游食僧道、乞食棍徒，不分何等人家，俱不许容留，如违，将四邻甲长约正副一体重究。

——窝访奸民与各衙门积快为通家，以报怨诈财为得计，大奸巨恶投托得以藏身，富户良民无故忽然被祸，约中但有此人，岂能欺瞒邻佑？许四邻甲长报于约正副，密开实迹，揭报掌印官严拿，扭解本院。如不肯举保（报）者，一体治罪。

——律分良贱，所以重乡邻之体也。以后富势家奴凌践贫穷老户，争坐、争行、平打、平骂者，许约中连名禀官，重责枷号，仍将家主纪恶。

——善恶不分大小，凡犯条款事中者，俱要实纪公纪。一人小恶不纪，再一人犯中恶者就要比例。中恶不纪，再有一人犯大恶者就要比例。到底纪恶不成，不消三个月，大家攀扯起来，正副讲史何辞以对？但查簿之时，掌印官酌量大小，自有处分耳。

此卷后添余页五十张，以载本约恶人之事。

许改过以宥愚民

为许改过以宥愚民事。人非尧、舜，谁能无过？不怕有过，只怕不改过。君子立心①学好，一时性气②不平，思想不到，才有差失，自己羞愧，痛加悔恨。小人立心原不公道，干事只占便宜，气高胆大③，不顾死生；性很（狠）心奸，不尊理法。若一一与他计较，身也没处安插。但念此等之人，眼不见《诗》《书》，耳不闻义理④，心不知古道⑤，口不讲王法。今日才入乡约，才学好人，旧日歪心怎能就变？为此立《改过簿》一扇，凡犯大恶，竖钉门牌，纪恶申明亭⑥，限一年不犯，阖约保改，除去竖牌。中恶及三犯小恶者，限半年。小恶限三个月。约正副讲史及本甲保改者，俱登《改过簿》上。旧日罪名，虽恶簿不除，后来通不计较。待善簿有名之日，仍以善人相待。凡我百姓，各

■ 释义

①立心：存心，下决心，立志。
②性气：性情脾气。
③气高胆大：气势旺盛，胆子很大。
④义理：犹道理。
⑤古道：古代之道，如制度、思想、风尚等。
⑥申明亭：明太祖洪武五年（1372年），令全国各地基层设立的读法、明理、彰善抑恶、决断较小争讼是非的场所，因有亭，故名。常与旌善亭（亭上书写善人善行）联建或合建。

务洗心涤虑，但不杀人放火强奸断路，其余都许改过。既登《改过簿》上，有人将旧过告官者，州县官不许准理①。有人将旧过讦条②者，约正副将讦条之人纪恶一次。仰各州县及各约人等一体遵行。须至簿者，计开许改条件：

——一犯大过及三犯中过者，上司访察，便该报名拿问，如有保改状到官登名改簿者，免其访察拿问。

——一犯大过、三犯中过、五犯小过，纪恶申明亭者，约中跪会听讲，会人不与相揖，酒席不许入坐。若登名改过簿者，照常以礼相待。

——门钉竖牌者，见官囚首，不许戴帽。一年限满，再有保改者，方许除牌。

——门钉竖牌，申明亭纪恶者，原系充警人数，每朔望升堂，责令跪于公堂，将申明亭过端高声自念一遍，叩四头出门。有保改状到官者，免念堂。

——有过之人，登名改簿以后，能行大善，众所心服者，将申明亭过端尽与洗去，待三年以后，真成善人，有指实者，取公

■ 释义

①准理：受理。
②讦条：揭发条陈。

正约正副甲长邻佑保结，州县大书"徙义"二字，扁其门端，以示旌奖。

——善簿纪善后，虽犯恶，善簿不泯其长。恶簿纪恶后，虽有善，恶簿不掩其短，俱各存之。惟是门左竖牌，申明亭恶迹，准除洗耳。

——大恶登申明亭牌上者，须有大善一次平对得过，大善也不纪录，只将恶人牌上姓名事实准与洗去。两纪大恶及一恶可恨者，门左钉竖牌示辱，待阖约保改者，姑准除去门牌。其申明亭恶名不准除去。

大恶限满保状式（只用甲长一人投递。）

本县某字约，约正副讲史某人，本甲甲长某人，甲众某人，为改过事。本约某人某月日为某事，纪大恶一次。至今限满，并无违犯，情愿改过。如再犯者，某等甘心一例同罪。须至保状者：

某年月日，约正讲史某某某，甲长某，甲众某某某，俱画十字，一张存房，一张发约，掌印官将本犯纪恶名下，红笔注四字，云"准入改簿"。

大恶除牌保状式（只用正副讲史四人投递。）

本县某字约，约正副讲史某人等，十甲甲长正某人等，为保全体面事。本约某人委犯重罪，竖钉门牌示警，已经一年，深自愧悔，理合保领自新。伏乞除去竖牌，准入改簿。如再违条，某等一例同罪。须至保状者：

某年月日，约正十、约副十、约史十、十甲甲长十、十甲甲众十。此状一张发约，一张存房，掌印官批云"准除去竖牌"，收名改簿。

▉ 点评

吕坤刚正不阿，为政清廉。明神宗万历二十五年（1597年）五月，上书陈天下安危，劝神宗励精图治，言辞慷慨激昂，忧国爱民之情溢于言表。疏入，不报，又遭给事中戴士衡诬告，于是吕坤愤然称病乞休，结束了他二十六年的为官生涯。吕坤引退后，杜门谢客，授徒讲学，以继往开来为己任，学者称他为"沙随夫子"，"所著述，多出新意"。《呻吟语》成书于明神宗万历二十一年（1593年），是吕坤积三十年心血写就的一部语录体著作。这部著作谈哲理，抨时弊，探求人生，思考宇宙，举凡人之修养、处世原则、人际交往、居家过口等等，真知灼见时时闪现，警句妙语不一而足。这部著作不失为中国传统思想文化宝库中的一枝奇葩，面凝聚着吕坤丰富的人生经验和探幽发微的哲思。例如"无屋漏工夫，做不得宇宙事业""名心盛者必作伪""处世常过厚无害，惟为公持法则不可"等等，时至今日仍有现实意义。

吕坤是一位方正质朴、学识渊博的哲学家。他的诗文，语言通俗而又巧发奇中；文风峻峭而不失浑厚。他曾潜心研究音韵学，所著《交泰韵》不拘泥前人而另辟蹊径，是一部颇有创见的音韵学专著。吕坤一生著作颇丰，除《呻吟语》外，还有《去伪斋文集》等。明神宗万历四十六年（1618年），吕坤病故，享年八十三岁，葬于宁陵。明熹宗天启（1621—1627年）初，追赠刑部尚书。

吕坤受儒家思想的熏陶，他反对只用刑罚、不讲教育的治民策略，主张治民要以教化为先、惩罚为辅。在这一思想指导下，他制定的《乡甲约》就自然地突出了教化的条款。这篇《乡甲约》包括"乡甲至要"，提出合理地实行乡约保甲，关键是要顺应民情，以不扰民为先。"乡甲会规"具体规定了约众集会可以利用的地点，集会的仪式、程序细节。"乡甲事宜"，从乡约的组织、首领选择、善恶奖惩，对首领的待遇奖罚、办事规矩、工作纪律，对特殊人群"大奸恶""浮薄之子"的管制教育，乡民的入约条件，约众管理，讲约制度，集会时不同人员的站队、排列位置，约众户口登记表格的填写要求和填法，编乡甲字号，善恶行为的登记和奖罚，处理约民争端的原则、方式以及婚姻、田土、斗殴、牲畜食践田禾等细微问题的处理法度等，都有详细的安排。

其特点，一是通篇用通俗易懂的白话文写作，一般识字人都能看懂，不识字的人也能听得明白。这是作者将《乡甲约》用作乡村教育的教材、政治读本很好的基础。二是将保甲和乡约配套连用，有教育也有约束、惩罚机制。他在乡约史上首次这样做，是对古代乡约制度的一项创新。三是创建了对乡约工作人员的培训制度，由管理部门首先对乡甲约首领进行培训，然后让他们再去培训下级所属工作人员，以利于熟练地操作，将以户籍登记为主的有关事情做好。四是另立了"公正"一职，监督甚至可以更换约正、约副等，以提高"老人"的地位，这都是前所未有的措施。五是乡治机构多样化，相互配套，相须为用，主次分明，组织严密。在吕坤的乡治中，除了前面提到的乡约、保甲外，还有社仓、社学等，都是这样的。在相互关系上，以乡约为主，其余为辅，既体现了教化为先的治理思想，又不忘当时所能做到的安保措施。

订乡约事宜① 李春芳

李春芳画像

■ 作者简介

李春芳（1510—1584年），字子实，号石麓。明南直隶扬州府兴化县（今江苏兴化市）人，明世宗嘉靖二十六年（1547年）进士第一，授翰林修撰。以善撰青词②，超擢翰林学士。不久升迁太常少卿，拜礼部右侍郎，兼学士，协助办理部事，晋升为礼部左侍郎，转吏部，升礼部尚书。不久加太子太保，嘉靖四十四年（1565年），命兼武英殿大学士，参与机务。明穆宗隆庆初，代徐阶为首辅，理政务求安稳平静，符合明穆宗的意旨。连续升至少师兼太子太师，进吏部尚书，改中极殿大学士。因不被高拱、张居正所容，辞官归乡。卒，赠太师，谥文定。有《贻安堂集》行世。

李春芳对地方的风俗教化很重视。他目睹当时兴化弃礼相凌、纵情自侈的奢靡现象，作《订乡约事宜》，从婚嫁、丧礼、序齿、称呼、寿诞、宴会、相见、分资、柬帖等九个方面订立了一些条款，希望能够"回风俗之一端"。

---

①见（明）胡顺华纂修，王强校注《兴化县志》，方志出版社2011年版。
②青词：亦作"青辞"，又称绿素。道士上奏天庭或征召神将的符箓。用朱笔书写在青藤纸上，故称。

■原文

订乡约事宜

一、婚嫁

凡结婚姻，两情相好，儿女相配，此诚百年缘分。聘娶礼不必较其厚薄，量力行之。尝见平日相好，后因计较财礼反伤情义。女家需索者固为可恶，男家力可为而悭吝鄙俗①，尤为薄劣②。若盛时结亲，或后一贫一富，男家力歉，女家颇过③，即量力自备衣物，以完儿女之债④。倘两家力乏，不能成亲，其至厚亲友，当相助之。无使有怨女旷夫⑤，此亦厚道也。

■释义

①悭（qiān）吝鄙俗：悭吝，亦作"悭悋"，吝啬；鄙俗，粗俗，庸俗。意为吝啬而又庸俗。
②薄劣：薄情低劣。
③颇过：颇，稍。日子稍微好过。
④债：喻指应兑现的事情。
⑤怨女旷夫：指没有配偶的成年男女。

二、丧礼

凡有父母之丧，亲友题铭旌①送之，盖谥号②殊称，丧家不宜自僭③也。及发引④时，丧家具席，邀至亲至交，拜请代事⑤，其事之轻重，费之多寡，量情力管认⑥。丧主纤毫不理，事毕具席相谢，亦彼此报施之道。盖丧礼事烦，人子哀痛惨怛⑦之中，不能纤悉中宜⑧，托亲友行之，庶不致失礼，此亦厚道也。原议⑨吊仪，香纸虚文⑩，以银代之，少为省约，至亲至交止于一钱，多至三钱，其余不过一分二分。近好事者出至两数，反觉累人，合当复原议。一时不能遽变⑪，其多寡亦当以渐递减可也。初丧不

■ 释义

①铭旌：用竹竿或木棍悬之，竖在灵柩前标志死者官职和姓名的旗幡。另纸书题者姓名粘于旌左下侧。葬时取下题名，随礼物送交题者，将铭旌盖在棺上掩埋。

②谥号：古代帝王、大臣死后，朝廷据其生前行事给予的称号，一般为褒扬之词。

③自僭：超越本分，冒用在上者的名义和礼仪、器物等。

④发引：古代出殡时送丧的人用绋（大绳）牵引灵柩作前导，叫发引，后也指出殡时抬出灵柩。

⑤代事：代替办事。

⑥管认：管理认办，办理。

⑦惨怛：悲痛，忧伤。

⑧中宜：适当。

⑨原议：原先议定。

⑩虚文：文，旧指礼节、仪式。指礼仪形式。

⑪遽（jù）变：遽，立刻，马上。马上改变。

用酒席；坐饮，心亦不安。

三、序齿①

吾乡士夫衣冠文物②较前颇甚，但人多轻薄③之习，乡无谦厚④之风。长幼失序⑤，本之则无⑥，如之何？今后年长者务宜自立⑦，毋与晚辈相亵⑧，以取其慢。倘会坐，少当逊长。有傲不为礼者，长者径出⑨，不必与较。庶使少者有省⑩而隅坐⑪，随行⑫之礼可复举⑬矣。

四、称呼

长幼之道有序存焉。凡父辈学士⑭年长者，对面称号⑮，心颇

■ 释义

①序齿：按年龄长幼排定先后次序。
②衣冠文物：衣冠，古代士以上戴冠，借喻文人众多。谓文人众多，文化兴盛。
③轻薄：轻佻浮薄。
④谦厚：谦逊厚道。
⑤失序：丧失正常的次序，没大没小。
⑥本之则无：本，根本，最基本的部分。谓丧失了尊老的原则。
⑦自立：坚持操守，自重。
⑧相亵（xiè）：亵，轻慢，亲近而不庄重。相互轻佻地亲近。
⑨径出：径直走出来。
⑩有省：有所醒悟。
⑪隅坐：坐于席角旁；坐于侧边。
⑫随行：跟着同行，伴随。
⑬复举：重新兴起。
⑭学士：有学问的人，亦泛指读书人。
⑮号：名、字以外的称谓，别称。

不安，加以"翁"字，似①也。若朋辈一概以"老翁"称之，甚至年幼者亦以"翁"相称，或以"老"相呼，夫②称呼，若③子若孙以"翁""老"，不知见其父祖，又何以称之？此浇漓④之甚者，宜痛革之。凡通家⑤父辈，只前辈以"伯、叔"称之，朋辈以"弟、兄"相呼，自然中节⑥，庶免过情之愆⑦也。

五、寿诞⑧

年遇⑨六十、七十、八十，此人生难得者。当衣冠⑩相拜，礼仪称情⑪，不必过厚。其平常生日，止随众出分⑫，借此一会可也，不必相拜。若亲友父母年高者，虽常诞⑬，亦当拜之。

六、会宴

酒席先年尚简，物薄情真。近来侈靡，杯盘罗列，堆积满

■ 释义

①似：较好。
②夫：这，这些。假借为"彼"。
③若：如果，假如。
④浇漓：不朴素敦厚。
⑤通家：指两家通好，世交或为姻亲。
⑥中节：符合义节，妥当。
⑦过情之愆（qiān）：过情，超过常情；愆，过失。超过常情的失误。
⑧寿诞：老人的生日。
⑨年遇：年纪遇到。
⑩衣冠：衣和冠。这里指礼服。
⑪称情：适合人情。
⑫出分：出分子。送礼时众人各分摊一份。
⑬常诞：一般的生日，不是满六十岁、七十岁等的生日。

案，殊为可厌。今后每大会二人一席，常会四人一席，肴止五簋①，果止四碟，五碟若止行，蔬菜不拘。倘有客，相留小坐，出家中见有者一菜一鱼，不嫌于薄，举杯相酢②无用巨觞③。所谓客亦可来，主亦可办。且会可常继，而俗不淫湎④也。

七、相见

平友⑤止于一揖，庆贺止行两拜。礼父母师长行四拜礼。宾主相见，切不可效南北礼⑥，作转揖⑦，并多打躬⑧。相厚亲友倘有时鲜，一菜一鱼，相馈不拘多寡，物薄情真，自是亲爱。其余节礼并贺礼，往来烦扰，不必虚行⑨，亦节省之一端。

八、分资⑩

凡出入⑪，人情也。三分五分，不必计较彼此⑫。以至三钱五

■ 释义

①肴止五簋（guǐ）：肴，肉食。簋，古代盛食物的器具。肉食最多五簋。

②相酢（zuò）：相互敬酒。

③觞（shāng）：古代酒器。

④淫湎：迷惑，沉溺。

⑤平友：平辈朋友。

⑥效南北礼：模仿行南北方大礼。

⑦作转揖：转着圈作揖。

⑧打躬：同"打恭"，弯下身子作揖。表示恭敬。

⑨虚行：空行，走过场。

⑩分资：共同送礼或办事，每人分摊的钱。

⑪出入：出钱收钱，这里指出钱送礼或入钱收礼。

⑫计较彼此：考虑谁出多了谁出少了。

钱，有力者易办，不足者难以一时措处①，或至相累②，甚至缺礼，真情反失。今后顾事之轻重，量力行之。有余者③不过二钱三钱，不足者④虽三分五分，亦见情矣。

九、柬帖⑤

亲友往来通门⑥，并常相邀，只用单帖⑦，不用封筒⑧。其县学并远来士客，大事酒席，方用全柬⑨。非喜庆不须帖。签帖⑩上或称"老亲翁"⑪"老契丈"⑫，亦不为不尊称也。近不写全号，只写"某翁"，不知号上一字相同者太多，反致混乱。今后只写全号。通家晚辈直称其字，转觉相厚也。

■ 释义

①措处：筹措处理。
②累：使人感到多余或麻烦的事物。
③有余者：多出者。
④不足者：指少出者。
⑤柬帖：泛指信札、帖子等。
⑥通门：进门。
⑦单帖：不折叠的名帖。
⑧封筒：封套。
⑨全柬：全套柬帖，用硬纸或薄纸板做成，装入柬匣或封套送出。
⑩签帖：犹名帖，标有姓名的帖子。
⑪亲翁：指亲家公，两家子女相婚配的亲戚。
⑫契丈：旧时朋辈间的敬称。

■点评

　　这篇《订乡约事宜》虽然是官位极高的卸任官员写的，但没有同官府的基层宣教或治理相联系。它只对人们日常活动的礼仪规范提出了一系列要求。希图通过这些规范，移风易俗，改变民间不合礼仪的现象。

　　李春芳首先提出，男娶女嫁不应该过分地计较钱财的多少，应量力而行，女方多要固然可恶，男方吝啬也是薄情低劣。如两家定亲时都较富裕，后来男家变贫，女家稍微好过，女方就应自备衣物成婚，若两家都无力完婚，至亲好友就应当站出来帮助，这也是乡俗厚道的一个方面。

　　在丧礼问题上，他提出，凡遇父母之丧，亲友送给的铭旌上，谥号称呼应不同。丧家不应越礼，冒用在上者的礼仪、器物。发引时请人代为备席，应量力而行。丧主不能或无暇自办，事毕备席酬谢一番，也是人际往来之道。原先议定的吊唁礼仪，备办香纸等礼节，折成银子，数额应小。至亲深交，少则一钱碎银，多不过三钱；关系一般，只要拿出一分二分银子就可以了。眼下有人交到"两"数，这样不好。太多反觉累人，应按原议办。一时改不过来，也应本着递减的原则。人刚过世时不宜置办酒席，坐下来饮酒，也于心不安。

　　李春芳认为，时下文人众多，文化兴盛，但人多轻薄，缺乏谦逊厚道的风气。年长者和年幼者不讲究长幼尊卑次序，丧失了尊老的礼节。今后年长者应当自重，在年轻人面前不要显得轻佻而不庄重。聚会就座时，年轻人应该谦让长者上座。遇到傲慢不讲礼节的年轻人，年长者就应径直走离，也不必同他计较。这样，就可以让失礼者有所醒悟，而主动到侧边去就座。如此，跟着随行的礼仪就可以在社会重新兴起了。

　　称呼也有长幼次序。与有学识的长辈面对面却直称名号，不加敬词，让人感觉不舒服，在名号后加一个"翁"字，感觉就好很多。但若同辈一概以"老""翁"相称，甚至年幼者也以"翁"相呼，甚或以"老"相称，这样，如果称子、孙为"翁""老"是可行的，不知见了他们的祖父又当怎样称呼呢？这是极不朴素厚道的习气，应当痛加改变。凡是两家通好的父辈，只对长辈称"伯、叔"，同辈以"兄、弟"相称，这样才符合礼节，也能避免超过常情的失误。

人活到六十岁为老，活到七十岁古来稀少。因此，凡遇六十、七十、八十等整数岁，为大寿，无论贫富都要庆贺一番。他强调，祝贺寿辰应当量力而行，不必过于隆重。一般朋友过生日，只要出个份子钱，借机会会面就可以了，甚至连行拜礼都无必要。当然，亲友父母年事已高，虽不是六十、七十等大寿，也应当行拜礼。

以前置办酒席尚简，给人感觉是"物薄情真"；时下盛行侈靡，却让人心生厌恶。李春芳提出：今后凡遇大会，二人一席；常会四人一席。每席上肉菜五盘，水果四碟，最多上到五碟为止，蔬菜不限。一般家里来客，留下吃饭，拿出常有的食物，一菜一鱼，不算薄情，敬酒也不必用大觞。这样，客人方便登门，主人容易招待，聚会就可以经常进行，社会风气也不至于沉溺放纵。

在相见礼节方面，平辈朋友相见，作一揖就可以了。有事道贺，也只须行两拜礼。对于父母、师长，要行四拜礼。宾主相见，不要行南北方大礼。向多人行礼，要一个一个地行，而不要转圈作揖，作揖时一揖一弯腰，表示恭敬，而不要频频弯腰作揖。相互要好的亲友馈送食物，一菜一鱼，不拘多少，物薄情真，自然就是相亲相爱。其他的节日、道贺，往来烦扰，可不必走过场，也较省事省心。

送礼出份子钱，是一种人情。每人拿三分或五分银子都可以，不必计较你出多了或我出少了。要是一次每人出三钱或五钱银子，对于有财力的人来说好办，但对于财力不足的人就一时难以筹措，可能拖延事情，甚至造成缺礼，失去待人的真情。今后要按事情的轻重大小，量力而行。富裕的出钱不超过二钱、三钱银子，家道不足的出三分、五分银子，也能从中看到待人的真情，这样就可以了。

请柬帖子，亲友往来进门用的帖子，以及相互邀请用的帖子，可用单帖，不用封套。宴请县学或远方来的士人，或大摆酒席时才用全套帖子。非喜庆的事，请人不需用帖。帖上签名的，或称"老亲翁""老契丈"，也非不尊。近时见帖上不写完整的名号，只写"某翁"，不知名号前面的姓，相同的太多，容易造成混乱，今后要写完整的名号。亲友晚辈，只称他的"字"，反而觉得交情深厚、亲切。

　　这篇乡约，切合实际，要言不烦，纯属乡间礼仪，而不同政府的基层治理相挂钩。从李春芳的显赫功名和卸任前的显著地位，以及卸任后融入基层的行为等来看，他提出的这些乡约事宜在家乡当是实行了的。乡间秩序安定，礼仪畅行，客观上有益于基层社会的治理和稳定。其所提多数礼仪具有超时代、超阶层的普适性，具有一定的现实借鉴意义，是值得肯定的。

乡约事宜① 刘宗周

刘宗周画像

■ **作者简介**

刘宗周（1578—1645 年），字起东，绍兴山阴（今浙江绍兴）人，因曾讲学于山阴蕺山，又称蕺山先生。刘宗周是明代著名理学家，也是明代最后一位儒学大师。他开创的蕺山学派，在中国思想史上有深远的影响。其生平著作，后人汇刻为《刘子全书》，今有《刘宗周全集》流行。刘宗周对明朝忠贞不渝，明朝灭亡后绝食二十三日殉国，连清高宗乾隆皇帝都为之倾服。在文渊阁《四库全书·刘蕺山集》中，乾隆帝写了一篇《御题刘宗周黄道周集》，其中写道："至今想见其风节凛然，而且心殷（诚恳）救败，凡有指陈，悉中时弊。假令当日能用其言，覆亡未必如彼之速。卒之致命遂志，以身殉国，允为一代完人。若因字句干犯，并其全书而弃之，致使忠臣正士，其言论不能并传不朽，余岂忍为之哉！"这是后人对刘宗周公正的、极高的、最有代表性的评价。

①见（明）刘宗周著，吴光主编，丁晓强点校《刘宗周全集》第六册《文编下》，浙江古籍出版社2012年版，第853—857页。

■**原文**

每坊立一乡。（或合两坊为一乡，都分随宜。）乡有长，统其众保；保有长，统其十甲；甲有长，统其十户。各隶籍以统于官。（乡长以德充，保甲长皆以才选。）

凡约长一人，约副一人，总甲一人，木铎老人一人，夜巡四人。

约训

约训（奉高皇帝圣训。）

孝顺父母，（忠、孝一理，在家以父母为严君，在国以元君为父母。）

尊敬长上，（子弟敬父兄，百姓敬官长。）

和睦乡里，（息争为上。）

教训子孙，（在势家大族，尤当诫戢①童仆。）

各安生理，（以士、农、工、商为常业。）

毋作非为。（即不安生理之人，禁条具下：）

■**释义**

①诫戢：训诫管束。

193

赌，（尤禁窝赌。）盗，（尤禁窝盗。）私娼，（罪坐夫男。）容留来历不明等人，（凡异乡人以贩客来者，尤须查其籍贯，察其言貌，观其行止，并其随从人与其周身行李，仍限其去来时日，但属可疑，即行押送出境。此外，如游方僧道、弹唱及投递公文、走报人役，皆须一一料察①，不得轻易安歇②。）讹言，（凡道路流传之言，不得转相告语。传讹者即是生讹之人，法在不容。）夜行，（不得过一更三点，五更三点。）抢火，（火起之家，但许左右两甲奔救，此外不得轻走一步。如遇外坊远保人等，借救火为名乘机窜入，即时驱逐，仍许地方拿获送官。）台戏，（一概神庙皆禁社戏。凡各甲皆不得安歇梨园。违者，两邻即时公逐出境。近有士绅子弟习为风流杂剧，登场扮演，尤伤风化。又有童子鼓乐吹弹迎赛道路者，教训子孙之谓何！）迎神会赛，（近见各神社每花迎一次，或费二三百金。）纵妇女入庙烧香，溺女③，锢婢④，健讼⑤，（尤禁诬告。）斗殴，（验伤为重。）行使假银。（仍禁做造者。）

■ 释义

①料察：照料监察。
②安歇：上床睡觉，这里指安排休息过夜。
③溺女：将刚生下的女婴投入水中淹死，这是旧时重男轻女的陋俗。
④锢婢：枷锁婢女。
⑤健讼：这里指好打官司。

约法

德义相长：

孝、敬、睦、训、生理。

以上德行，凡一户有闻，一甲举之；一甲有闻，一保举之；一保有闻，乡约长举之。大节举于官，旌于扁额①；小节本乡风励②，贫者旌以粟帛。（俟有公资③行。）

过失相规：

不孝、不敬、不睦、不训、不安生理。

以上过端，凡一户有犯，一甲举之；一甲有犯，一保举之；一保有犯，乡约长举之。大事致于官，甚者两邻同坐；小事本邻诫饬，知而不举者各罚。

罚例：一等（一两）；二等（五钱）；三等（三钱）。

礼俗相交：

春秋社、（无社田，则一乡醵金④，设供以祀土谷神。祀毕会

■ **释义**

①扁额：扁，古同匾。匾额是挂在厅堂、亭榭等地方的题字。
②风励：用委婉的言辞鼓励、劝勉。
③公资：公款。
④醵（jù）金：集资，凑钱。

195

饮，其席五荤、一素、四果，酒十余行^①罢。）私宴、（亲友常举，以五荤、三素、四果为限，遇盛宴，亦不得台戏。违者各罚。）贺正^②、贺冬^③、致端、贺娶妻、贺生子、贺高年^④、贺进取^⑤。（各随俗。）

以上礼节，皆士绅作法，乡人从之，一以俭为训。

患难相恤：

水火（相救），盗贼（相捍），疾病（相问），死丧（相吊），诬枉（相白），灾荒。（相济。或平粜，则量减十之二；或施赈，则每贫户日给米五合；或借贷，则立券交易，其子钱不得过二分。）

以上恤典皆贫者出力，富者出财，一以厚为训。

■ 释义

①十余行：举杯祝酒十余次。
②贺正：祝贺元旦（正月初一）节。
③贺冬：冬至节祝贺。
④贺高年：祝寿。
⑤进取：指任官，升官。

约礼

讲约公会：

每朔望日，各甲长以上，夙兴①候上官，行礼，（设香案，行五拜三叩头，次谒官长。）宣读"圣谕六言"，礼毕而退。

讲约私会：（公会隔远则举私会。）

每朔望日，士绅会约长行礼，略如前讲。讫，约长公举各户劝惩事件，仍书之册。（劝惩册②载后，善者书白圈③条下，过则书黑圈④条下。）

凡行礼，公会则序爵⑤，官长东序，士绅西序，乡人以下拱而立。私会则序齿⑥，士绅东序，乡长以下西序，乡人皆与坐其下。

■ 释义

①夙兴：早上起来。
②劝惩册：劝善惩恶的文簿，用以记载约众的善恶行事。
③白圈：记载约众善事所打的记号，用白色画圈以作标记。
④黑圈：记载约众过失的记号，用黑色画圈为标记。
⑤序爵：以爵位为次序。
⑥序齿：以年龄大小为次序。

约备

每户限田二十亩以上，岁积谷二石有差。（早完官税，平粜乡里，官不得取，民不得问，出陈收新，岁积而饶。）健丁。（殷户备。）

每甲备灯笼一盏、器械十件、（铁器七，木棍三。）水缸二只。（随各户所有。）

每保备锣一面，铳五门、（并火药。）弓箭五副。（各保甲中殷实者任之。）

每乡备木铎一具、（三六九日传诵《圣谕》六言，老人司之。）更锣一面。（更夫司之。）

每坊交界处栅门一座。（通十坊坊长置。十年重修，总甲司之。）

■ 点评

《乡约事宜》是刘宗周于明崇祯六年（1633年）三月编写的。据载当时县令倡导"乡约"，宗周协助编写了这部资料，"以佐不及"①。其法：城区每坊（或两坊）立一乡，选有德行者一人为乡长，统领各保；每保选一有才能者为保长，统领十甲；每甲选一有才能者为甲长，统领十户人家。以上人选都由拥有当地户籍的人充当，统属于地方官。

乡约基本是以乡为单位组织的②。每约有约长一人，约副一人，总甲一人，木铎老人一人，夜巡四人。《乡约事宜》的内容，包括"约训""约法""约礼""约备"四个方面。"约训"就是明太祖的"圣训六条"（或叫"圣谕六言"）：孝顺父母，尊敬长上，和睦乡里，教训子孙，各安生理，毋作非为。刘宗周对各条作了简明扼要的解释。"约法"基本上是宋代蓝田吕氏的"乡约"四条："德业相劝，过失相规，礼俗相交，患难相恤。"只是将吕氏"德业相劝"四字换成了"德义相长"，基本内容则是一致的，只用切合时宜的语言和事例作了一番解释。"约礼"是约众聚会的礼仪形式，包括行礼时的站立方位、排列次序、所行之礼等。居住在官署附近的约众举行公会；居住较远的约众举行私会。公会、私会都在每月初一、十五日两次聚会。举行公会时，各甲长以上人员，早上起来，恭候上官行礼，先设香案，行五拜三叩头礼，然后晋见官长，听官长宣读"圣谕六言"，礼毕而退；私会是士绅会见约长的礼仪，形式、宣读"圣谕六言"与公会相同。公会、私会行礼毕，下一步工作，就是约长对众公布各户劝

---

① （明）刘宗周著，吴光主编，丁晓强点校：《刘宗周全集》第六册，附录二《蕺山刘子年谱》，第105页。

② 明崇祯二年（1629年）刘宗周任顺天府尹时建立的"保甲法"，其规模为："十户为甲""十甲为保""十保为乡""聚乡为坊"（《刘宗周全集》第六册，附录二《蕺山刘子年谱》，第88—89页），据此可以推测山阴乡约的规模当在千户以内。

善惩恶的实绩，书写在册，以备奖惩。"约备"是推行乡约的物质准备。包括每户有二十亩以上田地的人家，就应每年积储二石余粮食。只要他家早早地缴纳了官税，出粜粮食用平价，那他积储的这部分粮食官私都不得侵占。储粮者每年出陈谷，储新粮，积存一年比一年多。殷实人家，还要有健壮男子守候在家。其他的物质准备是：每甲备灯笼一盏、木质和铁质器械十件、水缸二只，每保备锣一面、铳五门及所需火药、弓箭至少五副，殷实人家可多备，每乡备木铎一具，由老人管理，三六九日传诵"圣谕六言"时用；准备打更用的锣一面，由更夫管理；每坊交界处立栅门一座，各由十坊坊长设置，每十年重修一次，由总甲管理。这些准备物资主要是为安全考虑。

　　刘宗周生活在明末政权风雨飘摇的时代，面临强敌压境，"盗贼"频发，地方很不安宁，故刘宗周的《乡约事宜》在地方安保方面考虑较多。他在明崇祯二年（1629年）任顺天府尹时，曾在顺天府立"保甲法"，但他始终未像前人一样将保甲法和乡约联系起来考虑。而且尽管他的"乡约"编写得比别的乡约"更加详明"，但限于种种条件，"令不能行"①，也就是说，县令并未将其付诸实施。刘宗周《乡约事宜》的意义和价值，是它为清朝的乡约和基层安全保护留下了一份珍贵的历史参考，而且由于他的学术成就和人格，强化了后人对"乡约"的认同。

---

① （明）刘宗周著，吴光主编，丁晓强点校：《刘宗周全集》第六册，附录二《蕺山刘子年谱》，第105页。

治乡三约①

陆世仪

陆世仪画像

■ 作者简介

陆世仪（1611—1672年），字道威，号刚斋，晚号桴亭，苏州府太仓州（今江苏苏州太仓）人，为明诸生，刘宗周弟子。入清，不应科举。学问广博，天文地理、礼乐农桑、河渠贡赋、井田学校、战阵刑法，无所不通。又精技击，从石敬岩受枪法。他一生为学不立门户，志存经世，著有《思辨录》《论学酬答》《性善图说》《淮云问答》《三吴水利志》《桴亭先生诗文集》等四十余种一百余卷。他也是清初著名的理学家，其理学以经世为特色，既是对晚明理学空疏学风的批判，也适应明清之际社会变革的需要。他强调："今人所当学者，正不止六艺，如天文、地理、河渠、兵法之类，皆切于用世，不可不讲。"提倡读书的目的不是为了高官厚禄，也不是为了空谈静坐，而是要将圣贤的言语思想身体力行，为现实服务。其经世理学主要表现在"封建、井田、学校"三方面，他认为这三者是"致治之大纲"。

---

①选自王德毅主编：《丛书集成三编》第21册，台湾新文丰出版公司1997年版，第561—569页。

■原文

治乡三约·自序

天下不可不以三代之治治也。不特天下为然，即郡邑①且然矣。以三代之治治天下，其要在于封建②。以三代之治治一邑，其要在于画乡③。乡者，王化④之所由基也。有民人焉，有社稷⑤焉。故孔子曰："吾观于乡，而知王道之易易也。"⑥欲治一邑，亦治一乡而已矣。夫治民犹治兵，然什什伍伍⑦，分节而制之，总纲而挈之。以天下之大，而一人自治而有余，分数明也。

古者成周之治，体国经野⑧，设官分职，既已尽天下而封建

■释义

①郡邑：这里指地方府州县。
②封建：封邦建国，即建立诸侯国。
③画乡：规划一乡的范围。
④王化：国家行政区划。
⑤社稷：土神和谷神，借指国家政权。
⑥见（魏）王肃注《孔子家语》卷七。
⑦什什伍伍：即什伍组织，是基层民户的组织形式，五家为伍，二伍为什。
⑧体国经野：体，划分；国，都城；经，丈量；野，田野。把都城划分为若干区域让官民居住，丈量田野让平民耕作，泛指治理国家。

之矣。而畿内之制，则又详于都鄙①之法，所谓王化起于乡也。是又率畿内之地而封建之也。今者，三代之制虽不可复，然古有比闾族党，今有厢坊里甲。其名异，其实同。而古今不相及者，何也？自用、用人之法殊，繁简疏密之制异也。夫今之耆正②、里排③、地方④、保甲⑤，即周之乡大夫⑥、州长⑦、闾胥⑧、党正⑨之类。然古者职以上士或任大夫，皆为官役民。而今之耆正、里排、地方、保甲，则皆佥点⑩富民及无赖之徒为之。任其事者，不谓之职而谓之役，又何怪乎长民者之政令繁多，日不暇给哉。

■ 释义

①都鄙：指距王城四百里至五百里之边邑，作为王之子弟及公卿大夫的封地。

②耆正：由老年人担任的基层管事者、负责人。

③里排：明朝赋役法，以一百一十户为一里，推丁粮多者十户为长；余百户为十甲，有十个甲首。每年轮流由里长一人、甲首一人，催征租税。凡十年一周，叫排年。某一年轮值充当的里长，称"里排"。

④地方：即地保，基层负责人之一。

⑤保甲：地方管理制度，明代一般十户编为一甲，若干甲编为一保，甲设甲首或甲长，保设保正或保长。

⑥乡大夫：《周礼》谓地官司徒所属有乡大夫，掌"国"中（郊内）一乡的政教禁令，"国"中兵役、劳役征发，推荐贤能，年终对乡吏的考核。国家遇大事要征询意见，则率其乡人至外朝；遇急变，则令民各守其闾，以待政令。

⑦州长：《周礼》官名，一州二千五百户。

⑧闾胥：周代乡官名，掌管一闾政事，一闾二十五家。

⑨党正：周代基层组织党的长官，一党五百家。

⑩佥点：佥，同签，谓签署点集。

故夫欲复三代之隆，非明于自用用人之术、繁简疏密之制，不可以垂拱①而治。则请得言，由今之道而可以臻②古之治者，其法有四，曰乡约也，社学也，保甲也，社仓也。四者之名，人莫不知。四者之事，人莫不行。而卒无致三代之治者，用人无法，而四者之义不明也。夫何以谓之社学、保甲、社仓也？孔子之所谓足食，足兵，民信③。孟子之所谓出入相友，守望相助，疾病相扶持也④。夫何以谓之乡约也？约一乡之众，而相与共趋⑤于社学，共趋于保甲，共趋于社仓也。四者之中，乡约为纲而虚，社学、保甲、社仓为目而实。今之行四法者，虚者实之，实者虚之，纲者目之，目者纲之。此其所以孳孳矻矻⑥，而终不能坐底⑦

■ 释义

①垂拱：垂衣拱手，意为不动手，不做什么事。

②臻：达到。

③语出《论语·颜渊》第十二："子贡问政。子曰：'足食，足兵，民信之矣。'"

④语出《孟子·滕文公上》，原文是：百姓"死徙（死葬、迁徙）无出乡，乡田同井，出入相友，守望（守候瞭望）相助，疾病相扶持，则百姓亲睦。""乡田同井"，指按井田制划分田地，将一块地，像"井"字划分成九块，井字形中间的为公田，其余由八家分占。农时季节，八家首先共同耕作公田，之后才能去务私田。

⑤趋：奔赴，归附。

⑥孳孳矻矻：孳孳，同孜孜，勤勉的意思；矻矻，辛勤劳作的样子。指勤勉不懈的样子。

⑦底：古同"抵"，达到。

三代之治也，是居敬行简①之道未得也。居敬行简之道得，则又当致精于用人。仲弓为季氏宰②，孔子教以举贤才。子游为武城宰③，以得人为问。得人之为用不浅矣，得人之为治不难矣。愚故仿《周礼》之意，为治乡三约，而又拳拳④于为上者之得其人而任之也。

崇祯庚辰（1640年）孟秋陆世仪桴亭氏识。

治乡三约

治乡之法，每乡约正⑤一人。

■释义

①居敬行简：自己保持谨慎敬重的态度，行事简易。

②仲弓为季氏宰：见《论语·子路》第十三，原文是："仲弓（冉雍字仲弓）为季氏宰（总管），问政。子曰：'先有司（先抓主管者），赦小过，举贤才。'"

③子游为武城宰：见《论语·雍也》第六，原文是："子游（即言偃）为武城（在今山东费县西南）宰。子曰：'女（汝）得人焉尔乎？'曰：'有澹台灭明（人名，姓澹台）者，行不由径（小路）；非公事，非尝（未尝）至于偃之室也。'"

④拳拳：内心不舍，恳切。

⑤约正：乡约的头目。

《周礼》①：国中②称乡遂，野外③称都鄙。今制城中为坊铺④，城外称都图⑤，即周礼遗意也，然可通谓之乡。乡无长，不可治。今拟每乡立约正一人，城以坊铺，乡以都图为分域。以本乡中廉平公正宿儒耆老⑥为之，凭一乡之公举。（凡举约正，不可概凭里甲开报，须细心采访。每乡多举三四人，精加选择。誓于神⑦，诏⑧于众，隆其礼貌⑨，优其禀给⑩，委之心膂而用之。宁择而后用，勿用而后择。）

约正之职，掌治乡之三约。一曰教约，以训⑪乡民。一曰恤⑫约，以惠乡民。一曰保约，以卫乡民。

教约，即社学之意。恤约，即社仓之意。保约，即保甲之

■ 释义

①《周礼》：周代的礼制。
②国中：指王城之内。
③野外：郊外，人烟稀少的地方。
④坊铺：城坊和店铺。
⑤都图：都，乡村区划单位。泛指标明乡村区划、四至的地图，这里指乡村。
⑥耆老：老年人，古以六十岁为耆。
⑦誓于神：向神起誓。
⑧诏：告诉。
⑨礼貌：礼节。
⑩禀给：犹禀食，指官家给食。
⑪训：教导，教诲。
⑫恤：救济，周济。

意。以其总统①于乡约，故谓之约。训之，惠之，又从而卫之。教养之义尽，兵食之备修矣。

以一乡之籍，周知一乡之事。

教长②有户口秀民③之籍，恤长有常平役米之籍，保长有役民之籍。以教长之籍知教事，以恤长之籍知恤事，以保长之籍知保事。（据此皆耆民之任。既设约正，则此皆约正之责，不必另设耆民矣。或即以耆民为约正亦通。）

岁时月吉④，率其属而治会⑤。

会，乡约之会也。岁时正月及春秋二社⑥，为大会。约正率三长听讲约于官府。其余月朔⑦，约正自率其属于本乡宽大处所为之。

教民读法饮射。

■ 释义

①总统：统属。

②教长：教约之长，以下恤长、保长，用法相同。

③秀民：德才优异的平民。

④岁时月吉：岁时，每年一定的季节或时间；月吉，每月的初一（或特指正月初一）或吉利的日子。指每年每月选择固定的日子。

⑤治会：讲治于会，集会讲治。

⑥春秋二社：古代春耕前（周朝用甲日，后多于立春后第五个戊日）祭祀土神，以祈丰收，称春社。秋社是秋季祭祀土神的日子。

⑦月朔：每月的初一日。

读法，即讲。饮射，谓行乡射礼①，而以酒饮之也。按：讲约从来止讲太祖《圣谕六言》，习久生玩。宜将大诰、律令及孝顺事实与浅近格言等书，令社师逐次讲衍②。庶耳目常易，乐于听闻，触处③警心，回邪④不作。其习射，则视土地之宜。北方弓矢易办。南方卑湿，筋角易弛，又价高，难概以强人。其有绅衿⑤子弟，能制弓矢者，听自为社⑥。其余乡勇⑦、役民，令习弓弩亦可。然其价值，亦须于恤长公费中给之。

考其德行而劝之，纠其过恶而诫之。

德行，如孝友睦姻任恤⑧之类；反是，为过恶。劝诫，谓有小善小过，则于会中对众而称奖训诫之也。其有大善大过，则闻于官府，或于大会时行赏罚。

■ 释义

①乡射礼：是传统礼仪文化的一种。古代的射礼有四种：大射、燕射、宾射和乡射。按规定，卿大夫举士后所行之射为乡射，本文乡射，讲的是乡间举行的射礼。

②讲衍：讲解分析。

③触处：随处，到处。

④回邪：不正，邪僻。

⑤绅衿：又作缙绅或搢绅，古称有官职或做过官的人。

⑥社：群众性组织，团体。

⑦乡勇：乡兵，地方武装。

⑧孝友睦姻任恤：西周大司徒教民的六项行为标准。指孝顺父母（孝）、兄弟友爱（友）、对宗族和睦（睦）、对外亲亲密（姻）、为人诚信（任）、能赈济贫者（恤）。

凡公事，官府下于约正，约正会三长而议行之。

公事，谓钱粮、户役①、地方公事。

凡民事，亦上于约正而行②官府。

民事，亦公事也。

民有质讼大事，决于官府。小事，则官府下于约正，约正与教长平之。

民间之讼，官府理之则愈棼③，平之则竟息者也。尝见民间有一小讼，经历十数衙门，而所断仍枉，两造倾家。又是朝廷所设问刑衙门，较别衙门为多，而天下未尝无冤民。且朝廷所设之官，无非日逐④为民间理讼事，而军国大事则多付之不问。此皆相逐以利耳，非真为天下理冤抑⑤也。且我朝开国之初，每州县设立申明亭⑥，坐老人于中，断乡曲之事，其法甚佳。盖真见终讼无益，而欲使民无讼耳，处以约正，亦老人之意也。与教长共

■ 释义

①户役：户口登记，徭役负担。
②行：行文，上报。
③棼：纷乱。
④日逐：每天。
⑤冤抑：犹冤屈。
⑥申明亭：明太祖朱元璋于洪武五年（1372年）创立的读法、明理、彰善抑恶、辅弼刑治之所。凡设申明亭处，必设旌善亭，亭上书写善人善事、恶人恶事，以示劝惩。

平之者，终欲教诲之不底于法也。凡乡之土田出入，谨其推收①，掌其税事。

土田有买卖，则有推收。有推收，则有税事，此一定之法也。今民间岁一推收，每至秋冬，过户太迟，催办不便，则民病。或作假契，或贿吏书②，彼此扶同，希漏③国税，则官病。今法，凡买卖田产者，彼此俱要书该约正长名氏，取其花押。无者，不准买卖。其中金④，即分其半，以为约正长养廉之资。既立契后，即行推收过户，使民间无产去粮存之弊。既推收后，即完官税，使国家无漏税之虞。诚两便之法也。

凡乡之民事，年终一上于官府。

民事，谓图籍之类。三约之籍，三长任其劳，约正主其册，存其副，而上其正于官府，所以赞治也。

官府受而藏之，以周知各乡之事。

天子岂能周知天下之事，赖天下之有民牧⑤。民牧岂能周知

■ 释义

①推收：土地买卖中的过户手续。
②吏书：秘书之类人员。
③希漏：希图漏缴。
④中金：土地买卖中给中介（说合人）支付的银两。
⑤民牧：地方官。

各乡之事，赖各乡之有乡正。此有国家者，所贵乎相助为理①也。

凡三长之能否，皆书之。岁终则庀②其职事，以赞于官府。

凡民之善否，三长书之，三长之能否，约正书之。职详职要，各有其司也，谓之曰赞。其三长之黜陟③，又非约正所得专矣。

约副三人。一曰教长，以任教约。一曰恤长，以任恤约。一曰保长，以任保约。

教长以知书义者为之，恤长以富厚公廉者为之，保长以有智力者为之。皆听约正及一乡之人公举。

教长之职，掌一乡之教事。

教孝，教友，教睦，教姻，教任，教恤。

主户口秀民之籍。

主，谓主其造册登记之事也。籍成，则进于约正。约正受而藏之。职藏者不得记注④。职记注者不得藏。

令民十家为联，联有首。十联为社，社有师。

■ 释义

①理：治理。
②庀：庀（pǐ），具备。
③黜陟：人员的进退，官吏的升降。
④记注：记述、注释。

此即《周礼》比闾族党之制也。联首以诚实者为之，社师①以学究②知书者为之，皆听约正同教长编举③。其编联之法，官以册式下于约正，约正下于教长，教长下于社师。联首乃率编户之民就社师，而实书其户口之数，以进于教长，教长进于约正，约正同教长核实而藏之；上其副于官府，官府据之以为定籍④。（编联之法，不得一字排去，须对面为佳。并联首为十一户。十联并社师为一百十一户。其有地势、民居不联络⑤者，不妨奇零开载，不必拘拘十数为一联，约正主裁。其有寺院庵观，亦须开载。）

按：户口之数最不可不实。此王政之本，致治之源也。施政教，兴礼乐，治赋役，听讼狱，简师徒⑥，行赈贷，万事皆根本于此。与今保甲之法略同。但保甲主于诘奸⑦，民望而畏之，则多方规避漏脱。今立联社之法，主于行教化，天下而可有一人，自外于教化者乎？故户口之籍，最要详细确实，其有脱漏作奸者，本户及联首社师同罪，甚者罪教长，并及约正。有国者，能于此细心致

■ 释义

①社师：基层组织社的头目，又指社学的教师。
②学究：指儒生，读书人。
③编举：编排举正。
④定籍：确定的籍册。
⑤联络：相连成片。
⑥简师徒：选择士卒，军队。
⑦诘奸：究办奸盗。

力，则治民之道，思过半矣①。虽然，有虑焉。使长民者而得其人，则此法行如明道之治扶沟②，无一民一物不入其照鉴③者也。不然，吕惠卿之手实法④，亦去此不远矣。长民者念诸。

使之相爱相和亲，有罪奇邪⑤则相及。

此即《周礼》之文。相爱、相和亲，孝、友、睦、姻、任、恤之事也。相及，即连坐之意。然法有当连坐，不当连坐者。如盗贼、奸恶、知情不举之类，此当连坐者也。其余隐微之罪，作者自应独承⑥。若概连坐，则同秦法。

以教法颁四境之社师，而俾教其童蒙。

此即社学之法也。所以端其蒙养⑦，使之习与性成⑧，而后无

■ 释义

①思过半矣：指已领悟大半。

②明道之治扶沟：宋神宗熙宁八年至元丰三年（1075—1080年），大理学家程颐在扶沟（今河南扶沟县）任知县，尚宽厚、重教化、关心民疾，兴建学校。倡"乡必有校"，使扶沟文风丕振，人才辈出，传为佳话。

③照鉴：明察。

④手实法：亦称"首实法"，唐宋时令民户自报田亩数，据以征收赋税。宋神宗（1068—1085年）时，吕惠卿等建议推行手实法。其法，官为定立田产中价，使民各以田亩多少高下，随价自占。以其价列定高下，分为五等，据以确定役钱。但因民户田产变化大而流弊很多，不久即废。

⑤奇邪：邪，诡诈。邪伪不正。

⑥独承：独立承担。

⑦蒙养：儿童教育。

⑧习与性成：性，性格。长期习惯于怎样，就会养成怎样的性格。即习惯成自然。

不可教之民。人人亲其亲，长其长①，而天下平②也。按：社学旧有定制，不过使之歌诗习礼，以和平其心，知血气③而已。今则多教之作文，诱之考试，徒长奔竞④，益坏风俗。愚谓，文胜⑤之时教童子者，当教以朴。使人心留一分淳古⑥，则世道受一分便益。宜令童子凡读书写字，但从所便。各自择师外，惟于每月朔望，赴本社社师处，择宽大处所，歌诗习礼，拜先圣先贤。其有声容端好⑦、威仪闲习⑧者，注善。有举止疏忽，跳踉不驯⑨者，注过。习礼既毕，教长即以孝友睦姻任恤之道，约举故事⑩，随宜讲导⑪。遇讲约大会，则社师各举其善者，进之于会所。官府试其善否，而记注之。盖歌诗习礼，虽若迂阔⑫，然童子无事，无善过可考，一试之声容，则其人材之能否，心气之平躁，可以

■ 释义

①亲其亲，长其长：亲爱他的亲人，尊敬他的长上。
②平：和平。
③血气：血性，骨气。
④奔竞：指为名利而奔走争竞。
⑤文胜：盛行作文的文化氛围。
⑥淳古：诚信古朴。
⑦声容端好：声音洪亮好听，长相端庄俊美。
⑧威仪闲习：熟悉典礼活动的礼仪。
⑨跳踉不驯：举止轻佻，不守规矩。
⑩约举故事：列举事例。
⑪讲导：讲解引导。
⑫迂阔：空远而不切实际。

立见。勿谓古人礼乐为糟粕，亦后人未识其精意耳。

凡乡之冠婚饮酒祭祀丧纪，教其礼事，掌其禁戒。

此皆齐之以礼①之事也。冠婚丧祭，有《文公家礼》②诸书，斟酌而行之可耳。

及期将试，则书其秀，而升之于官。

凡户口术业，前册明载。则凡民之秀，为上者已知之矣。此复录而进之，便于览也。其教长所书名字，有不合于前册者，则罪之。按：此则试中无重名、诡名③、冒籍④、混荐⑤诸弊。

凡乡之地域广（东西）轮（南北）及沟涂⑥封洫⑦皆图之。（涂，杜塞孔穴也。封，凡造都鄙，制其地域，而沟封之。洫，田间水道。）

■ 释义

①齐之以礼：齐，整齐，约束。诸事都按"礼"办，以礼约束。

②《文公家礼》：南宋著名儒家学者朱熹所撰的礼仪著作。

③诡名：捏造假名，化名。

④冒籍：假冒籍贯。

⑤混荐：将不合格的人混入合格名册中推荐。

⑥涂：同途，道路。

⑦封洫：区分田界的水沟，泛指田界。

此即《周礼·遂人》^①以土地之图经田野、造县鄙^②、形体势之法也。准之于今，则为地图与鱼鳞图册^③，向以属之画工及耆正里区。今既有约正三长，则此为正长之任矣。必属之教长者，以教长知书而能文墨也。按：地图险易所以慎固封守，鱼鳞图册所以分田制赋，皆为国要事。而今之长民者，率视为缓局^④。即有知其为要，而行之无法，督之太骤。地图则疏脱不准，图册则作奸滋弊。宜用张子厚经界法^⑤，每三百步立一标竿，纵横四方成一井字。如今地图之画，方计里以绳约之，图其四至。散之则各成方形，合之则横斜曲直不失尺寸。不特地形有准，而每方之中步口一定，则田亩之数有不待丈量而分毫难遁者。此真至简至妙之良法也。细琐不能尽述，详具于《思辨录》^⑥中。

凡质讼，联首、社师辨其诚伪而司其责。

■ 释义

①遂人：周代官名，地官之属，掌管六遂的土地和人民。六遂，周制，京城外百里之外二百里之内分为六遂，每遂有遂人掌其政令。《周礼·地官·遂人》载：五县为遂。

②县鄙：周代的地方组织单位。《周礼·地官·遂人》载：五家为邻，五邻为里，四里为酂，五酂为鄙，五鄙为县。

③鱼鳞图册：明代土地登记簿册，因所绘田亩挨次排列，状如鱼鳞，故名。

④缓局：不急之务。

⑤张子厚经界法：指张载主张的划定民众各户田地四至，使民众有田可耕，国家赋役有着落的一种土地管理方法。

⑥《思辨录》：陆世仪撰。

凡小民质讼，必命书某乡某社某联第几户某人，仍告于联首社师及四邻。必实有不平，始令之讼。如虚伪，则联社俱有罚。其证佐非必不可少者，毋得越四邻。按：此则讼中无春状①、诬告、硬证②、欺隐诸弊矣。孔子曰：听讼，吾犹人也，必也使无讼乎③。苟行此法，则无情者不得尽其辞。岂非无讼之要术乎。

岁时月吉，则佐约正读法于会。振铎以令之，扬其夏楚④而威之。

铎以警众，夏楚杖属所以挞犯法之民。此即铎老之遗意也。

辨其美恶，而登之籍。

讲约即毕，约正进父老而问之，参稽⑤众说以定美恶劝罚。教长承命而书之，以授于约正。凡劝罚，量以银米布帛之类，听约正临事酌量之可也。

恤长之职，掌一乡之恤事。

凡周贫乏，恤死丧皆是。

主常平、义仓粟米出入之籍。

■ 释义

①春：音义待考。
②硬证：捏造证词，诬陷别人。
③见《论语·颜渊篇第十二》。意为：审理诉讼，我同别人差不多，我的目标是使诉讼的事不发生。
④夏楚：体罚的用具，泛指用棍棒等进行体罚。
⑤参稽：参酌稽考，对照查考。

常平、义仓各为一籍。籍成，进于约正。与教长同。

令民岁为常平。

岁者，每岁一为之也。按：从来积储之法，惟常平、社仓、和粜、青苗四者而已。四者之中，莫善于常平，莫不善于青苗。然愚以为，使君子为之，则青苗亦善。小人为之，则常平亦敝。盖官民之间不可为市，自古而已然。倡之以义，使其自为，则或有成功。督之以法，强其从我，则奸弊百出。偶思得一常平权法。其意则常平，其迹似社仓。倡之于公，而无收放出入官民互市之嫌。寄之于高大寺院，可省建仓之经费。恤长司其事，领于约正。地方官长亲至寺中，作兴①开导或量助俸银，以为之倡。恤长设立簿籍，劝募本乡绅衿②、富户、商家，出米多少，一惟其愿。其米俟秋收米价，平时听人先后进仓。进仓时，即面同书之于籍，其下注明当时米价若干。盖早晚之间，价色有不齐也。俟明岁五六月间，青黄不接，米价或长，则恤长闻于官府，请官府及本乡中好义乐善诸人，齐集寺中，设法赈粜。其法视时价，不宜太减。太减则奸民乘之而射利矣。若得利多，而众心勤于行

■**释义**

①作兴：发动，推动。
②绅衿：束大带，穿青衿。指地方上有权势的人或在学的生员。

善，则当以米本再籴再粜，亦一妙事，不必太减价也。粜毕后，合算米价共得多少，还其原本，再俟秋收，另行劝募。愿出者仍如前，不愿出者听之。盖人户力量每年不同，不可强以一概之法。惟借此以定恤长之高下，则恤长自有多方劝募之法也。又粜后或有余利，听当时官府及约正主裁，内以三分之一为恤长养廉之费，其余入义仓，为地方公用。

置义仓以供公事。

常平，减价而粜者也；义仓，所以储常平之余及一乡之羡者也。供公事，谓如修筑、疏浚及役民、役米之类是也。从来义仓之制，不过如常平而已。常平有本有羡，岁一敛散。虽遇凶岁，不能全蠲①。虽有公事，不敢取用。是常平仅可为平粜之用，卒然②有事，地方仍无余粟也。因思古人有子母仓之法。母仓积粟，以余粟入子仓，母仓本米常存子仓。母仓本米常存子仓，则视丰凶为敛散。今仿其意，以常平为母，以义仓为子。凡常平有余息，则入子仓。其外，或一乡之中有得罪而愿出粟以赎者，有愿助为公田以济物③者，亦设一处公所，公同收储。监以恤长，领

■ 释义

①蠲（juān）：免除。
②卒（cù）然：卒同"猝"，突然。
③济物：犹济人。

于约正。俟有公用，则闻于官府，酌而用之。

凡有鳏寡孤独①，则闻于官府而养之。

国家向设养济院，专为此四者，今恤孤粮是也。此项粮米，向为大户吏书侵没。即略有给发，又大半蠹于强乞②。官府能清厘③而整顿之，则文王之政举矣，不必烦恤长也。但本乡之中有此等人，官府不知，须恤长开报。约正核实，闻于官府，然后可以入院。

岁荒则设粥赈济。

此不常有之事。偶一有之，则恤长之职也。设粥赈济，向苦无管领之人。每县止设一二处，则弊多而法坏矣。今既每乡有恤长，则一乡止食④一乡之人，清楚易办。其有流民就食者，则官府另为设法，或分食于各乡，是亦至便也。设粥规条，向多成法，兹不具载。

夏秋籴贵，则以余米给役民之食。

余米，即义仓中所储也。给役民法，见保长条下。

■释义

①鳏（guān）寡孤独：鳏，无妻或丧偶的男人。泛指没有劳动能力而又没有亲属供养的人。

②蠹（dù）于强乞：蠹，蛀蚀。蛀蚀于强要，强求。

③清厘：清查；清理。

④食（sì）：给食。

岁时月吉，则佐约正读法于会。会其出入之数，验其贫寡之实而登之籍。

出入，常平、义仓之出入也。贫寡，役民及鳏独之类。会，谓总结一月之事也。

保长之职，掌一乡之保事。

凡水火盗贼之属。

主役民之籍。

役民，谓一乡之贫而可役者。籍成，则进于约正，与恤长同。按：此即保甲之意也。但保甲之法，有令各户通出壮丁者，或朋出一丁者。不便有三，民不习兵，易生惊扰。一、强弱不等。二、多则无法，无法则乱。三、且一谓之壮丁，则人人畏而规避。夫国家自有战兵，亦无取乎壮丁之名也。故莫若籍一乡之贫而可役者，谓之役民。凡菜佣及担夫①、仆役之类皆是。定为什伍，统于保长，则心志定，强弱均。而教习节制之法亦易施而不乱，愈于徒有壮丁之名而无壮丁之实也。

令民五人为伍，伍有夫。五伍为队，队有士。

■ 释义

①菜佣及担夫：菜佣，贩卖蔬菜的人；担夫，以担运货物行李为业的人。

此即《周礼》伍两卒旅①之意也。但《周礼》寓兵于农，此则战兵自为战兵，而役民止供役事及城守之用耳。

凡乡之土功，皆率其属而致事②。

土功，谓如筑城、浚隍③、修葺廨宇之类。

农功之隙，以时兴修水利，则庀其畚锸，以听于官。

兴修水利，地方之要务也。古者，或因之而置开江军士，亦以其早晚呼集之易至，约束之易齐耳，然总不如役民之法为得也。昔人开河之法，一置四挑④，正今五人为伍之制，畚锸办则事速举矣。若役大，则与民参错为之。

暇则颁以射法，教之击刺，习之守御。

射则统矢及弩，击刺则梃刃，守御则城操。皆有法则，皆宜训练。

国有大故⑤，则率其属而授兵登陴⑥，事毕而解。

■ 释义

①《周礼》伍两卒旅：见（汉）郑玄注，（唐）贾公彦疏《周礼注疏》卷十一。其文云："五人为伍，五伍为两，四两为卒，五卒为旅……伍两卒旅……皆众之名。"即伍、两、卒、旅，都是民众组织的名字。

②致事：办政事。

③浚隍：疏浚城壕。

④一置四挑：一组四人。

⑤大故：大灾；大事故。

⑥陴：城上矮墙，亦称"女墙"，俗称"城垛子"。

人知不教之民不可以战，而不知不教之民不可以守。更番迭休，分合救应，骤使之，俱不能指挥如意也。故必须平日先以城操法练之，有事则登陴，庶几事习胆生，以守则固耳。（城操法另载别篇。）

凡盗贼水火之患，皆司之。

谓本乡之事也。

夏秋籴贵，则率其属而受廪于恤长。

常平之法，止可概之于民。若役民则国家之所役，无以惠之不可使也。但每月给廪，力有不能，宜于五六七三月青黄不接米价涌贵之时，每人日给米一升，三月共给九斗。虽千人之众，每年不过千石。所费少而所养多，为可久也。其费出义仓，恤长主之。

凡乡之役事，皆与之饩廪①而役之。

其费总出义仓，不足则另为设处。

岁时月吉，则佐约正读法于会。比其劳逸而书之，辨其勇力以登于官府。

比其劳逸，所以均其饩廪。辨其勇力，或为战士，或为官府

■ 释义

①饩廪：作为薪俸的粮食；亦泛指薪俸。

之爪牙也。既登之后，役民数缺，则仍补之。

凡乡之教事责教长，恤事责恤长，保事责保长。三长非其人①，责约正。约正之邪正，官府治之。

此振裘挈领②之术也。表正则影直③，纲举而目张矣。不然，官府之治岂能家喻而户晓哉。按：一乡之中，凡联首、社师有不得其人者，皆须随时更易。不言之者，省文也。三长不称职，则于年终之时，约正白于官府而请易。至于约正，则必俟岁终，合一乡之公评而诛赏④，不得数数⑤废置也。此亦久任之意也。

■ 释义

①非其人：不是合格的人选。
②振裘挈领：比喻抓住事物的关键。
③表正则影直：表，测日影的标杆。标杆正则日影直，强调表率作用的重要性。
④公评而诛赏：评，评论。公众评论而定奖罚。
⑤数数：随意，屡屡。

■ 点评

陆世仪在《治乡三约·自序》中，提出"以三代之治治天下"，而三代之治的关键是划乡，从基层治理做起。基层治理，就是要明确"自用用人之术，繁简疏密之制"，意思是官员要摆好自己的位置，该做的做，不该做的不做，有些事要多做有些要少做。这样就能做到"垂拱而治"，即不费什么事而把天下治理好。具体方式，就是成立乡约、社学、保甲、社仓。四者中，乡约为纲而虚，社学、保甲、社仓为目而实。要"居敬行简""致精于用人"，即保持谨慎恭敬的态度，行为简朴，精于用人。

在《治乡三约》中他提出三约之法。首先，每乡设约正一人。约正由乡人选举廉政公平的宿儒、老人担任。其职责是掌管三约：一是教约，以训乡民；一是恤约，以惠乡民；一是保约，以卫乡民。教约办社学，恤约立社仓，保约建保甲。三者由乡约统管。这样，对乡民教导、加惠，又实行保护，尽到了教养之义，兵食之备。

约正之下设三长即副约正，由其从三个方面分掌一乡之籍。教长分管户口以及德才优异者名籍；恤长分管常平役米之籍；保长分管役民之籍。通过教长之籍可以了解对约民的教导情况；通过恤长之籍可以了解对约民的救济情况；通过保长之籍可以了解对约民的保护情况。乡约有固定的活动时间。如每年正月、春社、秋社举行大会，到时约正率三长到官府听讲约。其余时间，每月初一日，约正率约民读法、行乡射礼，考察约民的德行，奖善诫恶。有公事，官府下文给约正，约正会集约长商议实行。这里说的公事，包括向国家缴的钱粮、服的户役及地方公事。约众民事，也要通过约正上报官府，因为民事对于约正来说也是公事。民间质讼，大事报官府解决，小事由约正平息。乡间民事，如图籍之类，年终应报官府。三约之籍，由三长置备，约正主管；一式二份，存副本，而将正本上交官府，官府借以了解情况。约正提供书面材料帮助官府了解三长的能否，但不能独自决定任免三长。

陆世仪将教长、恤长、保长称作约副。教长的职责除主持登记户口、登记优秀约民之籍进于约正外，还掌管一乡的教导事务，教人孝顺、友爱、睦邻、亲姻亲、诚信、乐于助人。造册时，以十家为一联，选诚实者为联首；十联为一社，选有知识会写字者为社师。选民都要由约正和教长造册上报，由官府任命。编排联社时，官府将造册格式下发给约正，约正下发给教长，教长下发给社师，然后联首率领编户，到社师那里登记各家户口。登记后，社师报给教长，教长报给约正，约正与教长核查确实后收藏正本，而将副本报官府，官府据以确定一乡户籍。

民户十家加联首共十一户为一联，这是一般的编排方式，遇有民户隔山阻河，居住较远，联络不方便的情况，就将其作为奇零户挂到附近联册，寺院庵观也应登记。若有脱漏作奸者，本户与联首、社师同罪，严重者还要罪及教长、约正。登记户口这件事做好了，就等于将治民之道领悟了一大半，关键仍在选择得当的人才。

教长要教导联、社的人相爱相亲，有罪则要连坐。要将教法公布给四境的社师，让他们以之教导儿童。社学对儿童进行教育，民众性格就会从小随着习惯养成，这样，就没有不可教的民众。人人都亲其亲属，尊敬长上，天下自然就会和平。陆世仪强调，儿童读书写字的安排各从所便，此外还应在每月初一、十五到本社社师那里，歌诗习礼，拜先圣先贤。有长相端俊、熟悉典礼仪式的，应登记入簿；举止轻佻不守规矩的也登记下来。习礼结束后，教长再举例讲解孝、友、睦、姻、任、恤各条。到讲约大会时，社师即举其善者上报，官府试后进行登记，这是教人、选人的好方式。教长对于乡间的冠婚、饮酒祭祀、丧葬等也要教以礼仪。到入学选试时，将优秀人才的事迹报到官府，以供官员查阅。教长要将一乡所辖范围内的田间沟路界限画作图册，就像鱼鳞图册那样，这是封地守御、分田制赋的基础。质疑诉讼也应首先由联首、社师过问，尽可能地不起讼。岁时月吉，教长还应协助约正读法于会；判断善恶，书之于册。

恤长的职责，是掌管一乡救济贫乏、抚恤死丧的事。劝导民众储备粮食。将粮食存入较大的寺院，由恤长主持、约长管领，地方官发动官绅捐献俸银，恤长设簿，劝募本乡绅衿、富户、商家，在秋收时以较低的米价存米，陆续入仓。到第二年五六月青黄不接、米价上涨时，由恤长报官，请官府及本乡好义乐善诸人，计价赈粜，价格低于市价但也不宜太低。若得利多，即再籴再粜。毕后合算所得，还其本金。等秋后再行劝募，并按业绩判断恤长的办事能力。仓粮粜后，应由官府和约正裁定，拿出余金的三分之一作为恤长的养廉费，其余留地方公用。还可以仿照古人的子母仓法，以常平为母仓，义仓为子仓，常平仓有余息就存入子仓。另外，有获罪之人愿出粟以赎的、有捐设公田以济人的，则另设一仓，公用时也能派上用场。恤长还要负责鳏寡孤独的养济，荒年设粥济困等事。岁时月吉要协助约长读法于会。

保长的职责是掌管一乡水火盗贼之类的安保事宜。主持登记一乡贫而可役者的户籍，交给约正。保长还要负责将民户五人编为一伍，首领为"夫"，五伍一队，首领为"士"。它与《周礼》的伍、两、卒、旅差不多，但《周礼》是"寓兵于农"，此则只是役民，不是"战兵"。凡乡之土工，如筑城、浚壕、修葺廨宇，都是役民的事。农闲时兴修水利，颁行射法，教其击杀守御。国家有大事，则登城守卫，事毕解散。遇盗贼水火之患主管保卫。夏秋粮价上涨，则率役民取粮于恤长，恤长从义仓中发给，借以从事乡间役事。岁时月吉，同样要协助约正读法于会。考察其劳逸而登记，辨别其勇敢气力而报告官府，以便官府量才使用。乡约的教育责成教长，救济责成恤长，安保责成保长。三长不称职，责在约正，约正的优劣，由官府定夺处理，这就是提纲挈领的治理方式。

综观陆世仪的《治乡三约》，他是想用理想化的"三代之治治天下"，并认为关键在于划乡、掌握"自用用人之术"。自用，就是在提纲挈领的原则下，明确该做什么不该做什么；用人，就是要选用合适的人才。治理框架就是办好乡约、社学、保甲、社仓。从陆世仪给乡约规划的"公事"来看，包括了国家基层管理的主要内容，即"钱粮、户役、地方公事"。

保长成立的联、社组织并联首为十一户，十联并社师为一百十一户，也同明朝在全国普遍建立的劳役组织形式里甲制的户数完全相同。但明朝政府组织向民间征发赋役是强制的，而陆世仪的治乡措施，通篇以教化为主，没有强制。在民人艰困，政府赋役非要不可的情况下，陆世仪以教化解决问题的办法，很难完全行得通。而且他作《治乡三约》，"又拳拳于为上者之得其人而用之也"，即把实行的希望寄托在政府的推行，实际上即使得到施行，也难免走样，何况他的《治乡三约》始终停留在纸本上，根本没有施行。因此，本文的实际意义，只是在吕坤等人乡约理论的基础上，提出了一套更加完整严密的乡民教化、救恤、自保的理论方案，丰富和健全了古代乡民"自治"的理论体系，在官私教化层面上有一定的借鉴作用。

《五种遗规》书影

葬亲社约 ①

唐灏儒

■ 作者简介

唐灏儒，生卒年不详，名达，字灏儒，号永言，明崇祯十七年（1644年）贡生，浙江德清（今浙江德清县）人。他一生高隐不仕，研精理学、星历、音律，以教书著书为业，从学者甚众。灏儒见有朋友因贫困，不能安葬父母，便倡立葬亲社，并写下这篇《葬亲社约》。此约后被提倡与蓝田《吕氏乡约》共同推行，得到推广。灏儒晚年行医，坚守气节，不与清朝合作。

---

① 见（清）陈宏谋撰《五种遗规》卷三《训俗遗规》，凤凰出版社2016年版，第286—289页。

■原文

葬亲社约

不孝之罪，莫大乎不葬其亲，而以贫自解。加以阴阳拘忌①，既俟②地，又俟年月之利，又俟有余赀③。此三俟者，迁延岁月，而不可齐也，势④愈重而罪愈深。今集同社数十人，为劝励⑤之法，以七年为度，期于皆葬，谨陈数则如左⑥。

——凡欲葬其亲，愿入社者，各书姓氏，满三十二人则止。每人详列同社姓氏，粘诸壁间。遇有葬者，则注其下曰：某年月日，其亲已葬。以观感而愧焉。

——凡有举葬者，同社各出代奠三星⑦。（有力者或再从厚。）一以为敬，一以为助，一以为贺。或至墓，或至家，一拜而退。

■释义

①拘忌：禁忌。
②俟：等待。
③余赀：富裕的资财。
④势：表现出来的情况。
⑤劝励：激励，勉励。
⑥如左：古代作文按从右向左的顺序竖写，如左，相当于今言"如下"。
⑦代奠三星：代表奠仪数量很少的一些银钱。

主人惟各登拜①以为谢，无纤毫酒食之费。

——同社者众，不能遍告促金②。各随其亲朋远近，分为东西南北四宗。每宗八人，自叙长幼，轮年挨次③。一为首，一为佐④。凡所宗内，有葬日，则以语于各宗之首佐，各聚其所宗之金而函之⑤。上书奠仪⑥，注曰某宗，下书同社某某同拜。主人无答简。宗者不失可宗之义。仁孝相勉，异姓犹同姓也。

——每宗首佐躬拜⑦，其余可至可不至。或首佐有事，亦可挨代。如志同而地隔，度后往返不便者，不必共社，仿例别成可也。

——所费甚薄，而贫者犹以为艰。然有为浮名社刻⑧而费者矣，有呼卢⑨酣宴而费者矣。即不然，譬有至戚吉凶大事，不得

■ 释义

①登拜：登门拜谢。
②促金：督促交银钱。
③轮年挨次：按辈分年龄依次排列。
④一为首，一为佐：首，头领；佐，辅佐。一人为首领，一人为辅佐。
⑤函之：装入匣子或封套。
⑥奠仪：指送给丧家用于祭奠的财物。
⑦躬拜：亲自拜谢。
⑧浮名社刻：浮名，虚名；社，基层群众组织。立虚名于同社。
⑨呼卢：谓赌博。

已而多此一费者。又譬有泛交套仪①，而其人偶受之者。今费而必酬②，则是葬亲之外府③也。譬诸今日仅费三星，而亲之一指④，已先受葬，虽甚贫窭，可不竭力图之乎？至于葬而受金，不权母子⑤者，先葬者孝，是以轻财为义也。较诸称贷举会者⑥利已多，岂有不酬之理？凡有葬，知期前三日，金不至者，宗首罚之。宗首犯者，旁宗首罚之。凡罚，于本金外，加三星。

——亲未入土，礼宜疏布持斋⑦。而大拂人情⑧，则相从者少。今乐斋戒者，短长任意。惟每月朔望，及亲忌日⑨，及祀祖之日，俱不得华服茹荤。此仅饩羊之遗意⑩，而尚不能者，不必入社。既入而犯者，亦如罚例。此所罚，注月日，封押⑪存宗首

■ 释义

①泛交套仪：泛泛之交的客套仪式。

②必酬：必得酬谢。

③外府：家庭外的库房，此指额外的钱财。

④一指：一次指点。

⑤不权母子：权，衡量；母子，这里指本钱和利息。指不计本息。

⑥称贷举会：称贷，向人借钱；举会，向钱庄之类的组织借钱。指借有息钱。

⑦疏布持斋：疏布，素布，粗布；持斋，素食。穿粗布，吃素食。

⑧大拂人情：违反人情。

⑨亲忌日：忌日，忌辰。指亲人死去的日子。

⑩饩羊之遗意：饩羊，古代用为祭品的羊。指古代流传下来的礼仪形式，比喻礼仪。

⑪封押：画押封存。

处。俟偶有葬者，并入函赠之。受者于原罚人之葬日，答其半。

——七年之间，赀可徐措，地可徐择，日可徐涓^①。念释^②在兹，庶能勉强。盖三年而力不足，又以三年。迟之又久，将复何需？不得已而又一年。再不葬者，从前之费无所复酬，所以为大罚也。无已，则于八年之葬者，众答其半，以存余厚^③。过此，复何尤^④乎？

——人数既定，约于某日共至公所，聚会信誓，以期必遂。期满而亲俱葬，复聚会告成，任意丰歉醵饮^⑤以相庆。

附（杨园先生）补例三条

——原约同会，始终两会^⑥而已。窃恐日月寖久，相见太疏，不免怠忘^⑦之患。宜于每岁之首，特加一会。其已葬者，于会期，申再拜稽颡^⑧之礼以致谢。既省登拜之烦，亦使未葬者有所观感。

■ 释义

①涓：选择。
②念释：念头。
③余厚：余德厚道。
④尤：怨恨，怪罪。
⑤任意丰歉醵饮：醵，凑钱饮酒。出多出少随意，凑钱饮酒。
⑥两会：两次聚会。
⑦怠忘：轻慢忘记。
⑧稽颡：古代一种跪拜礼，屈膝下拜，以额触地，表示极度虔诚。

而于一岁之中，矢心积力^①，以期必葬，则是岁举事者必众矣。其会以已葬者司其事，而不任费^②。

——同会之人，不逾桑梓^③，非其亲党，则通家邻旧也。聚会之人，不妨率其子弟以至，世好既敦^④，亦明礼让。其有佻达^⑤不敬父兄，游浪不务本业者，同会教戒之。

——蓝田《吕氏乡约》，敦本厚俗，莫此为甚。今日之集，特从流俗之极敝，人心之最溺者，先为之导。宜于会日讲明其义，使相辅而行^⑥。庶乎仁义之风，久而寝盛，异时即不立社，可也。

■ 释义

①矢心积力：下决心积攒财力。
②不任费：不承担费用。
③桑梓：指故乡。
④世好既敦：敦，笃厚，厚实。世代交谊深厚。
⑤佻达：轻薄放荡；轻浮。
⑥相辅而行：互相配合实行。

■点评

　　这篇《葬亲社约》是明末贡生唐灏儒见有朋友因为贫困，不能安葬父母之丧而设计、倡导的。它承继蓝田《吕氏乡约》同约之人"患难相恤"的遗意，提出欲葬其亲而贫不能办者，可每三十二人（户）结为一社，按居住地的远近分成东、西、南、北四宗，每宗选举"首、佐"，进行联络组织。哪户人家举葬，同社各宗各户就或多或少一定要出些许钱银作为奠仪。"一以为敬，一以为助。"由首、佐收缴，转给举葬人家。首佐"或至墓，或至家，一拜而退。主人惟各登拜以为谢，无纤毫酒食之费"。既温暖又省事，对于双方都没有沉重的经济负担和烦琐的礼仪形式。"今费而必酬，则是葬亲之外府也"，意指如果花费了钱财就必须得到回报，那么这就像是在给亲人下葬之外还建立了一个外府（即额外的、不恰当的地方）来埋藏财宝一样，批评了一种功利的心态，即认为任何付出都应有相应的回报，而忽略了某些行为本身的价值和意义。比如对亲人的哀悼和纪念不应以金钱回报来衡量。通过这些举动，"亲之一指，已先受葬"，既解决了贫户葬亲的困难，又加强了孝道教育，倡导了基层民众之间的团结互助精神，因而很得体、很实惠，意义重大。这种做法哪怕放到今天，也会得到群众的支持和赞许。这篇社约是一篇葬亲"专约"。经杨园先生的补充和建议，这篇社约与《吕氏乡约》"相辅而行"，将会取得良好的社会效果，可以说是古代乡约中的精华之作。

陆陇其画像

乡约保甲示①

陆陇其

■ 作者简介

陆陇其（1630—1693年），字稼书，浙江嘉兴府平湖县（今浙江嘉兴平湖市）人。清圣祖康熙九年（1670年）进士。康熙十四年（1675年），授江苏嘉定县（今上海市嘉定区）知县。陇其任官期满离任，只带图书、教卷及其妻织机一架，民众爱之如父母。他推行乡约，督察保甲，多次发布文告开导，杜绝斗殴轻生的恶习。康熙二十三年（1684年），直隶巡抚格尔古德将陇其与兖州（今山东济宁市兖州区）知府张鹏翮同举为清廉官。康熙二十九年（1690年），诏举"学问优长、品行可用"者，陇其又在推荐之列，授四川道监察御史。陇其学崇朱熹，著有《三鱼堂文集》《困勉录》《灵寿县志》等。卒，清高宗乾隆时追谥清献。

---

① 见（清）陆陇其撰《三鱼堂外集》卷五，四库全书文渊阁本。

■ 原文

为申明乡约保甲，以挽颓风，以靖地方事。照得乡约以劝善，保甲以惩恶，即古比闾族党之遗法①。而行之未善，或有其名无其实，甚则苛细骚扰，反不如不行之为愈②。是非法之不善，行之者未能讲求尽善耳。昔人云："乡约实行，自无奸凶；犹有奸凶，是乡约未尝行也。保甲实行，自无盗贼；犹有盗贼，是保甲未尝行也。"③本县承乏兹土，愿尔百姓尽为良民，风俗淳美，狱讼衰息，盗贼屏伏，闾阎宁谧。惟是力行二法，庶几可有成效。而人痛恶苛扰，恐反累地方。今与尔百姓屏除烦文，讲求实政，为此示。仰阖境民人知悉，除乡甲条约渐次申明外，择于几月某日，先于在城举行乡约，随即查点保甲，以次单骑亲往各村庄，悉照在城例。凡本县所到之处，严禁骚扰，丝毫不累我民。如有借端生事者，立拿重处。其乡约保长等，务须实心任职，倡导乡民稽查匪类。如有仍前视为故套，苟且塞责者，革除不用

■ 释义

①古比闾族党之遗法：见（汉）郑玄注，（唐）陆德明音义、贾公彦疏：《周礼注疏》卷十五。

②愈：较好，胜过。

③语见（明）吕坤《乡甲约》。（明）吕坤撰，王国轩、王秀梅整理：《吕坤全集》中册《实政录》卷五，中华书局2008年版。

外，仍治其怠惰溺职①之罪。各宜自奋，互相劝勉，以副本县期望尔民之意，毋忽！

■ 释义

①溺职：犹失职，不尽职。

■点评

陆陇其是乡约的积极推行者。在他任职嘉定等县时，写了很多号召民众参加乡约保甲的告示。这篇《乡约保甲示》，是他鉴于县大役烦，民风奢靡，盗贼横行等不良风气，坚信推行乡约、保甲，就能移风易俗，改变颓靡风气而倡议的。他引用明朝吕坤《乡甲约》中的话："乡约实行，自无奸凶；犹有奸凶，是乡约未尝行也。保甲实行，自无盗贼；犹有盗贼，是保甲未尝行也。"以示其真诚地希望通过力行二法，使属下百姓尽为良民，"风俗淳美，狱讼衰息，盗贼屏伏，闾阎宁谧"。为此，他一方面顺应民众呼声，对乡约保甲"屏除烦文，讲求实政"，以利实行；另一方面又要求乡约、保长等戒除苛扰，实心任职，争取好的治理效果。行文殷殷切切，其心可鉴。

养部（节选）
福惠全书·教①

黄六鸿

黄六鸿所撰《福惠全书》书影

■ **作者简介**

　　黄六鸿（1630—1717年），字子正，号思齐，又号思湖，江西瑞州府新昌县（今江西宜丰县）人。顺治八年（1651年）举人。康熙九年（1670年）为山东沂州府郯城县（今山东郯城县）知县，康熙十四年（1675年）转直隶东光县（今河北东光县）知县。官至礼科给事中。康熙三十二年（1693年）致仕归里，卒。著有《福惠全书》三十二卷。

　　①见四库未收书辑刊编纂委员会编《四库未收书辑刊》，第三辑第十九册，黄六鸿撰《福惠全书》卷二五《教养部》，北京出版社2000年版，第290—293页。

■原文

讲读"上谕"

　　谨按《周礼》，正月之吉，州长①"各属②其州之民而读法，以考其德行道艺③而劝之，以纠其过恶而戒之"，党正④"及四时之孟月吉日，则属民而读邦法以纠戒之"，族师"月吉⑤，则属民而读邦法"，闾胥⑥"聚众庶，既比⑦则读法"。⑧夫古之闾胥犹今之村长、地方也，古之族师犹今之里社族长也，古之党正犹今之乡约耆老也。至于州长，亦犹今之州县有司也。夫闾胥、族长、党正皆掌政治教令，则其人必皆品行素优，非如今之约、地、乡、

■释义

　　①州：周制，两千五百家为一州。
　　②属：犹合，聚。
　　③德行道艺：德行，品德操行；道艺，指学问和技能。泛指品德行为和知识技能。
　　④党正：周制，一党含五百家。党正是一党的首领。
　　⑤月吉：每月的初一日，一说为每月的吉日。
　　⑥闾胥：周制，二十五家为一闾。闾胥是闾的首领。
　　⑦既比：周制，五家为比。闾不像州和党有固定的时间读法，因此，只要有机会聚众，就读法。
　　⑧以上引文见（汉）郑玄注，（唐）陆德明音义、贾公彦疏《周礼注疏》卷十二。

耆，市井庸鄙①以充也。则今之"上谕"②，又与成周之法令，同一教化大典，岂可令市井庸鄙充讲读之任乎？则约讲乡耆③之不可不选也。

夫州长之读法，以正月④及正岁⑤，是一岁而再读⑥。党正之读法，以四时之孟月⑦，是一岁而四读。族师则每月一举行，是一岁而十二读。至于岁时祭祀读法亦如之。盖以就近者则读多，相远者则读少，亦期于便民，而不致于烦扰也。是则今之"上谕"，城厢及村长族尊宜每月一读，乡耆宜四孟四读。但州县有司，仿正月之吉及正岁一再读之制，似觉太简，亦宜四孟四读。则城之于乡，乡之于村，又不可不分为讲读也。至于讲读之际，俨乎如至尊⑧之在上，凛乎若圣训之在耳。苟乡愚老幼拥挤喧哗，何以聆天语⑨而肃观瞻乎，则仪注⑩之不可不定也。所谓考其德行

■ 释义

①庸鄙：平庸鄙俗。

②上谕：指康熙"圣谕十六条"。

③乡耆：指乡约耆老。

④正月：指周历的正月，即农历的十一月。

⑤正岁：指农历正月。

⑥一岁而再读：按农历的正月即建寅月该读法，又按周历正月即建子月也该读法，所以说"一岁而再读"即一年两次读法。

⑦四时之孟月：春夏秋冬每季的第一个月，即一、四、七、十月。

⑧至尊：指"圣谕十六条"的制订者，即康熙皇帝。

⑨天语：比喻皇帝的话。

⑩仪注：制度；仪节。

道艺而劝之，纠其过恶而戒之，则读法之顷①，不又有劝惩行其间乎？《周书·毕命》②有曰："旌别淑慝③，表厥宅里④，彰善瘅恶⑤，树之风声⑥。"抑亦劝德纠过之旨欤。由是讲读"上谕"之后，兼行纠劝之法，使民闻圣主之言，感道德之教，而咸化于善。使民知朝廷之意，明善恶之辨，而总归于仁，则庶几良法美意兼举之而无遗矣。

近见举州县卓异⑦，具开⑧本官每月朔望讲宣"上谕十六条"⑨云云，则又不独如古之读法。有一岁再读，四读，十二读之别矣。然愚以为典以敬为主，不宜太数，数则反渎，而易于怠矣。仍宜如古之读法，易以州县长四孟四读，似为酌中之制。今

■ 释义

①顷：指短时间。读法之顷，意为读法后紧接着就。

②《周书·毕命》：见（汉）孔安国传，（唐）陆德明音义、孔颖达疏《尚书注疏》卷十八《周书·毕命》。

③旌别淑慝（tè）：旌别，识别，区别；淑，善；慝，恶。指区别善恶。

④表厥宅里：宅里，犹乡里。以路、渠等表明、区分出恶人居住区。

⑤彰善瘅（dàn）恶：彰，表明，显扬；瘅，憎恨。指表扬好的，斥责恶的。

⑥树之风声：树立良好的风气。

⑦卓异：清朝制度，吏部定期考核官员，文官三年，武官五年，政绩突出，才能优异者称为卓异。

⑧具开：填报成绩时都写上了。

⑨上谕十六条：即指康熙"圣谕十六条"。

卓异所云朔望，或亦就官民讲读大概而言之耳。然卓异既举以为例，司教化者又不可不知云。

择乡约

讲读"上谕"，即谓之讲乡约。讲乡约必择年高有德，为众所服者，为之约讲。约讲有正副，谓之讲正、讲副。讲正副所以董读讲之政。而宣读者又必择少年读书子弟，声音洪亮者，二人为之。少年则宣讲有力，读书则字眼①不错，句读分明，声音宏亮，则闻之于远听者，方能领略②。是在约讲于本乡自择之也。然此就一乡四时讲读而言。至于一村一族，每月吉讲读，一村自有村长，一族自有族尊，即村长族尊为之约讲，而自举其副焉。其宣讲者亦听自择。若夫城中，亦必择年高有德为众所服者为之约讲，其正副宣讲亦如各乡之制。但乡城所举约讲正副，以及村长族尊，俱须按乡城开报花名，投送州县。州县点验，果堪膺选，方任以讲约之事。但讲约正副等，专司讲政，宜待以优礼。

■释义

①字眼：指语句中的字或词。
②领略：领会。

或有关地方教化风俗事件，听州县所委。其余琐屑则别有料理地方之乡约在，非彼宜与也。

城乡分讲

州县官有钱谷刑名之责，不能远赴四乡。而四乡之民亦有农桑商贾之务，不能远赴治城。故每乡宜设一讲约所，或合乡共购，或就宽大寺院庵观亦可。如每村每族俱宜专设，或就村之寺宇，族之祠堂，但须洁净，可奉龙牌，宽敞可容听众。至于在治城讲所，长官宜自捐俸，或乐输者听，断不可出单派敛，以资口实。须于通衢建立，榜题"讲约所"，庶于有司恪奉明纶①，遵行讲读，似为得体矣。

讲读仪注

讲期前一日，司讲者至讲所，扫除洁净。上用高案，奉安龙

■ 释义

①恪奉明纶：恪，恭敬；明纶，指帝王的诏令。意为恭奉诏令，即恭敬地执行诏令。

亭，或精设御幄更见恭敬。前用长桌，安置香炉、花瓶、烛台全副。堂外门之右，建鼓一面，庋①以高架。门之左，设云板②一面，悬以横簴③。次日辰刻，讲正副率领执事人等，各司其事，听讲缙绅齐集仪门内，百姓齐集大门外，俟印官率儒学营官僚属于大门外稍远，下轿马。近所之处不得传呼鸣锣，以龙亭④所在也。官属由左角门入，绅矜⑤立堂左阶下迎，一拱⑥而升，不敢揖，以未龙亭前行礼也。执事人于龙亭前焚点香烛齐备，官属率绅矜至甬道下，分东西两班，行三跪九叩头礼。讲正副于嘴下随行礼，百姓俱令跪于门外，俟官绅礼毕，乃起立。若令一同行礼，恐衣冠不整，俯仰参差，反致亵越⑦也。礼生赞礼，乐人奏乐。礼毕乐止，现任文武绅矜入堂，左右序立，讲正副抬讲案于堂门左，恭置"上谕"直解于案上。约讲率司讲者近案另班立，命听讲百姓俱入至阶下两边，站立肃听，不得拥挤揎讲。约讲高

■ 释义

①庋（guǐ）：放置。

②云板：报事的器物，作传令或集众之用。佛教法器的云板是铁铸云彩状之板，击以报时。

③簴（jù）：古代挂钟磬等的架子上的立柱。

④龙亭：即香亭，结彩为亭以盛香炉，也称香舆、香车。

⑤绅矜：又作"缙绅""搢绅"，古代指有官职的或做过官的人。

⑥一拱：两手抱拳上举，表示敬意，不同于作揖。

⑦亵越：轻慢而违礼。

声唱："鸣讲鼓！"司鼓者鼓三严①。司讲者对案拱立，朗声宣讲。讲一条毕，用压纸将书压定，妨（防）风卷乱，鞠躬而退。司点者击云板一声。司讲者第二人近案，讲第二条，讲毕照前退。司点者击云板一声，先讲者一人，再进讲第三条。如此十六条俱讲毕，约讲高声唱："'上谕'讲毕！"谕听讲百姓俱出大门外。现任率绅矜下，于甬道东西分班行礼，礼生赞礼，乐人奏乐如前。礼毕乐止，礼生唱："礼毕！"约讲高声唱："请龙亭！"抬夫皆黄团花衣，开后屏门，约讲率领，升龙亭至后堂，居中奉安，仍用黄龙袱覆好。约讲出，官属与绅矜及约讲行礼毕，步出仪门。绅矜送官属升轿马讫，然后各散。此州县官亲行讲读仪注也。凡城乡及各乡村族行礼讲仪，俱照式，但州县官不至，即以绅矜序爵位年齿②为领班可也。如印官③查某乡有仪注不合式者，或一亲诣较定讲解④，更见留心大典⑤。

■ 释义

①鼓三严：捶鼓三次。
②序爵位年齿：以爵位的高下和年龄的大小为次序。
③印官：这里指县令或知县。
④较定讲解：较定，考核断定，指检查讲解的准确性。
⑤大典：重要的典籍。

置善恶簿

凡城乡村族讲约所，须置劝善纠恶二簿。劝善簿红面页，纠恶簿黑面页。每讲读毕，约讲与在事人及首领绅矜长老，各举某人行某孝行，某弟作某善事，拯救某人患难，周恤①某人贫苦。或妇人女子，某为节某为烈②，俱要实迹公同开载劝善簿内。小善则约讲等亲诣③其家而奖劝之，大善则于四季月终具呈，仍开造事实册结，投报州县。如某人行某忤逆不孝，某人行某悖乱不悌，作某恶事，欺凌某人，强占某人财物，及奸宄④不法事，俱要实迹公同开载纠恶簿内。小过则约讲等传其父兄至所而戒饬之，大恶则于四季月终具呈，仍开造事实册结，投报州县。如有恃强隐庇，不许约讲填报，及约讲填报不公者，本州县访查出或经首告，定以违法申惩拿究⑤。本州县官四孟在城定某吉讲读，先期

■ 释义

①周恤：周济，接济。
②烈：刚直，有高贵品格的，为正义而死难的。
③诣：到。
④奸宄（guǐ）：坏人。由内而起叫奸，由外而起叫宄，也有相反的说法。
⑤申惩拿究：申报惩处，捉拿查究。

传集四乡约讲，村长族尊代约讲者，于讲读日黎明，俱于城中讲所伺候。其所举报善恶之人，恶者于开报之时，立行差拘究惩^①，务于本处示众^②。如须对众惩处者，或寄监仓^③，俟讲读毕，对众发落，使观者知警。仍书其所为，榜于其门，俟有改过自新实迹去之。果更有善，犹当表之。其善者亦先期传知，于讲读毕，对众奖励，或花红、酒果、鼓乐导送，或给匾旌表其门。如妇女节烈，仍令绅矜族长里耆公举，照例申请题旌^④。有应奖而不合例^⑤者，本州县榜异^⑥之。（其各所善恶二簿，俱置^⑦送州县印发^⑧，填完再置送印。于季终举报善恶册结^⑨，仍将印簿并缴，查与开报册是否相同，仍发还。其在城厢，有善恶亦令约所置簿，公填开报，与乡村同。）

▇ 释义

①差拘究惩：派人拘押，追究惩处。

②示众：告知大众，公之众人之前。

③监仓：监狱。

④题旌：题书表彰。

⑤例：规定，规则，条例。这句意为应当表彰但不适合或达不到条例的人。

⑥榜异：榜，张贴文稿或名单乃至匾额。用文告或赠匾额的形式，表彰其特立独行。

⑦置：置办。

⑧印发：盖印发放。

⑨册结：旧时交给官府的登记册。这里主要记载善恶事迹。

■点评

这是清初人黄六鸿撰写的《福惠全书·教养部》的节选。它分讲读"上谕"、择乡约、城乡分讲、讲读仪注和置善恶簿等五个部分，系统、真实、清晰地记载了他任知县期间，在城乡推行乡约讲读制度的内容和过程。从中可以看到，清初讲约的主要内容是康熙"圣谕十六条"。黄六鸿认为讲读"上谕"即"圣谕十六条"就像周朝基层组织州、党、族、闾定期或不定期地集合民众读邦法一样，因此要把"上谕"当作国家大法来讲读。传统的乡约教化内容相对冗杂，性质也较民俗化一些，黄六鸿推行讲读的"上谕"虽然也包含了传统乡约的基本内容，但它的总体形式更加单一，性质更加政治化、神圣化。典型的乡约教化是民间行为，而黄六鸿倡行的"上谕"讲读则是官府行为、强制措施。正因为如此，它的组织机构、配套设施也更加完备齐整。如他记载的择乡约、城乡分讲等都有严格的规定和严密的组织。讲读仪节、善恶簿的设置登录、奖惩规定都很细密周全，更能体现出"彰善瘅恶"的宗旨和效果。

黄六鸿的这篇记载，实际上反映了清代乡约官方化的普遍特点，具有一定的代表性。我们从这里还可以看到，尽管清朝政府和各级官员都把原是民间组织的乡约变成了他们政治宣教的工具，但其乡约讲读仍然贯彻了"教化"的原则，而不是以高压、刑罚为主要手段。因此可以认为，清朝推行的内容带有统一性，范围包括全国性的讲读制度，在一定程度上继承了传统乡约的基本内涵和宗旨。只是由官员强制的做法同早期的自愿入约，民间自教、自助、自卫不同而已。这篇记载说明清朝乡约制度同前代相比有不同的特点，却不能证明古代的乡约制度在清代衰落了。

李光地画像

同里公约 丁酉还朝临行公约①

李光地

■ 作者简介

李光地（1642—1718年），字晋卿，号厚庵，福建泉州府安溪县（今福建泉州市安溪县）人。清圣祖康熙九年（1670年）进士，授编修，省亲回闽，适遇耿精忠叛，密疏言军事形势。还京，授内阁学士。历吏、兵、工三部侍郎，直隶巡抚，至文渊阁大学士。卒，谥文贞。著有《榕村文集》《榕村语录》《榕村别集》及说经之书多种。

①见《清代诗文集汇编》编纂委员会编《清代诗文集汇编》第160册，《榕村别集》卷五，上海古籍出版社2010年版，第560—561页。

■ **原文**

同里公约

乡俗自当年寇乱①以来，习染最深，今虽泰（太）平三十余年，流风犹在。吾家子弟及他姓土著寓居②之人，不肖无赖，实繁有徒，除逆犯人伦，及抵捍③官府文法者，另有禁约外，合将目前显为乡里害者，摘出数条，公行严禁，嗣后如不悛再犯，分别惩治。条列于后。

——鼠窃狗偷，即大盗之渐，每有惯徒④，窜伏乡井，能使人无宁居。以后须自相挨察⑤，其有素行不端，与匪类相出入⑥

■ **释义**

①当年寇乱：指清康熙十二年至二十年（1673—1681年），驻云南的吴三桂、驻广东的尚可喜、驻福建的耿精忠三藩及其追随者的叛乱。

②土著寓居：土著，世世代代居住在本地；寓居，寄住异乡。指土著的和寄居的外来人户。

③抵捍：抗拒。

④惯徒：经常犯法屡教不改的人。

⑤挨察：挨次检查。

⑥出入：往来。

者，家甲①公举，逐出乡井；如事已发觉，则拘执②送官，永除患害。

——伦理风俗所关，奸淫为甚，为士者犯之，尤不齿③于人类。以后如有淫荡④男女，不顾人伦，大坏风俗者，察知素行，立逐出乡；如有容留，即系约正邻右之责。其以犯奸闻者，务须发觉送官，不得于约所薄惩塞责。

——赌博废业启争，乃盗贼之源，乡里此风尤甚。以后须严察严拿，送官按律究治。

——盗牵耕牛⑤于别处私宰者，固当以盗贼论；即买牛屠宰，亦犯禁条，并当送官究治。

——山泽之利，节宣⑥生息，则其利不穷，摧残暴殄⑦，其余有几⑧。乡俗动辄放火焚山，遂致大陵广阿⑨，经冬如赭⑩。林薮

■ 释义

①家甲：家，一户；甲，指十户一甲的基层组织。
②拘执：捉拿。
③不齿：不与同列，表示轻蔑。
④淫荡：犹放荡，纵欲淫乱。
⑤盗牵耕牛：盗牵，偷牵。指盗取耕牛。
⑥节宣：节制宣泄，指控制生产和采用的程度。
⑦暴殄：任意浪费、糟蹋。
⑧其余有几：能剩多少。
⑨大陵广阿：大陵，大的丘陵；阿，这里泛指山；广阿，指大山。这句泛指广大的丘陵高山。
⑩赭（zhě）：红褐色，红土。

无资，樵苏①何赖，若乃长溪深潭，一经毒害，微鲵②绝种，民俗贫薄，此其一端。以后须立厉禁，察出主名，合乡究治。

丁酉③还朝临行公约

诸乡规，具照去岁条约遵行。我已嘱托当道④，凡系人伦风俗之事，地方报闻⑤，务求呼应作主，但恐我辈用心不公，处事不当，或心虽无私，而气不平；事虽不错，而施过甚，则亦于仁恕之理⑥有乖，皆未足以服人心，而取信于官长也。嗣后举行旧规⑦，必酌其事之大小轻重，可就乡约中完结⑧者，请于尊长，会乡之耆老，到约完结；必须送官者，亦请尊长会乡之耆老，佥⑨名报县惩治。如事关系甚大⑩，而有司呼应未灵⑪者，乡族长老

■ **释义**

①樵苏：砍柴割草。
②微鲵（ní）：小鲵，两栖动物，叫的声音像婴儿，故俗称"娃娃鱼"，生活在水边的草地里。
③丁酉：清康熙五十六年（1717年）。
④当道：执政者；当权者。
⑤报闻：报知。
⑥仁恕之理：仁恕，仁爱宽容，指仁爱宽容的待人原则。
⑦旧规：原订的乡规民约。
⑧完结：办完结案。
⑨佥：同签。
⑩关系甚大：指案情重大。
⑪呼应未灵：未予查办或查办不力。

金名修书入京，以便移会当道。最忌在斑白退缩①，袖手缄喙②，使二三乳臭③，听匪类指使者，把持乡政。奸匪投怀，则为之逋逃渊薮④。童仆挟私，则奉其发纵⑤指示，动夸拳勇⑥，挟制尊卑，此乃数十年前，依乱作威⑦之故智，今四海清平，寥寥数恶少，将安逃命！诸父老不能正色仗义，共扶乡里公道，而畏之如虎，遂使横行，以致种种恶习有加无已，甚无谓⑧也。

——清家甲一事，乃绝匪类之根源，况经地方上司颁示申严⑨，则奉行不为无藉⑩。此事我行后，约正可禀尊长，一面报闻有司，立为规条，着实举行。作事久而倦者，不特徇情避咎⑪，皆自己本无诚心之故也。

■ 释义

①斑白退缩：年长者在处理案情上畏首畏尾，不敢出头。

②缄喙：喙，嘴。指闭口不言。

③乳臭：贬称年幼者。

④逋逃渊薮（sǒu）：渊薮，鱼和兽类汇聚的处所，比喻某种人或物聚集的地方。这里指逃亡人口汇聚处。

⑤发纵：亦作"发踪"，犹言指挥调度。

⑥拳勇：拳，拳术；勇，勇壮。指炫耀武力。

⑦依乱作威：依仗作成团伙滥施刑威。

⑧无谓：没有意思，称不上勇敢。

⑨申严：谓申令严格遵守或执行某种法令、措施。

⑩无藉：没有依凭、凭借。

⑪徇情避咎：徇情，无原则地屈从人情；避咎，避免罪过或过失，避免祸害。指徇情枉法，逃避过失或祸害。

——约正于族行虽卑幼，然既秉乡政，则须主持公道。自后乡邻曲直，有未告官而投诉本乡者，除尊长发与约正调停者，则为从公讯实，复命尊长而劝惩之；其余年少未经事者，虽分为叔行①，不得役约正如奴隶，约正亦不得承其意指，颠倒是非，以坏风俗。

——宰耕牛一件，断乎不可。我已禁止本乡一年，但发价颇须微费②，今除旧存外，我临行再发交贮③，并向好义之家题助④，再力行一年，以迟⑤我归可也。

——约正须置功过簿一册，写前后所立规条于前。而每年分作四季，记乡里犯规，经送官及约中惩责者于后。务开明籍贯、姓名，并因何事故，以备日后稽考。或能改行，或无悛心⑥，具无遁情⑦也。

■ 释义

①叔行：行辈为叔父。
②发价颇须微费：这句是说，推行这一禁令需要些许费用。
③交贮：交银存贮。
④题助：谈及资助的事。
⑤迟：延缓。
⑥无悛心：悛，悔改。没有悔改之心。
⑦遁情：犹隐情，隐藏之情。

■点评

《同里公约》是在清初平定三藩叛乱后，在李光地家乡福建安溪县一带寇乱余波犹存的背景下出现的。李光地将明显为害乡里的行为列出数条，公行严禁，希图从乡民自治的角度和层面稳定地方社会秩序。

这几条是：

——鼠窃狗偷，与匪类相往来。即小偷小摸，素行不端者。凡查出这类情况，应由家甲共同举报，赶出乡里；查出现行，即捉拿送官，永除患害。

——遇到纵欲淫荡男女，伤风败俗之流，应立即赶出乡里。如有人敢于庇护容留，则约正、邻里也应担责。乡约收到犯奸的人，务必立即送官处置，不得在约所轻责了事。

——赌博之风时下仍然盛行。以后须严行查拿，送官按律处置。

——盗窃耕牛，牵到别处私宰者，应依盗贼论处；即便是买牛私宰，也犯国家禁令（当时禁止屠宰耕畜），遇到这类情况，也应送官府处置。

——乡间陋俗，动不动就放火焚山，造成高山大丘生态破坏，严重者致使一冬过后仍是红褐色一片，动植物不能生长。民众无处砍柴，无处打鱼，日益贫穷。今后必须严立禁令，查出破坏自然环境者，应由乡约追究处置。

以上五条，切合实际，明确具体，容易照办。具有进步意义和现实借鉴价值，值得肯定。

《丁酉还朝临行公约》是对《同里公约》的补充和强调。它指出一定要严格实行所立公约。耆老要确实负责，不能遇事退缩，袖手旁观，不发一言。同时又提出：

——要从清查"家甲"开始，做细做好，肃清"匪患"的根源。

——若约正在族间辈分较低，但既然负责办理乡政，就要主持公道。处理乡间诉讼等事，除尊长辈发给约正调停的，约正从公判断，然后发还尊长，该劝的劝，该惩的惩以外，其余年纪较轻，未曾历练公事的，虽然是叔父辈，也不能像使唤奴仆一样指使约正，约正也不能按其意思，颠倒是非，败坏风俗。

——无论何种情况下都不能宰杀耕牛。李光地说他为推行此事，已经储存了一些钱，临走时又缴存了一些，还向好义之家提请资助，要求将这件事坚持办下去。

——约正要准备一册功过簿。前面书写先后所立条规，后面每年分四季，记下乡里犯规的情况。要载明籍贯、姓名、事故内容等，以备日后稽查。这样，有无悔过之心，据以核实，就无法隐瞒了。

以上几点补充意见也很具体，合情合理，具有积极意义和可操作性。《同里公约》和《丁酉还朝临行公约》不是单纯说理，而是有具体操作条文，一二三四五，如此照办，就会在处理基层社会问题上，实现诉讼息、盗贼绝、风俗正，耕牛和自然环境得到保护的目的。它既尊重长辈又坚持公正原则，执行起来简便，是古代乡约中最简练的一类。古籍中对这一乡约的实行效果缺乏记载，但考虑清初的社会大背景相对安定，乡约实行的政治基础较好，所以可以设想，它不仅在局部地方得到了推行，也会收到较好的施行效果。

张伯行画像

申饬乡约保甲示 ①

张伯行

■ 作者简介

张伯行（1652—1725年），字孝先，号恕斋、敬庵，河南开封府仪封厅（今属河南开封市兰考县）人。清圣祖康熙二十四年（1685年）进士，授中书科中书，历官山东济宁道，江苏按察使，福建、江苏两省巡抚，户部侍郎，礼部尚书。居官二十余年，康熙称之为"操守为天下清官第一"。学宗程、朱，及门受学者数千人。卒赠太子太保，谥清恪。光绪初年从祀文庙。著有《伊洛渊源续录》《学规类编》《困学录集粹》《正谊堂丛书》《居济一得》等。

---

① 见（清）吴元炳编《三贤政书·正谊堂集》卷五下，台湾学生书局1976年版。

■ **原文**

申饬乡约保甲示

为申饬①乡约保甲之常规，以正风俗、以靖地方事，照得自古治道，必使风俗醇和②，地方宁谧③，无不以乡约保甲为急务者。一主于劝善，以化导为先；一主于惩恶，以禁诘④为重。名虽分而实则同也。约束一乡以有物有则⑤，保护各甲以无灾无害。总欲尔民迁善远罪，趋吉避凶，岂二道哉！有子谓：为人孝弟，则无犯上作乱⑥。孟子谓：逸居无教，近于禽兽⑦。又檃括⑧于

■ **释义**

①申饬：告诫。
②醇和：淳朴和谐。
③宁谧：安宁静谧。
④禁诘：禁止并盘查。
⑤有物有则：凡事物皆有其法则。
⑥有子谓：为人孝弟，则无犯上作乱：孔子的学生，姓有，名若。语见（魏）何晏集解，（唐）陆德明音义，（宋）邢昺疏《论语注疏》卷1。
⑦逸居无教，近于禽兽：语见（汉）赵岐注，（宋）孙奭音义并疏《孟子注疏》卷五下。
⑧檃（yǐn）括：又作"隐括"。矫正弯曲的竹木或邪曲的器具。这里指以《周礼》比闾族党之义为标准纠正人们的行为。

《周礼》比闾族党之义①。谓：出入相友，守望相助②。此可见乡约、保甲之教民，原互相为益，所以重人道，而不坠于禽兽也。孝弟忠信礼义廉耻，人道之纲维③，忤逆斗很（狠）奸盗诈伪，禽兽之举动。人谁肯陷于禽兽而不为人乎……讲乡约，可以跻仁寿④而咏太平矣。乃认真勤讲者能有几人。或仍视乡约为具文，未尝识官民之共赖；抑且视保甲为故套⑤，未尝揆经纬之相兼⑥。逢朔望，一讲乡约，宣三两条，而即回衙矣。见上司一严保甲，紧两三次，而似结案矣。如此而欲反薄归厚，弭盗息民，又安可得乎？

夫乡约讲之而勿闲，保甲严之而勿怠⑦，民自然孝弟忠信，

■ 释义

①这句的意思是说，孟子的话取法于《周礼》论述比闾族党之义。比闾族党，语见（汉）郑玄注，（唐）陆德明音义、贾公彦疏《周礼注疏》卷十五。

②出入相友，守望相助：守望，看守瞭望。不管在什么时候，要像朋友一样，相互友好，相互帮助。体现了人与人之间的团结互助精神。语见（汉）赵岐注，（宋）孙奭音义并疏《孟子注疏》卷五上。

③纲维：犹纲领。

④跻仁寿：跻，达到。意指提升个人的精神状态和健康状态。

⑤故套：陈规，老一套。

⑥揆经纬之相兼：揆，度，揣测；经纬，规范，准则；相兼，合并，相同。谓考量原则是相同的。

⑦怠：懒惰，轻慢。

礼义廉耻，同声而相应，众志而成城，决无忤逆斗很（狠）奸盗诈伪诸恶。若犹有之，是乡约不曾实讲，保甲不曾严行之咎①也。有司不实讲乡约，不严行保甲，非惟误民，并以误己。盖民犯法者多，则民不安，官亦不安。虽催科可纪，听讼可观，全无拔本澄源②之术。何以腼③居人上，独不思保民五事，专责成于教养。乡约保甲乃教养大端，而顾以等闲④视之乎？上谕⑤条条是乡约化民，条条是保甲安民。人但知联保甲，诚窝逃，禁非为，就中有保甲三项，孰知自家庭、宗族以及乡党，自礼让、勤俭以及弥讼急公，皆化民以乡约，而即安民以保甲也。倘有一条之或背，甲何以保，乡何以约？闾阎多戾⑥，教养有乖⑦，殊负圣天子是训是行之意，服官者咎将谁诿⑧？能不悚惶⑨！

■释义

①咎：过失，罪过。
②拔本澄源：拔本，拔除根本；澄源，澄清源头。比喻从根本上解决问题。
③腼：害羞，不自然。
④等闲：寻常，平常，随便。
⑤上谕：指康熙帝颁发的"圣谕十六条"。
⑥戾：暴恶，违逆。
⑦乖：反常，谬误，不顺利。
⑧诿：推托。
⑨悚惶：亦作"惶悚"，犹惶恐。

本都院①猥②以凉德③，叨抚是邦④。惟与总督部院⑤夙夜在公，兢以风俗淳漓⑥、地方安危为念。今将所撰《十六条衍义歌诗》刊行颁发，合行出示晓谕⑦。为此示仰阖属⑧官吏军民人等知悉，嗣后务必实讲乡约，严行保甲。所有条规酌定⑨，一一开列于后。

——清查烟户⑩，始可以布乡约之规矩，立保甲之根基，且可以预备荒年之散赈，此欲修教养者之先务也。若烟户不清，则盈虚难辨，多寡难凭，善恶难察。每见各处乡风，惟恐官府知丁口之实数，全以虚应故事⑪，何谓清查。今后该府州县，于本都院

■ 释义

①都院：官署名，都察院的简称，为清朝监察机构。

②猥：谦辞，犹言"辱"。

③凉德：薄德，此处为自谦之词。

④叨抚是邦：叨抚，受任安抚；邦，这里泛指地方。犹言受任安抚此地。当时张伯行任福建巡抚一职。

⑤总督部院：总督，清朝地方最高军政长官，辖一省或两三省；部院，清朝各省巡抚多兼兵部侍郎和都察院右副都御史衔，故称巡抚为都院。

⑥淳漓（lí）：淳，朴实，敦厚；漓，浮薄，轻薄。指风俗的淳厚与轻薄。

⑦出示晓谕：张贴告示告知，使知晓。

⑧阖属：阖，全。全境下属。

⑨条规酌定：斟酌规定的条例。

⑩烟户：人户。

⑪虚应故事：故事，旧日的事例。照例应付，敷衍了事。指用敷衍的态度对待工作。

文到之日，即行知城内城外及各乡都①，务必据实造册。册内每户下，注明多少人，多少年纪，各人业某件②。年过六十以上者，注"老"字。年十五以内者，注"幼"字。孤寡病废者，注"孤""寡""病""废"字。如系文武衙门服役者，即注明某衙役字。如系无生业者，即注明无生业。如系出外，即注明是往某处做某项生活。内有久久出门，不知好歹下落者，亦要注明。如有驾船生理③，要载明是驾某样船，或是受人雇撑，或是自己有船。俱要一一分明。其城内府④以府衙门为中央，州县以州县衙门为中央，分为东西南北，造册四大本，外⑤每都造册一大本。近者限三日交册，远者限五日交册。册到，印官⑥同典史⑦按册亲点，先从衙门前东而南西而北，然后出城近郊处所，亦以东南西北为

■ 释义

①乡都：宋元时代县下分乡，乡下分都，并称"乡都"。此泛指乡村地区。

②业某件：指以某事为业。

③驾船生理：以驾船为生业。

④府：指府城。

⑤外：指城外。

⑥印官：明清制度，从布政使到知州、知县等各级地方官皆用正方印，故称"正印官"或"印官"。其他临时差委以及非正规系统官员，则用长方印。

⑦典史：主管官员。为知县下掌管缉捕、监狱的属官。如无县丞、主簿，则典史兼领其职。

次第，按册点过。决不可惮①劳厌烦，须十分精明，恐衙役与地方串同欺隐，点前檐而遗后面之居民，点大街而遗小巷之人户，以至有名无实。

各都分东乡多少都，西乡多少都，南乡北乡各多少都。印官不暇遍及，姑委佐贰杂职廉能之员，或教官之朴实清健②而晓事者，分乡而往。各持原册，逐户质对，必要十分清楚，毋令遗漏。立刻传其十家内之有在家者见面，看其略老成持重九家共推者，点一人为甲长。如此则一以杜旁人报充之害，一以绝本人贿免③之费，共睹无私矣。但又有四种人难与以保甲之任，一衙役无论大小各有伺候职掌，不能重役。一富翁锱铢守己④，怕人呼唤，不可点充。一童生要读书教读，一医生要治病救人，俱无闲暇。除此之外，略老成持重之人，斯可为之。

如乡下有零星小村，或七八家或三五家，只得牵合于其稍近处，编为一甲。不能成一甲者，又邻甲不愿其附编，则急须询问其故。如邻甲应答吞吐，光景跷蹊⑤，则即以红笔注明此数家可

■ 释义

①惮：怕，畏惧。
②清健：清廉强健。
③贿免：行贿以求脱免。
④锱铢守己：守护自家的小利。
⑤光景跷蹊：光景，状况，情景；跷蹊，奇怪，可疑。情景可疑。

疑云云，即勒令写联名花押①，互结一张结内，称为遵法互结②事。某等住居某处，孤村寂寞，邻佑见疑，情愿互相提醒，日夜谨慎，断不敢窝盗窝赌及一切非为。如有违犯，听地方保甲擒解③究治云云。有如此互结存案，则可以附编甲后，名曰互结零户矣。

又凡所到各村坊，要查有几个蒙馆④、经馆，此地方盛衰贤愚之所关。所谓师道立，则善人多。其师系何处人，或系某学生员，或系考童生，或系惯训塾⑤得善士，皆为可敬。须另开载详细，以便托其讲约于乡也。又要查村坊中有才力能干而心事忠厚者几人，有从未办事公门，守分在家，年高德劭⑥，耳聪目明，粗通句读者几人，俱一一登记。

该员须单骑减从⑦，丝毫勿取民间。眼明心正，气静语详，毋得昏庸颠倒，躁急简略，图小利而误功名。本都院即以清查烟

■释义

①联名花押：花押，在公文上签名。指相关人员联合签名。
②互结：互相具结证明。
③擒解：擒拿解送官府。
④蒙馆：旧时对儿童进行启蒙教育的书馆。
⑤惯训塾：私家办的教育儿童的馆塾。
⑥年高德劭：劭，美好。年纪大品德好。
⑦单骑减从：一人一马，减少随从人员。

户之尽职，验该员器使①之可嘉，勉之，勉之。

——乡约长专以奉行乡约，化导乡邻。无拘贫富，但取年高德劭耳聪目明，通句读而从未办事公门，守分在家者，方可当之。即以为木铎老人也。每州县城内东西南北四坊点四人，城外东西南北点四人，每乡每都点二人。此乃时常讲约之人。在城郭则各随官员讲处，摇木铎以为倡率。在乡都，则二约长各轮于所近之村，朔望自讲乡约。择庙观寺院或众家大厅之类，上设圣谕牌，乡约长率众礼拜毕，自己振铎开讲。恐无精神，仍邀切近馆师之高明者为讲师，以代其劳，率子弟歌诗。此时乡约长见有司，行长揖礼②，有司优待，以起乡邻之敬。一切迎送、干办③、拘提④、奔走，概不相涉，当明叙此意于委牌⑤，以崇其礼，以安其心。

至于保长统甲长，以奉以保甲者也，全然有地方之责，必才力能干，然后可以办公事；必心地忠厚，然后可以免害人。大率

■ **释义**

①器使：量材使用。
②长揖礼：拱手高举，自上而下地向人行礼。
③干办：经办，办理。
④拘提：出拘票传讯。
⑤委牌：委，给，交付；牌，古代一种下行公文的名称。指下发相关公文的基层官吏或头目。

十甲为一保，今恐人才难得，若用非其人，徒多民害，务须精选得当。如城内四坊每坊姑点二人，县城内四坊每坊点一人，城外四坊大率以三五里为止，宜另点一二人以管其一坊。至于各乡都，则以村坊大小论。大村有数十甲者，则就大族中点一人，或其村不止一大族，难相上下，则各点一人，其余中村兼小村毗近①，可闻锣铳之声者，每数十甲点一人或二人。盖甲长必须十家为一甲，不可增减，为其易于稽查耳。若保长乃统理各甲之人，故以一人而统十余甲可也。以一人而统数十甲，亦无不可，惟以村烟相近，不致窵②隔者为定准。所有城乡诸保长，一经点定，要算明每人分统多少甲数，该管下系某甲长某人，一一确载委牌，毋分得不妥，载得不确。庶几奉行者有据。须谕令速递③、承管④，必以委牌传示，该管各甲长取其各花押⑤于承管之中。盖甲长人多，不须另递，承管只在该保长开列纸上，取有花押即是矣。如是日甲长他出，可令其家代为花押，毋耽阁⑥。保长承管

■ 释义

①毗近：接连。

②窵（diào）：深远，遥远。

③速递：快速递运的人。

④承管：承接管理人员。

⑤花押：旧时公文契约上的草书签名。这里指有签名的公文。

⑥耽阁：同"耽搁"，耽误。

之期，既有承管存案，则此保长之所统，不涉于彼，如各处分派明白，既无推卸之弊，亦省波累①之繁矣。该州县仍优礼而严谕之，不许经承需索使费②。则乡约保甲皆有奉行之人，如臂之使指矣。

——府州县讲乡约，仍用朔望。但常例只讲一处，如初一东门，十五南门，再一月然讲轮到西、北门。即使认真去讲犹觉疏阔③，而况仅存故套④乎？今后朔望宜四门分讲，每府则府厅与附郭令分四门。或缺员则预先于幕职、教职中择能者分任之，如州县则印官讲一方，其三方择读书佐贰及教职之精明者分任之。大率在城内者东西南北各官分讲，在城外者东西南北令乡约分讲，慎勿惮烦。若人烟寂寞之城内外，屈指皆稀，则讲所多寡，随地变通，但以聚集处为主。

凡届讲期，俱于辰时⑤临讲所，拜牌⑥。礼毕，如仪开讲，午

■ 释义

①波累：牵连，连累。

②不许经承需索使费：意为不允许经办人向下属或民户索取办事费用。

③疏阔：粗略，不周密。

④故套：陈规，俗套。

⑤辰时：中国古代计时法，指上午七时至九时。又叫"辰刻"。

⑥拜牌：向书写有皇帝诏谕的牌子行拜礼。

后方散。毋得吃烟①谈笑，视若戏场。毋得潦草慌忙，厌其拘束。乃见臣子奉君父之恭，乃见父母教子孙之切尔。百姓听讲的，亦须早来，许环绕相近，易于听闻，不许说话喧哗，违者拿责②。此讲约化民，正是与民相亲，非如坐堂之必整肃也。若听者寥寥，是保甲长不预先知会③，分别记过一次。有司总要把乡约做第一件事，讲成尽美尽善，而保甲亦自然严矣。

——讲约向来多用庵堂寺观内，恐深僻无人来听。今后城内城外，俱要捡相近人家之祠宇略宽展处，搭一阔台。台上用两张桌子，一张安奉圣谕牌，一张留中间。讲约东边，讲师一人、歌童一人；西边，讲师一人、歌童一人，各放衍义④一本，便于逐条轮讲，免力倦而声不扬也。讲师、歌童与木铎老人俱准坐。将登台时候，着一役于台下连敲大锣几声。登台礼毕，该役击讲鼓三通。乡约长站住，摇木铎，用官语朗呼一句："大家肃静，听讲乡约！"

每条开讲，即摇木铎，讲的用官语着力念一句。如讲首条，

■ 释义

①吃烟：抽烟。
②拿责：捉拿责问。
③知会：通知。
④衍义：推演意义，犹今讲义稿。

即照依原本念，第一条是，云云。每讲完一条，讲的用官语大呼："童子歌诗！"歌完，老人摇木铎，讲的又用官语着力念一句。如讲第二条，即照依原本念，第二条是，云云。其余凡讲各条、歌各条，俱如此式样。所讲所歌，只用土音①，以便众人通晓也。要咋真字眼②，高声从容。莫丢一句，莫混一字。官员另带一本在手细玩③，察其有无遗漏。但闽地土音难识④，须各于讲所就近，请二三贤绅衿陪坐，乃可识之。若识出彼之懒惰遗漏者，押令改过，决不可默默完事也。讲毕十六条，官员要丁宁乡约长及讲师、歌童，归去将此衍义本子，大家钞送，融洽⑤于心，使地方无犯法之人，无兴讼之端，乃见化导。并要严饬保长甲长，懔遵⑥保甲规条，毋疏毋怠⑦。又或讲时，看听讲诸人中另有一二庞眉皓发⑧、气象淳朴者，即遣役问其何处。如系附近良民，不聋耳者，即传进前问话。将彼地大事，采其是非之公，亦是一

■ 释义

①土音：方言。
②咋（zé）真字眼：咋，咬住。念准字眼。
③细玩：仔细玩味，细细体味。
④本文是作者针对福建人讲的，故这样说。
⑤融洽：相合无间。
⑥懔遵：犹谨遵。
⑦毋疏毋怠：不要疏忽怠慢。
⑧庞眉皓发：庞，杂色；皓，洁白。眉发花白，形容老人相貌。

法。此则官员临讲，确尽一日之长，非复如从前之匆匆点缀矣。

——乡约长、保长、甲长虽非官职，亦要重其约束之权。如九家必听甲长，甲长言公而甲内不听，则投明邻甲以公论责之。不听，则投明保长。再不听，许保长转禀拘究①。如甲长必听保长，保长言公而甲长不听，则投明乡约长以公论责之。不听，许乡约长据实转禀拘究。决不容开此挠抗②之渐，以致保甲有掣肘③之患也。

至于乡约长齿德俱尊④，保长与甲长当率后生恭敬。敢有悔慢，查出重惩。尔等约长、保长，既受选择委任，自己越要十分琢磨着，实做好人，行好事，不可恃权自便。念念至公，事事至正，莫图利莫贪杯，莫尚气莫偏袒私亲，莫记詈旧隙⑤。

凡印官词状有批发乡长、保长处息者，务须造门婉说，然后于公所毅然剖晰。劝其不是者认些不是，负荆请过⑥。又劝其有理者包涵些，莫十分较量。次日，保长具呈回复存案。又或乡中

■释义

① 拘究：拘留审查。
② 挠抗：阻挠抗拒。
③ 掣肘：拉着胳膊，比喻从旁牵制，干扰工作。
④ 齿德俱尊：年龄和品德都很高。
⑤ 记詈（lì）旧隙：詈，责骂。记着责骂和旧怨。
⑥ 负荆请过：负，背着；荆，荆条。背着荆条向人请过赔不是。

有大小事绪结构，犹未经官者，闻知即竭力劝息，俾其言归于好，免致成讼。是化有事为无事，一大阴德。总之，能为他人脱苦海，即是自己种福田也。甲长要与甲内如一家，保长尤要与各保如一体，与约长如一脉，还要把别保别都情谊相联，才是和乡党之头目，才是联保甲之领袖。

如该管地方，一年无有违乡约保甲规条者，该印官将乡约长、保长登名纪善簿。二年无违者，登名旌善厅。三年无违犯者，足征化导维持之功，印官给扁（匾）旌奖。万一多违条犯法之辈，讼词踵至，命盗频闻，该印官将保长注纪恶簿，俟另有后效，准销纪恶。如保长见事风声，勾役科敛，保甲废弛，纳垢藏污，应分别重轻枷责。究拟另选贤能以代之。至于乡约长或始勤终怠，同流合污，不讲约以化人，不秉公而劝善，仍注纪恶簿摈斥，重则罚银四两备赈。是自损其年高有德之名，伊可叹矣。本都院与人为善，愿闻鹰化为鸠①，不愿闻橘化为枳②也。（中略）

——恤穷民。凡十家内必有穷苦民人不能度日者，是不可以

■ 释义

①鹰化为鸠：鸠，鸽子一类的鸟。老鹰变成了鸠鸟，比喻凶恶的变成了善良的。

②橘化为枳：比喻好的变成了坏的。

不恤也。除年力精强懒惰自弃，理应厉言教导，俾其习艺佣工，自食其力，不当在周急之例。此外，有真正老病及孤儿寡妇稚弱啼饥者，保长将所管甲内查确，另具一呈，报明印官，即量给钱米养赡①。毋使坐而待毙，竟填沟壑，德莫大焉。有司肯节减寻常之浪费，移彼就此，亦何难于化裁施济②乎？且如此行之，绅衿富民或闻风感动，必有踵事而增华③者矣。（中略）

——禁鱼肉富翁。富是一方元气，惟贪囊④所积与夫公门所赚⑤，未必尽皆仁义之财。此外富民，无论大小，原皆经营劳苦之所致。乡约保甲中，巴不得多有几个这样人。即使彼不慷慨，到底急事可以求他借，公事可以化他帮，善事可以劝他助。若个个皆穷，从何说起。自来财出涩家⑥，吝啬本其常道。人苦苦嫌富，怨吝，独不设身处地想一想，若无故松手轻财，安得有丰足

■释义

①养赡：赡养，供给生活所需。

②化裁施济：化裁，谓随事物变化而相裁节。这里指教化裁节，给予周济。

③踵事而增华：踵，追随，继续。继续前人的事业，并使更加完善美好。

④贪囊：贪污所得的私囊。

⑤公门所赚：因办公事所得的钱财。

⑥涩家：吝啬之家。

之日。贫者，士之常，固不可厌。但素封①子弟不能治生而逾闲荡检②，以致家业毁败零落无籍③者，视彼艰难创造，恒产顿兴④。其不有贤愚良贱之殊乎？嗣后，有司不许因事苛索，地方不许生端⑤陷害。若彼果自犯法，则有应得之告，应得之罪，夫复何辞。然乡约长、保甲长诸人，还要为彼调停，责其不是而止其告者，毋使入于罪罟⑥。这才是保全富翁。敢有以他人事牵告者，地方官须秉公开释，罪及原告讼师⑦。

有等恶俗，凡买卖田宅、阴地⑧，契价⑨清白，事后生心，局骗买主。不曰挟谋鲸吞⑩，即曰债利滚算⑪。告者欲肆其诈骗，准

■ 释义

①素封：无官爵封邑但富比封君的人。

②逾闲荡检：逾、荡，超越；闲、检，指规矩，法度。形容行为放荡，不守礼法。

③零落无籍：零落，流落；无籍，亦作"无藉"。指无赖汉。指流落为无赖汉。

④恒产顿兴：恒产，指田地房屋等比较固定的产业；顿，立刻，一下子。不动产立马兴盛起来。

⑤生端：引起事端。

⑥罪罟（gǔ）：罟，网。指罪网。

⑦讼师：旧时以替打官司的人出主意、写状纸为职业的人。

⑧阴地：坟地。

⑨契价：契约上写的地价。

⑩挟谋鲸吞：挟，倚仗，依恃。倚仗阴谋吞占。

⑪滚算：谓利上加利地计算。

者亦恣其贪渔。又有两种奸恶，一则负称贷①，而取讨生嗔②，告富翁以私开当铺。一则妒多藏，而倡骤获首富翁以私开古窖③。此皆绝灭天理，贤有司所当严惩，乡约保甲长所宜预遏④也。本都院一尘不染，而热肠保全富翁。汝等有身家者，越要着实做好人，孝亲敬长。不比寻常睦族和邻，独敦情谊，尽自己力量，能为处有十分资斧⑤，便要把三四分行些好事。除写僧道缘簿⑥，绝无功德。凡助婚嫁、助丧葬、施茶药、修桥路、赈饥荒、恤孤寡，或随分独任⑦，或会有力亲朋结一积善会，岁岁行之，久而勿倦。既可以答天地富己之恩，又可以增延福寿，培子孙无限之余庆⑧。即赞襄乡约保甲略肯捐资也，是益于自己，有利有名，倘或所行相反，如养亲菲薄，伦理乖离⑨，与夫用假银，用私钱⑩，

■ 释义

①负称贷：负，欠；称贷，告贷，向人借钱。谓借钱欠账。
②取讨生嗔：生嗔，生气，发怒。见债主来讨债时就生气或发怒。
③古窖：古时的窖藏。
④预遏：预先阻止。
⑤资斧：财货。
⑥除写僧道缘簿：除，不计算在内。这句意为写僧道缘簿不算在行好事之内。
⑦随分独任：本应由大家缴的份子钱由他一人承担了。
⑧余庆：留存的福祉，留给子孙后代的德泽。
⑨乖离：背离，分离。
⑩私钱：私人印造的纸钱。

斗秤大进小出，放债不依每两三分之月息，而八借九借①，月息重至四五分，又利上起利，磊算②坑贫，是为富不仁，鬼神降祸，官府加刑。明系汝不自保全，而甘坠于罪罟矣。

——严禁赌博。赌博乃不肖者之所为。光棍引诱良家子弟堕落，其中如吃迷魂丹③，赢者喜，输者亦喜。以致富者易穷，穷者为诈伪盗贼，无所不至，皆赌博之所致也。打马吊④，打纸牌，俱是一流人物废时失事，伤财败俗，所当与赌博同禁者。今后地方官不时查缉痛惩。乡约长、保甲长仍常常提撕儆觉⑤，不许如前赌博等项，自陷于匪类，亡身败家而不知也。至于街市跌钱⑥，乃赌博之渐，保甲长务须禁缉，违者禀捕官责治外，如着棋，打双陆⑦，亦懒惰之一端也。老成人要教后生，一味做正事，乐业，切勿惯成闲趣⑧。（中略）

■ 释义

①八借九借：借出八分或九分，按借出十分收利钱。

②磊算：多算。

③迷魂丹：使人迷惑的药品。

④马吊：古代一种博戏。因合四十叶纸牌而成，故又称"叶子戏"。

⑤提撕儆觉：提撕，提携，教导，提醒；儆，古同"警"。谓提醒警觉。

⑥街市跌钱：街市，市区；跌钱，掷钱以卜吉凶、赌输赢。谓在市区参加掷钱赌输赢的活动。

⑦双陆：亦称"双鹿"。古代一种博戏。

⑧惯成闲趣：惯成，养成；闲趣，闲适的情趣。养成闲适的情趣。

——禁溺女。溺女^①人不知其恶，习以为常耳。女与男一样，古来有多少孝敬、贤节^②，光显前人的。有福气更复出其余力，可以维持母家兄弟子侄的。乃出世不欲生，全是何意见？一则父母图生子，怕她吃乳耽搁；一则穷人多浅见，怕难衣食经营。岂知杀女者，自逆天和，当有绝嗣之报。留女者，分匀饥饱，未必有饿殍^③之时。富翁或有女而厌多，又或虑他日奁资。岂知自然之生育多寡，何堪喜怒。及时而遣嫁，荆布可以于归。奈何昧父母爱子之心，伤天地好生之德，才离母腹，遂尔毙命乎？嗣后，贫富生女一概要养。敢有溺者，许左右邻与甲长保长等出首，治以故杀子孙之律。富者罚谷二十石，以存本地备赈。邻甲不许徇纵。万一赤贫，不能养活，通知保长，禀印官报送育婴堂^④可也。你们要想，女可溺，则盗贼亦可做，盗贼只是忍心害理，此惨毒岂有异乎？毋谓与保甲乡约不相干涉。

——禁僭逾^⑤奢侈之积习。此二者相因。僭逾则必奢侈，奢侈则必僭逾。有资而能挥洒者既纷纷做样于前，无资而好驰骋者

■ **释义**

①溺女：将刚生下的女婴投入水中淹死。

②贤节：贤惠贞节。

③饿殍（piǎo）：殍，饿死，饿死的人。指饿死人。

④育婴堂：旧时收养弃婴的机构。

⑤僭逾：非分超越。

亦勉强效颦于后。当辗转可图，每举行而快畅。迨撑持不住，渐坐困以艰难。及身有债负之追，而赋役又偏逋欠，子孙有饥寒之患，而恒产先未贻谋①。奈何不俭以养廉，留有余不尽于将来乎？嗣后，士民庆贺生辰，只可设食。宴会非乡宦及年高有德者，毋得制锦屏②、演戏。丧礼追荐虚无③，断然勿用。亲朋送殡尽情，原是相恤，毋得滥犒多舆。题主④即请亲朋，毋得请见任官员，伤财无益。婚嫁例有定数，女家不得过费妆奁，摆迎炫耀。在女婿未尝有实惠之沾，在乡居或反有引贼之苦累。肯以财与女，何妨给银，俾得成家立业，不当以外象艳之。男家算计延宾，毋得饕餮酒餚⑤，闹新房而混男女。屋厅只可粉漆，毋得雕镂榱桷⑥，

■ 释义

①贻谋：指父祖对子孙的训诲。

②锦屏：锦绣的屏风。

③追荐虚无：追荐，请僧道诵经，超度死者；虚无，虚幻不实。超度亡灵是虚幻不实的事情。

④题主：旧丧礼，人死后要立神主，先用墨笔写作"某某之神王"，然后在出殡前请有名望的人用朱笔在"王"字上加点成为"主"字，谓之题主。亦称"点主"。

⑤饕餮酒餚：饕餮，传说中的一种贪婪的怪物，这里指贪食者；酒餚，酒食。指贪婪酒食。

⑥榱（cuī）桷（jué）：屋椽。

擅用金朱①。平常旌奖扁（匾）额，毋得擅用金字。吉凶酒席，只以五簋②、八簋为率，毋得滥至十六簋、二十簋。服饰只用光素布帛及纱缎绸花的，毋得谬效官绅，穿戴银灰鼠貂帽，狐裘蟒袜团龙纱缎之类。违者以僭制论。此则律有明条，慎无习而不察也。如囊中实厚③，何不养亲教子，多费数金睦族和邻，广行万善，以自求多福。岂肯于没着落处④，糜有限金钱，而犯奢侈僭逾之咎哉。

乡约长宜间常开导，尤望秉礼搢绅以节俭为士民之倡，庶几积习可移。（中略）

——古来州县门东西有旌善申明亭，设二老人以佐理政事。后虽未用其人，而二亭犹复修造，与尔俸尔禄之石碑，亘古今而不磨也。此亭一以彰善。有善必书，使见者知所欣慕，知所趋向。一以瘅恶⑤。有恶必书，使见者知所羞惭，知所戒惧。奈有司沿习簿书，罕兴德教。即间有善政，不为长久提撕之道。而所

■ 释义

①金朱：黄金和红漆。古代金漆用于装饰建筑物是有等级规定的，不能擅自使用。

②簋（guǐ）：古代盛食物器具，圆口，有双耳。

③囊中实厚：指有钱，富裕。

④没着落处：指没有目标。

⑤瘅（dàn）恶：憎恨坏人坏事。

谓彰瘅者杳然矣。

惟冀贤有司仰体圣训，化民成俗，应将二亭俱照旧悬挂空白横阔粉扁（匾）一面。凡民间有新善行，开载在纪善簿，及别经访闻，如孝弟、救急难、助婚丧、解纷、息讼、化盗为良、赈饥、施药、修桥路、施棺木、葬无主之骸、拾遗金而不取，真实无虚者，题名旌善亭扁（匾）上。凡民间有新恶行，开载在纪恶簿，及曾经审实惩创，如不孝不弟、殴骂尊长、乱伦兽行，及一切奸盗诈伪、赌博、宰牛、做状唆讼、歃结凶拳①者，列名申明亭扁（匾）上。每名下俱各注明，一目了然。亭门仍各做栅栏，使过往者可望而不可入。所以防小人擦去丑名也。

旌善亭门刻一联：

思光前裕后，由于少而积于多，永垂懿范；

怕有始无终，出乎此而入乎彼，辜负嘉名。

申明亭门刻一联：

试看真恶人，留此现毕生之丑；

能行大善事，准他洗前日之愆。

亦聊以补谕民歌②之所不及耳。两亭各印簿一本，付承发房

■ 释义

①歃（shà）结凶拳：歃，饮。指饮血结为凶党。
②谕民歌：劝谕百姓的歌谣。

一一登记，以备上司吊查，照式缮就。惟恶人自列后改行，确有征验[①]，必父兄叔伯交口称其如何孝弟，地方交口称其如何去邪归正、返朴还淳。至三年满，当于扁名下注改行。直至六年无犯，始除去其名。如三年内，有一二善事可据者，则三年即除去恶名，将功赎罪，还不能就登旌善亭。如有一二件非常大善，可当数善可盖前恶者，三年之内易申明而登旌善矣。惟乱伦兽行之犯人，虽后有非常之大善，止许除申明亭名字，不得登旌善之扁（匾）。恐善人耻于为伍也。如所记善者忽有恶行，小恶免入申明，为其有善在前也。大恶则难免申明，仍不销去旌善名字。所谓善善长，而恶恶短也。然世俗喜扬恶，而少扬善。善人受旌，必有小人忌而谤之者，不可遽[②]信其有恶。而恶人之受申明，又必央情求释，宜亟拒之。盖免责犹可，免申明则不可也。只此彰善瘅恶之微权，欲以风动黎庶，而肯不彻底力行圆融[③]，中止乎？敢有把持，致碍风教，许申详严究。二亭彰瘅，固与乡约相维持，万不可缺。但有司须以修己，端身教之原，然后论定者可信。

释义

①征验：证据，考察属实。
②遽（jù）：急，仓促，就。
③圆融：圆满融通。

——城乡讲约，俱各有讲师、歌童，必要素行无恶，居址近于约所者为之。其讲师用老成童生①，见在居馆，善于讲书，故称为讲师，以美其名。歌童用二十以内之童子，文理大通、声音嘹亮者。先期常将衍义歌诗一一看得滚熟，庶几临讲约之场，讲者易讲，歌者易歌耳。礼房存记名字，每届岁科府州县考试②，准录名③以表酬劳之意。每所只有讲师二人，歌童二人。此外尚有大小坊村书馆④之师未赴约会者，当各领一部，遇闲暇日勤讲。凡书馆，四邻听者咸集，奚止开导学生，实能提醒多人，阴德大矣。如系应考童生⑤，一体准该县录名。如系训塾⑥平民肯竭力讲约，该印官岁终另给岁炭资三百文示奖。不论在会与不在会，总与。凡讲师歌童各载纪善簿首卷。惟不会者，略间开一页，以便考查。此皆为善者之倡率，不可遗也。

■ 释义

①童生：未考取秀才的读书人。
②每届岁科府州县考试：清代学政每年对所属府州县生员、廪生举行的考试，分别优劣，酌定赏罚。
③准录名：准许录入合格名单。
④坊村书馆：城乡坊、村所办的初级学馆。
⑤应考童生：清代府州县学须经过考试合格者，才能按名额录取为生员（又叫秀才），应考童生是指准备参加入学考试的人。
⑥训塾：训蒙的学塾。

——簿册俱要整肃，毋得参差互异，潦草不精。如烟户册是其根也。城乡具各已点清^①，保甲长、乡约长俱已设定，即令经承^②检叙。城内城外及都散册，各册先开乡约长某某系某处某甲人，此乡约长专主讲约化导，不分保数。是为一方总设者，即写在一坊之前。是为一都总设者，即写在一都之前。次开第一个保长某某系某处某甲人，今管多少甲。即将彼所管之一甲写起，每甲以甲长向前^③，然后开出九家，十家平列各名字。底下俱要空得多，细细注各等人年貌生业，平日去向及伊一家老少名字生业，并妇眷某氏。甲甲俱照如此写。总写完这一个保长管下的，又起手写第二个保长某某系某处某甲人，今管多少甲，即将彼所管之一甲写起，每甲以甲长向前，然后开出九家，悉照前式。凡约长保长自己所居之家，亦要开列其名，方不虚此一家。底下注"今为约长""今为保长"，仍注年貌老少等项，勿遗。

城外东西南北四坊，城内东西南北四坊，俱每坊编造一卷，

■ 释义

①点清：查点清楚。

②经承：本为清代部院役吏（还有供事、儒士，共三类）的一类，这里泛指役吏。

③向前：写在前面。

四乡每都①编造一卷。每卷俱先开乡约长，次开保长，然后开各甲如前所云云。凡各保长所管各甲，开完或有僧道居址，即接连矮写一派②，云外有某庵堂寺观庙宇，有几人住，系某处分来住此，姓某、名某、师某、徒某，今附保长某人所管。如此开出，庶无疏漏。各卷尾总一数目，写上实共多少烟户。又略离数行，将未编入保甲绅衿③亦载一笔备览。写"今将乡绅、举贡、监生员住家坊都内者，各烟户开列于后"，每家要开列有同居老少几人，业某项，家仆几人名姓，佣工几人名姓。各卷共装订一大本存案。另报院司道、府总捕厅各一本，限每年十月报缴一次。此则上下有烟户册，易查矣。

各保长家，要照式自造存册，送官钤印，以为长久底本。其册专写明自己所管及或带管僧道所居的，以便知所责成，彼此不混。如所管人户有分析④者，有移往某处者，有死亡倒灶者，又有别处新移来者，年貌生业籍贯，甲长俱报知保长，注明原甲，销虚补实。每岁十月中，各造册一本，报明印官验讫。着经承查

■ 释义

①都：此为乡下基层单位名。
②矮写一派：一派，一类。谓另类单列在后。
③绅衿：即缙绅，又作搢绅。古代指有官职或做过官的人。
④分析：分家析户。

各册所载者，注入存案册内，以便照造申报。此则官民有烟户册，易对矣。（中略）

又设纪善、纪恶、纪和、纪改四样簿，应着城内东西南北四坊乡约长，城外东西南北四坊乡约长及各乡每都两乡约长，每人自买坚固厚好格册四本，请印，常时于分讲乡约之处，在稠人广众中，问有能孝弟及轻财重义、助婚嫁、救急难、施棺木、修桥路、赈饥、施药、解纷、息讼、化盗为良、收路旁之字纸、葬无主之枯骸、拾遗金而不取，这样好事，要登纪善簿。问有不孝不弟、殴骂尊长、乱伦兽行及一切奸盗诈伪、赌博、宰牛、做状唆讼、结盟打拳、造言讲坏、闺门私粘匿名谤帖。这样歪事，要登纪恶簿。又问往日或有那些今日能改，要登记改簿。这总是官府要人迁善远罪，大家从直说来，好歹俱要公言。如有言者，讲师代笔，用常纸写一草簿。讲完之时，乡约长带归。每讲俱如此，积至十月半。乡约长同各保长总会，将草簿订妥，然后写入印簿报缴。

至于纪和簿，或是奉批处释的，或是未告当为调剂的，自岁首以至岁尾，遇有忿激①便当劝和。矢天矢日②，不可徇私取利，曲直了然，二比①相欢无怨。计一岁所和者几件，明叙其节略②于簿上，此则所谓纪和也。各簿尾俱写本约长，次写保长，各各花押。此则民间善恶之大小，和事之公私，印官得以按簿而知其概矣。各簿十月缴到，随即印换③。而旧簿存房，以备吊阅。并须严饬经承，不许借造册印簿名色，需索使费。违者，访拿重究。

——乡约保长每月朔望讲会，悉依各条丁宁儆戒④。今添设大会二次，一取正月初十，一取十一月初十，皆闲暇易于欢聚也。是日城内外乡约保长合为一大会，各都拣其近界，呼吸易通或两三都或三四都，择一适中之公所。先期知会每人，自备饮食，较议⑤乡约保甲事宜，订以各自清楚，互相接应。万一有事，传知临界，毋分彼此。或各人奉行，有刚柔疏密之不齐，全要过失相规。又或本保甲内，自己有失察之歹人，而邻保知之者，若知攻出则酿祸又深。无妨公众促膝直吐姓名，方见相助为理之妙，切勿怕事逡巡⑥。上有官法，下有众志，彼歹人安能肆害言

■ 释义

①二比：比，皆，都。双方都。
②节略：概要，节要。
③印换：旧簿盖印保存，换取新簿。
④儆戒：警戒，戒备。
⑤较议：评论驳议。
⑥逡巡：迟疑不敢向前的样子。

公的？况会上议到隐微处，原是寂寂深谈①，不许会外听闻。会中传播，才是情同唇齿。本保长回去该甲内，邀集那十家申饬，只泛言时日大会有说你甲内有歹人者。人言可畏，官法如雷。保长与甲长责任所关，不得不预先说破。要十分防闲，要十分改变。万一不然，岂止本人要捆解②受刑，即邻佑八家与保长甲长刑也。难当保长。如此提醒，或亦可敛戢③，化盗为良。倘言之不悛④，事发擒解宜矣。

至于边邑乡村，有与江浙广紧连处，仿佛同里。我这边乡约保甲，第当以条规与。彼处贤豪⑤及有地方之责者共览，相订稽查如法。庶无邻壑贻讥⑥。该印官仍以此意，移会彼州县。官守虽异，而圣谕本同。地界虽分，而民情若合。试思联保甲的"联"字，原要远近联络，一心遵化⑦，庶几道不拾遗，民皆乐善，长为太平有道之风矣。

■ 释义

①寂寂深谈：寂寞，犹悄悄。悄悄地深入交谈。
②捆解：被捆绑解送。
③敛戢（jí）：收敛。
④悛：悔改，改变。
⑤贤豪：贤士豪杰。
⑥邻壑贻讥：招致以邻为壑的讥责。
⑦遵化：遵守教化。

以上各条，皆平常切近，非有矜奇骛远①之略。本都院揆情度理②，酌古准今，一片苦心热肠，欲贤愚洞悉高下，稔知③或有未尽之言。又先布于衍义之内，该府厅州县反覆细看，有当逐条分别晓谕者，有当移营共为兴除者。务必言言体认，字字遵依，处处精明，时时振刷④。勿始勤而终怠，勿假公而济私，勿阳奉而阴违，勿进锐而退速，勿此密而彼疏。庶几乡约保甲纲举目张，仁渐义摩⑤，复有物有则⑥之常，致无灾无害之喜。

■ 释义

①矜奇骛远：矜奇，炫耀新奇。炫耀新奇好高骛远。
②揆情度理：揆，估量揣测；度，猜想。按情和理估量，推测。
③稔（rěn）知：稔，熟悉，习知。犹熟知。
④振刷：犹整肃，振作。
⑤仁渐义摩：摩，迫近，接近。逐渐接近仁义。
⑥有物有则：事物法则。

■点评

这是张伯行任福建巡抚时撰写的。文中将乡约和保甲融为一体，作为整顿风俗、安定地方的大事来认识和推行。张伯行认为乡约、保甲有两项主要功能：一是劝善；二是惩恶。归结起来要做好一点，即约束一乡"有物有则"，按法则行事。为此，必须通过教化而不是其他途径。乡约保甲之于教化，"原互相为益"，即相辅相成，相得益彰，但他认为当时地方讲、行并不严格，达不到"反薄归厚，弭盗息民"的目的。于是他从讲乡约、行保甲及遵行"圣谕十六条"的高度，撰写了《十六条衍义歌诗》刊行，又从十四个方面"告示"，晓谕所属官民人等务必"实讲乡约，严行保甲"。这十四条的主要内容可以概括为：

一、清查户口。这是"布乡约之规矩，立保甲之根基"，且可以预备荒年之散赈，因此是"修教养者之先务"，首先应当认真细致地做好。他不厌其详地讲解了清查、登记户口的具体方法。还叮咛登记户口的吏员，"须单骑减从，丝毫勿取民间。眼明心正，气静语详，毋得昏庸颠倒，躁急简略，图小利而误功名"。他把"清查烟户之尽职"，作为考察该员器识甚至能否提拔的条件来看待。

二、详列了乡约长的任职条件、选拔方式、配备员数，讲约的场所选定、场景布置，讲约程序，乡约长的政治待遇等。对于保长、甲长任职资格，保长和甲长的工作关系，每个保长可管甲长数，保甲长的工作方法等也都规定得很细、很具体。

三、规定府州县讲乡约的时间，仍为每月初一和十五共两次。但惯例是只在一个地方讲，如初一东门，十五南门，下一月轮到西门和北门。今后改为初一、十五四门同时分讲，增加场地就是多吸引听众。讲时大家都于辰时（上午七时至九时）到讲所，拜牌，然后开讲，午后方散。要严肃认真，不能抽烟谈笑，视若戏场。

四、讲约的地点，向来多在庵堂寺观内，恐深僻无人来听。今后城内城外，找靠近人家的祠宇略宽敞处，搭一阔台，台上用两张桌子，一张安奉圣谕牌，一张留中间。讲师、歌童分东、西坐。登台开讲时，役人先在台下连敲大锣几声。登台礼毕，该役人击讲鼓三通。乡约长站住，摇木铎，宣布开讲。并列出了详细的讲解程序。

五、乡约长、保长、甲长虽不是官职，但也要重其约束之权。如九家必听甲长的，甲长言公而甲内不听，则投明临甲以公论责之。不听，则投明保长。再不听，许保长转禀，拘押审查。甲长对于保长也是这样。不听，许乡约长据实转禀拘究。不容开阻挠抗拒之先例。至于乡约长，年纪品德都很高，保长与甲长当率后生恭敬。敢有侮慢，查出重惩。约长、保长们也当做好人，行好事，不可恃权自便。这条对于州县官批转给乡长、保长调解案子的处置方式、处理得好的奖励措施，也提出了可行的办法。

六、要恤贫。对于真正老病及孤儿寡妇稚弱啼饥者，保长核查确实，报明官府，量给钱米赡养。有司肯节减寻常之浪费，移彼就此，如此行之，会对缙绅富民树立榜样，吸引其效法实行，做得更加完美。

七、禁止鱼肉富翁。他认为富是一方元气，多是通过经营劳苦致富。他们对于社会的作用，急事可以求他借，公事可以化他帮，善事可以劝他助。若个个皆穷，就无从说起了。今后，主管部门不许因事苛索，地方头目不许借端陷害。敢有以他人事牵连诬告者，地方官须秉公判断，罪及原告讼师。富人也要着实做好人，尽自己力量，有十分财货，便要拿出三四分行些好事。

八、严禁赌博。赌博乃不肖之所为，它使富者易穷，穷者易为盗贼，地方官要不时地查缉痛惩。乡约长、保甲长也当常常提醒警觉，不许如前赌博等项，自陷于匪类，亡身败家而不自知。

九、禁溺女婴。女与男一样，不准溺杀。嗣后敢有溺者，许左右邻与甲长保长等出面，以故杀子孙律治之。邻甲不许徇情恕恩。万一赤贫，不能养活，可以通知保长，禀官府报送育婴堂。若女可溺，则盗贼亦可做，其残忍手段是一样的。这件事，不要认为与保甲、乡约无关。

十、禁止僭越和奢侈行为。僭越和奢侈是互为因果的。僭越则必奢侈，奢侈则必僭越。为何不以俭养廉，留有余不尽于将来呢？家境富裕，要将钱财用在养亲教子上，用在和睦族邻上，广行万善，以求多福。乡约长应经常开导，士绅也应以节俭为百姓作出榜样。

十一、州县要恢复旌善亭和申明亭。此亭一以彰善，一以瘅恶，主管部门应仰体圣训化民的陈规，恢复设置二亭，照旧悬挂空白横阔粉匾一面。凡民间有新善行，载在纪善簿，题名于旌善亭匾上；凡民间有新恶行，载在纪恶簿，列名申明亭匾上。二亭彰瘅，与乡约相表里，万不可缺。主管官员也要重视个人修养，端身教之源，才能使其论定，为大家所信任和接受。

十二、选任讲师、歌童，必须素行无恶，居址近于约所。讲师用老成读书人，善于讲书。歌童用年龄在二十以内并通晓文义，声音嘹亮者。要存记名字，每年州府县招生考试时，准予列入合格者名单，作为对他们的酬劳。此外尚有大小坊村书馆之师，未赴约会者，也可以就近向群众讲约，如系应考县学的童生，同样准该县录名。此外，还列举了其他的奖励办法，鼓励讲约。

十三、要整肃簿册。主要是册前后、各册间记载应没有矛盾，不能潦草。户口册是各种簿籍的基础。城乡各已查点清楚，保甲长、乡约长都有认定的分册。各册登记时要先开乡约长，次开第一个保长，每甲将甲长姓名列在前面，然后开出九家，十家平列名字。名字底下细注各人年貌生业，平日去向及其一家老少名字生业，并妇眷某氏。甲甲俱照此写。各保也都照此写法。这条对于城内外各坊保的簿册数、写法、上交时间等，都有具体详细的要求。最后还特意表明："不许借造册印簿名色，需索使费。违者，访拿重究。"护民之心显然可见。

十四、各乡约应每年增加两次大会。规定除按旧例乡约，保长每月初一、十五两日讲会外，再添设大会两次，一取正月初十，一取十一月初十，都是相对闲暇，宜于聚会的时间。当天，城内外乡约保长合为一大会，各都选其接近，便于联系的两三都或三四都，择一适中公所，先期通知各人，自备饮食，评论驳议乡约保甲事宜。边远地区也应关照讲会。

以上十四条，其中二、三、四、五、十二、十三和十四等七条，是有关讲约的各项规定；一、六、七、八、九、十及十一等七条，是要求乡约组织必办的实事。都"平常切近"，却关系到风俗教化、贫困救济和社会稳定，小中有大。古代的乡约发展到清代，已经明显地从民间行为转变成为国家行为，从民众自愿加入变为政府高压组织下的活动，实际是"读法"。宋明时期的乡约具有区域性、偶发性，而清朝的乡约从开始就以皇帝诏谕的方式，下令在全国铺开，其读约的形式有似于宗教仪式。

在这样的政治背景下，张伯行作为镇守一方的大员，一方面依法将乡约按政府法令来办，另一方面又在实行过程中保留了宋代乡约以教化为核心，组织约众自助、自卫的传统。还以政府的名义恤贫、佑富，禁止奢僭，严禁溺女、赌博，旨在彰善瘅恶，要求十分严格。这些在当时都是积极进步的。由此看来，清代的乡约制度并不像有些文章批评的那样衰败，它在一些地方实行得有声有色。我们有必要细致分析，从中概括出有现实借鉴价值的东西，而不是一概否定。

社仓条约十六条①

张伯行

张伯行

■ 作者简介

张伯行操行端正。康熙对他多次表彰、擢升，赞扬他"居官清正""操守清洁，立志不移"。

张伯行重视教化，不论走到哪里都大兴文教，讲孔孟之道、圣贤之理、宋明之理学、伦理纲常等；并身体力行，在济宁道时，出资办了"清源书院""夏镇书院"；在福建，设"鳌峰书院"；在江苏，设"紫阳书院"，这些书院的设立吸引了大江南北的文人士子，也培养了很多青年人才。

张伯行在任上为民做了很多好事，为杜绝送礼，严禁徇私舞弊之风，发布《禁止馈送檄》："一铢一黍尽属百姓脂膏，亦思宽一分民受一分之赐；吾心若使爱一文，身受一文之污；虽曰交际之情，于礼不废，试思仪文之具，此物何来？……本都院冰檗凤盟，各司道激扬同志，务期苞苴永杜，庶几风化日隆。"这则堪称"金绳铁矩"的檄文，字字句句掷地有声，大家交口称赞。

---

①见四库未收书辑刊编纂委员会编《四库未收书辑刊》，第三辑第十九册，黄六鸿撰《福惠全书》卷二五《教养部》，北京出版社2000年版，第290—293页。

■**原文**

社仓条约十六条

——立社仓之法，每乡各立一仓。乡之小者不能独立，或二乡或三乡共立一仓。又于各社正、社副中，举德行优异、公正明廉者总统①之。

——社仓捐输之法，论地土之多寡，家道之贫富，量为捐输。若地土多而家道富者为上户，地土中等家道平常者次之，地土少家道甚平常者又次之。分上中下以为捐输之多少，则事得其平而人心自服矣。

——一社之中，捐输无论多寡，总分东西两仓，各贮存其半。今年当春天青黄不接②之时，将东仓之粮借与本乡之贫乏者。若遇十分收成，则收三分之息。遇八九分收成，则收二分息。遇六七分收成，则取一分之息。遇四五分收成，则只取其本。若收成之年而借粮之人不能偿还，令保人补足之，只收其本可也。则东仓俱系新粮矣。第二年又将西仓之粮借出，秋收还仓。第三年

■**释义**

①总统：总管。

②青黄不接：青，田里的青苗；黄，成熟的谷物。指旧粮已经吃完，新粮尚未接上。

又放东仓。第四年又放西仓。两仓递为出纳，则仓中只存一年之粮。既不至有红朽之患，且得生息之利，于百姓大有裨益矣。

——社仓令乡人自为之，不掌于官，恐一经衙蠹①之手则百弊俱生，惠不及民矣。或虑人心不齐，事难速集。则令教官督催之。若教官仍不能催齐，则禀明知县，令乡长、地方②跟随教官督催，事无不济矣。

——一社之中，有武断乡曲③游手好闲不事生业者，公同摈斥，不许入会。如有改恶从善者，同社之人能保其自新，亦令入会，以励将来。则于积贮之中，寓善俗之道矣。

——同社之人，有衣粮仅足自给者，或并不足自给者，秋收之时既然经捐输若干，来春不能度日，仍许将所捐之粮取出。或再不足者，亦许借本乡之粮。

——一社之中，或遇婚葬之事，自己力量不能备办者，许将本人原捐之粮借出暂用，俟有时偿还，不必加息。其仍或不足，同社之中有财者助其财，有力者助其力。或代为经营，或效其奔走。亦即古人乡田同井，百姓亲睦之义矣。

■ 释义

①衙蠹（dù）：官府衙门的蠹虫，比喻危害百姓的官吏。
②地方：这里指基层都保等组织的头目等。
③武断乡曲：指凭借势力在民间横行霸道。

——借粮加息，就丰收之岁言之。如遇灾荒，许本人将原捐之粮领出自用。如再不足，则将仓中之粮，酌量借给，偿还时不必加息。其或真正乏食，不能偿还者，社正副验明，销册，不必索取。此亦赈济之一道也。

——捐输之日，社正副、社长、社佐公同收贮。借放之日，亦令公同监收，不许会中之人私自收放。

——家道殷实素有德行者一人为社正，处事公平人所信服者一人为社副，忠厚老实承命奔走者一人为社长，颇晓文书精通算法者一人为社佐。社正副、社长、社佐，遇各项差使，俱宜优免。如有事见官，官宜加之礼貌，以示优异。

——社正等实心效力，一年之内仓粮完足，无亏空侵蚀等弊者，知县给扁（匾）旌奖。二年无亏空侵蚀者，知府给扁（匾）旌奖。三年无亏空侵蚀者，司道给扁（匾）旌奖。以示鼓励。

——米粮出入，听社正等公同酌议，有司不得干预其事，亦不得因端借用。如有此事，许社中人公鸣之上司，以因公那（挪）用参处。

——秋收捐输，无论豆米听从民便，不必拘定一格，恐措办之难也。

——减价平粜或牙行贩出贵卖，或富户囤积①以待高价，于穷民仍无所益。不如遇青黄不接之时，即令各社中社正、社副、社长、社佐等，将各社真正穷民计有若干，每日需米若干，各造一册。或半月或十日，令社正等带领赴县买米，则牙行不能贩去，富户不能囤积，于真正穷民实有裨益。设遇荒歉待赈之年，就各社中买平粜米之人，再加确查。则穷民不至遗漏，富户不得冒领矣。

——社中有仓可盛者，则公同收贮。如无仓可盛，或粮尚少无需乎仓者，择殷实之家二人，一收东仓，一收西仓。或当店、盐店，分贮东西二仓亦可。若有收放，社正、社副、社长、社佐，公同验看。

——社中或有设法借去，拖欠不还，以致亏空者，许同社之人禀之于官，按法究治。以一罚十，以警将来。

新增二款：

——每月朔望日一会，每会二三十家或四五十家。在村镇者，以土地神（庙）为主。在城市者，以城隍（庙）为主。至期，社正、社副、社长、社佐，率一会之人，诣神前上香，并奉

■ **释义**

①囤积：聚集贮存。

上谕十六条于上，序长幼立于神位前，行三跪九叩头①礼。社正又向神前宣读"圣谕十六条"②。读毕，再向神前申明之曰："凡我同社之人，能遵圣谕者，天必降之福。有违圣谕者，神必降之祸。尔其慎哉，尔其勉哉。"礼毕，撤神位。序坐。社正副将前半月行过好事者一人，举其事，而称奖其善。众人共一揖，以赞赏之。再将行过不好事者一人，亦举其事，论说其不善。众人亦一揖，而劝解之。如无可举，即收米入仓。或酌量收钱入社。一茶而散。此于社仓中寓乡约，以厚风俗者也。

——凡同会之人，务要各相保爱。遇水火盗贼，同心救护。遇婚姻丧葬，则协力赞助。其间或有争斗不和者，社正副集同会之人，评其曲直，而劝谕之。会中之人或有出外远行者，并自远回来者，必知会两邻。或有外方之人远来住宿者，或回去者，亦应知会两邻。庶同会之人，便于稽查。此于社仓之中寓保甲之法，以弭盗贼者也。

■ 释义

①三跪九叩头：叩，磕头。每跪一次磕三个头，共跪三次磕九个头。最敬重的礼节。

②"圣谕十六条"：康熙十八年（1679年）夏六月颁发的十六条诏谕，"敦孝弟以重人伦，笃宗族以昭雍睦。和乡党以息争讼，重农桑以足衣食。尚节俭以惜财用，隆学校以端士习。黜异端以崇正学，讲法律以儆愚顽。明礼让以厚风俗，务本业以定民志。训子弟以禁非为，息诬告以全善良。诫匿逃以免株连，完钱粮以省催科。联保甲以弭盗贼，解仇忿以重身命。"

补遗：

立社仓之法，每乡设东西各一仓，公举德行优异公正廉明者为社正副，使总统之。又于乡之中分十家为一牌，公举一殷实老成者为之长。凡有余不足，出纳多寡，皆使董理其事，与社正等相为可否①。凡捐输之法，以上中下三等为则，一乡之中有富家望族②好德施恩有力足以济众者，为上户。此仁人长者，不拘常格而乐输者也。次等有地有家，在十家之中颇称殷实，则酌其地土之多寡，约以百亩为一户输粟几斗，二百亩为二户输粟例推，是为中等。又有无地可捐之民，及十亩数亩之家，虽欲捐而实不能者，亦有乡田同井通力合作之义，令每月捐工一日。即于十家内赁出息，一岁之中可得十二日之偿。人仅资其力，彼不费己财，不失相友相助之意。若真正鳏寡孤独者，不在此论。其有读书人无地又无力者，一无可捐，令每月朔望，同社正等讲习行礼，又相助为善，大有益于众也。若城市居人，除有地有家乐输如例外，又有专事贸易无地可捐输者，酌量令每月输钱三十文与十家牌长，岁纪之。如此，则多寡适均，法无偏党，有无可以共济，恩义得以两全矣。

■ 释义

①相为可否：相互商量事情可不可以、能不能办。
②望族：旧指有名望的官僚显贵等的家族。

■ 点评

明清以来，官府和民间讲乡约，多将其同社仓、社学、保甲等联系起来，一例兴办。张伯行的《社仓条约十六条》，就是他在申饬乡约、保甲告示的同时制定的。"条约"，即约束条例，他制定了十六条之多，可见其深入细致的程度。

《社仓条约十六条》的内容，包括建立社仓的方法、民间捐输法、社仓建立的位置、乡人自为而不掌于官、加入社仓组织的条件、对贫者捐和取的规定、参加社仓组织人员遇到婚丧不能备办时的处理方式、借仓粮加息法、捐输粮入仓法、仓粮管理法、对管理人员的奖励法、禁止官吏插手借用、捐输粮食品种不限、仓粮对贫民平粜法、仓粮存贮地点的借用以及对借粮不还者的处罚办法等。另对捐输粮入仓的仪式、安全保护等又加了补充规定。它继承了传统乡约乡民自助，解决民间粮食不足的办法，是基层管理、社会稳定的关键之一，因此张伯行将其与乡约、保甲并列，详细作出安排。张伯行推行的乡约、保甲和社仓制度在福建实行的实际效果，文献资料较少，但就其文本和文本中反映作者认真细致的精神来看，至少在他任福建巡抚期间是得到执行，也应有一定较好的效果。史载张伯行有"天下第一清官"之誉，于此也可见一斑。

圣谕广训①

爱新觉罗·胤禛

爱新觉罗·胤禛（雍正皇帝）画像和《圣谕广训》

■ 作者简介

爱新觉罗·胤禛（1678—1735年），即清世宗雍正皇帝。清圣祖康熙帝第四子。康熙六十一年（1722年）十一月，康熙帝病逝后，胤禛继承皇位，次年改年号为雍正。他在位期间进行了一系列吏治改革；推行改土归流，加强对西南少数民族的统治；大力整顿财政，实行耗羡归公，建立养廉银制度等。他的政绩被历史学家给予了很高的评价。雍正帝的著作有《雍邸集》等。《圣谕广训》是他对康熙帝"圣谕十六条"的衍释，也是他利用历代乡约的形式，对兵民进行道德风俗教育的一部通俗教材。

---

①见文渊阁《四库全书》子部一。文中序数词为本文所加。

■原文

圣谕广训

一、敦孝弟以重人伦

我圣祖仁皇帝①临御六十一年，法祖尊亲，孝思不匮。钦定《孝经衍义》②一书，衍释③经文，义理详贯，无非孝治天下之意。故"圣谕十六条"，首以孝弟开其端。朕丕承④鸿业，追维往训，推广立教之思，先申孝弟之义，用是与尔兵民人等宣示之。夫孝者，天之经，地之义，民之行也。人不知孝父母，独不思父母爱子之心乎？方其未离怀抱，饥不能自哺，寒不能自衣。为父母者审音声，察形色，笑则为之喜，啼则为之忧，行动则跬步⑤不离，疾痛则寝食俱废。以养以教，至于成人，复为授家室，

■释义

①圣祖仁皇帝：即清圣祖康熙帝。

②钦定《孝经衍义》：康熙十年（1671年）二月，康熙帝命纂修《孝经衍义》，以翰林院掌院学士熊赐履为总裁官。康熙二十八年（1689年），该书由礼部右侍郎张英等编纂完成，康熙帝阅后命刊刻印行。

③衍释：演述解释。

④丕承：丕，本义为大，引申为尊奉；承，接受，继承。很好的继承。

⑤跬步：半步。

谋生理，百计经营，心力俱瘁①。父母之德，实同昊天罔极②。人子欲报亲恩于万一，自当内尽其心，外竭其力。谨身③节用，以勤服劳，以隆孝养。毋博弈④饮酒，毋好勇斗狠，毋好货财私妻子。纵使仪文⑤未备，而诚悫有余。推而广之，如曾子所谓居处不庄非孝，事君不忠非孝，莅官不敬非孝，朋友不信非孝，战阵无勇非孝⑥，皆孝子分内之事也。

至若父有冢子⑦，称曰家督。弟有伯兄，尊曰家长。凡日用出入，事无大小，众子弟皆当咨禀⑧焉。饮食必让，语言必顺，步趋必徐行⑨，坐立必居下，凡以明弟道也。夫十年以长则兄事

■ 释义

①瘁：疾病，劳累。

②昊天罔极：昊天，苍天。原指天空广大无边，后用来比喻父母的恩德极大。

③谨身：整饬自身。

④博弈：局戏和围棋，局戏也是古代弈棋之类的游戏。这里指赌博。

⑤仪文：礼仪形式。

⑥"居处不庄非孝"等句：见（汉）郑玄注，（唐）陆德明音义、孔颖达疏《礼记注疏》卷四八。意思是行为不庄重不算孝，事君不忠不算孝，做官不谨慎不算孝，待朋友不诚信不算孝，作战不勇敢不算孝。

⑦冢子：嫡长子。

⑧咨禀：咨，询问。禀，下对上报告。请教，禀告。

⑨步趋必徐行：趋，快走；徐行，缓慢前行。迈着小步快走，行进速度要缓慢。

之，五年以长则肩随①之，况同气②之人乎。故不孝与不弟相因，事亲与事长并重。能为孝子，然后能为悌弟。能为孝子悌弟，然在田野为循良③之民，在行间④为忠勇之士。尔兵民亦知为子当孝，为弟当悌。所患习焉不察⑤，致自离于人伦之外。若能痛自愧悔⑥，出于心之至诚，竭其力之当尽，由一念孝弟，积而至于念念皆然。勿尚虚文，勿略细行，勿沽名而市誉⑦，勿勤始而怠终。孝弟之道，庶克敦矣⑧。夫不孝不弟，国有常刑。然显然之迹刑所能防，隐然之地法所难及。设罔知⑨愧悔，自陷匪僻⑩，朕心深为不忍，故丁宁告诫。庶尔兵民咸体朕意，感发兴起，各尽子弟之职。于戏⑪，圣人之德本于人伦，尧舜之道不外孝弟。孟

■ 释义

①肩随：古时年幼者事年长者之礼，并行时斜出其左右而稍后。

②同气：指有血统关系的亲属。

③循良：善良。

④行间：行伍之间，军队中。

⑤习焉不察：习，习惯；焉，语气词，有"于此"的意思。指经常接触某种事物，反而觉察不到其中存在的问题。

⑥愧悔：羞愧悔恨。

⑦沽名而市誉：沽名钓誉，用某种不正当的手段捞取名誉。

⑧庶克敦矣：庶，差不多；克，能够；敦，笃厚。只要做到笃厚就可以了。

⑨罔知：不知。

⑩匪僻：邪恶。

⑪于（wū）戏（hū）：感叹词。

子曰："人人亲其亲，长其长而天下平。"①尔兵民其毋视为具文焉。

二、笃宗族以昭雍睦②

《书》曰："以亲九族，九族既睦。"③是帝尧首以睦族示教也。《礼（记）》曰："尊祖故敬宗，敬宗故收族。"④明人道，必以睦族为重也。夫家之有宗族，犹水之有分派，木之有分枝。虽远近异势，疏密异形，要其本源则一。故人之待其宗族也，必如身之有四肢百体⑤，务使血脉相通而疴痒⑥相关。《周礼》本此意以教民，著为六行⑦：曰孝，曰友，而继曰睦。诚古今不易之常道也。我圣祖仁皇帝，既谕尔等敦孝弟以重人伦，即继之曰笃宗族以昭雍睦。盖宗族由人伦而推，雍睦未昭，即孝弟有所未尽。朕为尔兵民详训之。

■ 释义

①见《孟子》卷七《离娄章句上》。
②雍睦：犹和睦。
③见《尚书·尧典》。亲，亲近；九族，从自己往上推到父、祖、曾祖、高祖四代，往下推到子、孙、曾孙、玄孙四代，连同自己一代，共为九族。一说父族四，母族三，妻族二，共为九族。这里指亲近九族。
④见《礼记·大传》。收族，谓以上下尊卑、亲疏远近之序团结族人。
⑤百体：谓身体的各个部分。
⑥疴痒：疾病痛痒。
⑦六行：指孝、友、睦、姻、任（诚信，讲信用）、恤。见《周礼·地官司徒》。

大抵宗族所以不笃者，或富者多吝，而无解推①之德。或贫者多求，而生觖望②之思。或以贵凌贱，而势利汨其天亲③。或以贱骄人，而忿傲施于骨月（肉）。或货财相竞，不念袒免④之情。或意见偶乖⑤，顿失宗亲之义。或偏听妻孥之浅识，或误中谗慝⑥之虚词。因而诟谇倾排⑦，无所不至。非惟不知雍睦，抑且忘为宗族矣。尔兵民独不思子姓之众，皆出祖宗一人之身。奈何以一人之身，分为子姓，遽相视为途人而不顾哉。昔张公艺九世同居⑧，江州陈氏七百口共食⑨。凡属一家一姓，当念乃祖乃宗，宁

■ 释义

①解推：解衣推食，谓帮助别人。

②觖（jué）望：因不满意而怨恨。

③汨其天亲：汨，湮灭，淹没；天亲，指父母、兄弟、子女等血亲。淹没了血亲情谊。

④袒免：袒，脱去衣服，露出身体的一部分。袒衣免冠，为古代一种丧礼。

⑤偶乖：不相一致。

⑥谗慝（tè）：慝，奸邪，邪恶。进谗陷害。

⑦诟（gòu）谇（suì）倾排：诟，辱骂；谇，斥责；倾排，倾轧排挤。辱骂斥责，倾轧排挤。

⑧张公艺九世同居：《旧唐书》卷一八八《孝友传·张公艺传附》："郓州寿张人张公艺，九代同居。北齐时，东安王高永乐诣宅慰抚旌表焉。隋开皇中，大使、邵阳公梁子恭亦亲慰抚，重表其门。贞观中，特敕吏加旌表。麟德中，高宗有事泰山，路过郓州，亲幸其宅，问其义由。其人请纸笔，但书百余'忍'字。高宗为之流涕，赐以缣帛。"

⑨江州陈氏七百口共食：《新五代史》卷六二《南唐世家》："江州陈氏，宗族七百口，每食设广席，长幼以次坐而共食。有畜犬百余，共一牢食，一犬不至，诸犬为之不食。"

厚毋薄，宁亲勿疏。长幼必以序相洽①，尊卑必以分相联②。喜则相庆，以结其绸缪③。戚则相怜，以通其缓急。立家庙以荐烝尝④，设家塾以课子弟，置义田以赡贫乏，修族谱以联疏远。即单姓寒门，或有未逮，亦各随其力所能为，以自笃⑤其亲属。诚使一姓之中，秩然蔼然⑥，父与父言慈，子与子言孝，兄与兄言友，弟与弟言恭，雍睦昭而孝弟之行愈敦。有司表为仁里，君子称为义门，天下推为望族，岂不美哉。若以小故而隳⑦宗支，以微嫌而伤亲爱，以侮慢而违逊让之风，以偷薄而亏敦睦之谊，古道之不存，即为国典所不恕。尔兵民其交相劝励，共体祖宗慈爱之心，常切水木本源之念。将见亲睦之俗成于一乡一邑，雍和之气达于薄海⑧内外，诸福咸臻⑨，太平有象，胥在是矣，可不勖⑩欤！

■ 释义

①以序相洽：洽，和谐，融洽。按齿序相处，保持融洽。

②以分相联：分，身份；联，连接，结合。按身份的亲疏相结合。

③绸缪：情深意长，缠绵。这里指建立情谊。

④荐烝尝：荐，进献，烝尝泛指祭祀。进献祭祀。

⑤自笃（dǔ）：笃，厚，深厚。自厚。

⑥秩然蔼然：秩然，秩序井然，整饬貌；蔼然，和气，和善。整饬和气。

⑦隳（duò）：古通"惰"，怠惰。

⑧薄海：薄，迫近，接近。到达海边。

⑨臻：到，达到。

⑩勖（xù）：勉励。

三、和乡党以息争讼

古者五族为党，五州为乡，睦姻任恤之教由来尚矣。顾乡党中生齿日繁，比闾相接，睚眦①小失，狎昵②微嫌，一或不诚，凌竞③以起。遂至屈辱公庭，委身法吏。负者自觉无颜，胜者人皆侧目。以里巷之近而举动相猜，报复相寻，何以为安生业长子孙之计哉。

圣祖仁皇帝悯人心之好竞，思化理之贵淳，特布训于乡党曰和，所以息争讼于未萌也。朕欲咸和万民，用是申告尔等以敦和④之道焉。《诗》曰："民之失德，乾糇以愆。"⑤言不和之渐起于细微也。《易·讼》之《象》曰："君子以作事谋始。"⑥言息讼贵绝其端也。是故人有亲疏，概接之以温厚，事无大小，皆处之以谦冲⑦。毋恃富以侮贫，毋挟贵以凌贱，毋饰智以欺愚，毋倚

■ 释义

①睚眦：瞪目怒视，瞪眼看人，借指微小的怨恨。
②狎昵：亲近，亲昵。这句指对他人与第三者的亲近感到不满。
③凌竞：形容寒凉，战栗、恐惧的样子。
④敦和：笃厚和谐。
⑤见《诗经·小雅·常棣》。乾（gān）糇，乾，同"干"，干粮，亦泛指普通的食品；愆，过。
⑥见《易传·象传上·讼》。想要没有争讼，就得从开头做起。所以有德行的人做事很注意开头。
⑦谦冲：犹谦虚。

强以凌弱。谈言①可以解纷，施德不必望报。人有不及，当以情恕。非意相干②，当以理遣③。此既有包容之度，彼必生愧悔之心。一朝能忍，乡里称为善良。小忿不争，闾党推其长厚。乡党之和，其益大矣。古云：非宅是卜④，惟邻是卜。缓急可恃者，莫如乡党。务使一乡之中，父老子弟联为一体，安乐忧患视同一家。农商相资，工贾相让，则民与民和。训练相习，汛守⑤相助，则兵与兵和。兵出力以卫民，民务养其力；民出财以赡兵，兵务恤其财，则兵与民交相和。由是而箪食豆羹⑥，争端不起。鼠牙雀角⑦，速讼无因⑧。岂至结怨耗财，废时失业，甚且破产流离，以身殉法而不悟哉。若夫巨室耆年，乡党之望⑨。胶庠髦士⑩，乡

■ 释义

①谈言：闲谈，清谈。

②非意相干：非意，意料之外；干，冒犯。意外的无故冒犯。

③理遣：从事理上得到宽解。

④卜：这里指推测，预料。

⑤汛守：指汛地防守岗位。

⑥箪食豆羹：箪，盛饭用的竹器；豆，古代盛食物的器皿。一箪饭食，一豆羹汤，形容食物很少，又比喻小利。

⑦鼠牙雀角：鼠、雀，比喻强暴者。原意是因为强暴者的欺凌而引起争讼，后比喻打官司的事或引起争讼的细微小事。

⑧速讼无因：速讼，招致诉讼；无因，无端，犹无须。没有理由引起诉讼。

⑨望：人望，声誉很高的人。

⑩胶庠髦士：胶、庠，都是古代学校名；髦士，俊杰。学校的俊杰，精英。

党之英，宜以和辑①之风，为一方表率。而奸顽好事之徒，或诡计挑唆，或横行吓诈，或貌为洽比②以煽诱，或假托公言而把持，有一于此，里闬靡宁③。乡论不容，国法具在，尔兵民所当谨凛④者也。夫天下者，乡党之积也，尔等诚遵圣祖之懿训⑤，尚亲睦之淳风。孝弟因此而益敦，宗族因此而益笃。里仁为美，比户可封⑥，讼息人安，延及世世。协和⑦遍于万邦，太和⑧烝于宇宙。朕于尔兵民永是赖焉。

四、重农桑以足衣食

朕闻养民之本，在于衣食。农桑者，衣食所由出也。一夫不耕，或受之饥。一女不织，或受之寒。古者，天子亲耕，后⑨亲桑，躬为至尊，不惮勤劳，为天下倡。凡为兆姓⑩图其本也。夫

■ 释义

①和辑：和睦团结。
②洽比：融洽亲近。
③里闬（bì）靡宁：闬，泛指门，这里指乡里。乡里闹腾不得安宁。
④谨凛：谨慎戒惧。
⑤懿训：美好的训诫。
⑥比户可封：差不多每户都有可受封爵的德行，泛指风俗淳美。
⑦协和：使协调和睦，使融洽。
⑧太和：天地间的冲和之气，即真气、元气，谓太平。
⑨后：指皇后。
⑩兆姓：兆民，百姓，人民。

衣食之道，生于地，长于时，而聚于力。本务①所在，稍不自力，坐受其困。故勤则男有余粟，女有余帛。不勤，则仰不足事父母，俯不足畜妻子，其理然也。彼南北地土虽有高下燥湿之殊，然高燥者宜黍稷，下湿者宜粳稻。食之所出不同，其为农事一也。树桑养蚕，除江浙、四川、湖北外，余省多不相宜。然植麻种棉，或绩或纺，衣之所出不同，其事与树桑一也。愿吾民尽力农桑，勿好逸恶劳，勿始勤终惰，勿因天时偶歉②而轻弃田园，勿慕奇赢③倍利而辄改故业。苟能重本务，虽一岁所入，公私输用而外羡余无几，而日积月累以至身家饶裕，子孙世守则利赖无穷。不然而舍本逐末④，岂能若是之绵远乎。至尔兵，隶在戎伍，不事农桑。试思月有分给之饷，仓有支放之米，皆百姓输纳，以散给尔等，各赡身家。一丝一粒，莫不出自农桑。尔等既享其利，当彼此相安，多方捍卫，使农桑俱得尽力。尔辈衣食永远不匮，则亦重有赖焉。若地方文武官僚，俱有劝课之责。勿夺民

■释义

①本务：本分事务。
②偶歉：偶尔歉收。
③奇赢：指商人所获的赢利。
④舍本逐末：舍，舍弃；逐，追求。抛弃根本的、主要的，而去追求枝节的、次要的，古代一般指弃农从商。

时，勿妨民事。浮惰者惩之，勤苦者劳之，务使野无旷土^①，邑无游民。农无舍其耒耜^②，妇无休其蚕织。即至山泽园圃之利，鸡豚狗彘^③之畜，亦皆养之有道，取之有时，以佐农桑之不逮。庶几克勤本业，而衣食之源溥^④矣。所虑年谷丰登或忽于储蓄，布帛充赡或侈于费用。不俭之弊与不勤等，甚且贵金玉而忽菽粟，工文绣^⑤而废蚕桑，相率为纷华靡丽^⑥之习，尤尔兵民所当深戒者也。自古盛王之世，老者衣帛食肉，黎民不饥不寒，享庶富之盛而致教化之兴，其道胥由乎此。我圣祖仁皇帝念切民依，尝刊耕织图，颁行中外，所以敦本阜民^⑦者甚至。朕仰惟圣谕，念民事之至重，广为诠解，劝尔等力于本务。余一人衣租食税，愿与天下共饱暖也。

▉ 释义

①旷土：荒芜的土地。

②耒（lěi）耜（sì）：古代一种像犁的农具，也用作农具的统称。

③鸡豚狗彘（zhì）：豚，小猪；彘，本指大猪，后泛指猪。鸡狗猪等家畜。

④溥：广大。

⑤文绣：犹刺绣，刺绣华美的丝织品或衣服。

⑥纷华靡丽：纷华，指繁华富丽；靡丽，奢侈豪华。形容讲究排场，追逐华丽。

⑦敦本阜民：敦本，注重根本（古代一般指农业）；阜，丰富，富有。注重农业，使百姓富有。

五、尚节俭以惜财用

生人不能一日而无用，即不可一日而无财。然必留有余之财，而后可供不时之用，故节俭尚焉。夫财犹水也，节俭犹水之蓄也。水之流不蓄，则一泄无余，而水立涸①矣。财之流不节，则用之无度，而财立匮②矣。我圣祖仁皇帝躬行节俭，为天下先，休养生息，海内殷富，犹兢兢以惜财用示训。盖自古民风，皆贵乎勤俭。然勤而不俭，则十夫之力不足供一夫之用，积岁所藏不足供一日之需，其害为更甚也。夫兵丁钱粮有一定之数，乃不知撙节③，衣好鲜丽，食求甘美。一月费数月之粮，甚至称贷以遂其欲。子母相权④，日复一日，债深累重，饥寒不免。农民当丰收之年，仓箱充实，本可积蓄。乃酬酢⑤往来，率多浮费，遂至空虚。夫丰年尚至空虚，荒歉必至穷困，亦其势然也。似此之人，国家未尝减其一日之粮，天地未尝不与以自然之利，究至啼饥号寒，困苦无告者，皆不节俭所致。更或祖宗勤苦俭约，日

■ 释义

①涸（hé）：水干。

②匮（kuì）：缺乏。

③撙（zǔn）节：节省，节约。

④子母相权：权，衡量，比较。借贷时衡量本钱和利钱，谓放债取息。

⑤酬酢：应酬交往。

积月累以致充裕。子孙承其遗业，不知物力艰难，任意奢侈。夸耀里党，稍不如人即以为耻，曾不转盼^①，遗产立尽，无以自存。求如贫者之子孙并不可得，于是寡廉鲜耻，靡所不至。弱者饿殍沟壑^②，强者作慝^③犯刑，不俭之害一至于此。《易》曰："不节若，则嗟若。"^④盖言始不节俭，必至嗟悔也。尔兵民当凛遵^⑤圣训，绎思^⑥不忘。为兵者，知月粮有定。与其至不足，而冀格外之赏，孰若留有余以待可继之粮。为民者，知丰歉无常。与其但顾朝夕，致贫窭^⑦之可忧，孰若留贮将来为水旱之有备。大抵俭为美德，宁以固陋贻讥，礼贵得中，勿以骄盈致败。衣服不可过华，饮食不可无节，冠婚丧祭各安本分，房屋器具务取素朴。即岁时伏腊^⑧，斗酒娱宾，从俗从宜，归于约省。为天地惜物力，为朝廷惜恩膏^⑨，为祖宗惜往日之勤劳，为子孙惜后来之福泽。

■ 释义

①转盼：犹转眼，比喻时间短促。
②饿殍（piǎo）沟壑：殍，饿死，饿死的人。饿死在山沟。
③作慝（tè）：慝，邪恶，作恶。
④见（魏）王弼《周易注》卷六《节卦》。
⑤凛遵：严格遵循。
⑥绎思：寻绎追念；推究思考。
⑦贫窭（jù）：窭，贫穷，贫寒。贫穷。
⑧岁时伏腊：岁时，一年四季；伏腊，伏日和腊日。腊日是古代岁终祭祀百神的日子，一般指腊八。此指四季时节更换之时。
⑨恩膏：犹恩泽。

自此富者不至于贫，贫者可至于富。安居乐业，舍哺鼓腹①，以副朕卑俗诚②民之至意。《孝经》有曰："谨身节用，以养父母。"③此庶人之孝也。尔兵民其身体而力行之。

六、隆学校以端士习

古者，家有塾，党有庠，州有序，国有学。固无人不在所教之中。专其督率之地，董以师儒之官。所以成人材而厚风俗，合秀顽强懦，使之归于一致也。我圣祖仁皇帝寿考④作人，特隆学校。凡所以养士之恩，教士之法，无不备至。盖以士为四民之首，人之所以待士者重，则士之所以自待者益不可轻。士习端，而后乡党视为仪型⑤，风俗由之表率。务令以孝弟为本，才能为末。器识⑥为先，文艺⑦为后。所读者皆正书，所交者皆正士。确然于礼义之可守，惕然⑧于廉耻之当存。唯恐立身一败，致玷宫

■ 释义

①舍哺鼓腹：含着食物，鼓着肚子。谓饱食。

②诚(xián)：和，和洽。

③见（唐）李隆基注、陆德明音义，（宋）邢昺疏《孝经注疏》卷三。谨身，整饬自身。

④寿考：年高，长寿。

⑤仪型：同"仪刑"。楷模，典范。

⑥器识：器局与见识。

⑦文艺：这里当指知识和才艺。

⑧惕然：警觉省悟貌。

墙①。惟恐名誉虽成，负惭衾影②。如是，斯可以为士。否或躁竞③功利，干犯名教，习乎异端曲学而不知大道，骛④乎放言高论而不事躬行。问其名则是，考其实则非矣。昔胡瑗⑤为教授，学者济济有成。文翁⑥治蜀中，子弟由是大化。故广文⑦一官，朕特饬吏部，悉以孝廉明经补用。凡以为兴贤、育才、化民、成俗计也。然学校之隆，固在司教者有整齐严肃之规，尤在为士者有爱

■ 释义

①致玷宫墙：玷，使有污点；宫墙，住宅的围墙，借指朝廷。对朝廷造成污点。

②负惭衾影：负惭，犹抱愧。衾，被子；衾影，借指独自一人。问心有愧。

③躁竞：急于进取而争竞。

④骛：追求，强求。

⑤胡瑗（993—1059年）：字翼之，宋泰州（今江苏泰州市）人，人称"安定先生"。以儒家经术在吴中（今太湖流域）教学。后教授于湖州（今浙江湖州市），弟子常有数百人。他教学有方，建立了完备的规章制度。宋仁宗庆历中（1041—1048年），国家兴办太学，就采用他的教法。宋仁宗皇祐中（1049—1054年），升迁为国子监直讲，学生更多。在当时的礼部科举考试中，他的学生经常占考取名额的十分之四五。宋仁宗嘉祐（1056—1063年）初，他被提拔为天章阁侍讲，仍治理太学。后以太常博士致仕。著有《周易口义》《洪范口义》《皇祐新乐图记》等。

⑥文翁（前187—前110年）：名党，字仲翁，汉庐江舒县（今安徽舒城县）人。汉景帝末年为蜀郡守，崇尚教化，改变风俗。派小吏到长安，就学于博士。又在成都兴学校，成绩优良者为郡县吏。于是蜀地的社会文化得到了很大发展。汉代郡国立学校官，从文翁开始。

⑦广文："广文馆"的简称。为唐代国子监下属学校之一。宋朝也设有广文馆。这里借指学官。

惜身名之意。士品果端，而后发为文章非空虚之论，见之施为非浮薄之行。在野不愧名儒者，在国即为良臣，所系顾不重哉！

至于尔兵民，恐不知学校之为重，且以为与尔等无与①。不思身虽不列于庠序，性岂自外于伦常。孟子曰：谨庠序之教，申之以孝弟之义。又曰：人伦明于上，小民亲于下。则学校不独所以教士，兼所以教民。若黉宫②之中，文武并列。虽经义韬略③所习者不同，而入孝出弟④，人人所当共由也。士农不异业，力田者悉能敦本务实⑤，则农亦士也。兵民无异学，即戎者皆知敬长爱亲，则兵亦士也。然则庠序者，非尔兵民所当隆重者乎！端人正士者，非尔兵民所当则效⑥者乎！孰不有君臣父子之伦，孰不有仁义礼智之性。勿谓学校之设，止以为士。各宜以善相劝，以过相规。向风慕义，勉为良善。则氓之蚩蚩，亦可以礼义为耕耘；赳赳武夫，亦可以诗书为甲胄⑦。一道同风之盛，将复见于

■ 释义

①无与：无关。

②黉（hóng）宫：指学校。

③韬略：指古代兵书《六韬》和《三略》，也泛指兵书，又借指谋略。

④入孝出弟：弟，通"悌"。在家孝顺父母，出外敬爱兄长。

⑤敦本务实：崇尚根本，注重实际。

⑥则效：效法。

⑦甲胄：盔甲。

今日矣。

七、黜异端①以崇正学

朕惟欲厚风俗，先正人心。欲正人心，先端学术。夫人受天地之中②以生，惟此伦常日用之道，为智愚之所共由，索隐行怪③，圣贤不取。《易》言"蒙以养正"，圣功以之。④《书》言"无偏无颇""无反无侧"⑤，王道以之。圣功王道，悉本正学。至于非圣之书，不经之典，惊世骇俗，纷纷藉藉⑥，起而为民物之蠹者，皆为异端，所宜屏绝。凡尔兵民，愿谨⑦淳朴者固多，间或迷于他岐，以无知而罹罪戾⑧，朕甚悯之。自古三教流传，儒宗而外，厥有仙释。朱子曰：释氏之教，都不管天地四方，只

■ 释义

①异端：指和正统思想对立的学说、派别、主张等。

②天地之中：天地阴阳中和之气。

③索隐行怪：探索隐晦之事，行诡异之道。这里指舍正道而钻牛角尖。

④见（魏）王弼注，（唐）陆德明音义、孔颖达疏《周易注疏》卷二。原文作"蒙以养正，乃圣功也。"

⑤见（汉）孔安国传，（唐）陆德明音义、孔颖达疏《尚书注疏》卷一一。"无偏无颇"的"颇"原文作"陂"，据传唐玄宗时改。

⑥纷纷藉（jí）藉：纷纷，众多；藉藉，一作籍籍，杂乱的样子。形容众多而且杂乱的样子。

⑦愿谨：质朴恭谨。

⑧罪戾：罪愆，罪过。

是理会一个心。老氏之教，只是要存得一个神气①。此朱子持平之言，可知释道之本指矣。自游食无藉②之辈，阴窃其名，以坏其术。大率假灾祥祸福之事，以售其诞幻无稽③之谈。始则诱取赀财以图肥己，渐至男女混淆聚处，为烧香之会。农工废业，相逢多语怪④之人。又其甚者，奸回邪慝⑤，窜伏其中，树党结盟，夜聚晓散，干名犯义⑥，惑世诬民。及一旦发觉，征捕株连，身陷囹圄⑦，累及妻子。教主已为罪魁，福缘且为祸本。如白莲⑧、

■ 释义

①神气：指道家所谓存养于人体内的精纯元气。

②游食无藉：居处不定，到处谋食。

③诞幻无稽：诞幻，荒诞虚幻；无稽，无从查考，没有根据。荒诞虚幻，无从查考。

④语怪：谈论怪异。

⑤奸回邪慝（tè）：回，奸邪，邪避；慝，奸邪，邪恶。指奸恶邪僻的人或事。

⑥干名犯义：干犯名教和道义。

⑦囹圄：也作"囹圉"。监牢。

⑧白莲：指白莲教。白莲教源于佛教净土宗，相传东晋释慧远在庐山东林寺与刘遗民等结白莲社共同念佛，后世信徒将其奉为净土宗始祖，并将白莲社发展成为秘密宗教结社。唐宋时期白莲社或莲社盛行。南宋绍兴年间，吴郡昆山（今江苏昆山）僧人茅子元（法名慈照）创建白莲宗，即白莲教。元、明两代白莲教曾多次组织农民起事。到清初，又发展成为反清秘密组织。

闻香①等教，皆前车之鉴也。又如西洋教宗天主，亦属不经。因其人通晓历数，故国家用之，尔等不可不知也。夫左道惑众，律所不宥，师巫邪术，邦有常刑。朝廷立法之意，无非禁民为非，导民为善，黜邪崇正，去危就安。尔兵民以父母之身，生太平无事之日，衣食有赖，俯仰无忧，而顾昧恒性②，而即匪彝③，犯王章而干国宪，不亦愚之甚哉。我圣祖仁皇帝渐民以仁，摩④民以义，艺极陈常⑤，煌煌大训，所以为世道人心计者至深远矣。尔兵民等宜仰体圣心，祗遵圣教，摈斥异端，直如盗贼水火。且水火盗贼害止及身，异端之害，害及人心。心之本体，有正无邪，苟有主持，自然不惑。将见品行端方，诸邪不能胜正，家庭和顺，遇难可以成祥。事亲孝，事君忠，尽人事者即足以集天休⑥，

■ 释义

①闻香：指闻香教，又称东大乘教。明万历间河北滦州石佛口王森所创立。徒众遍及冀、鲁、赣、晋、豫、秦、川等地。宣扬三期末劫、返本归源等思想。万历四十一年（1613年）王森二度入狱，死狱中。其子好贤与徒弟徐鸿儒继续传教。天启二年（1622年）组织起事，不久败亡。王森子孙又将闻香教改为清茶门，代代传习，清仁宗嘉庆间（1796—1820年）始趋衰微。

②顾昧恒性：顾，却，反而；昧，违背。却违背了固有的本性。

③匪彝：彝，常规。违背常规的行为。

④摩：抚。

⑤艺极陈常：艺极，准则；陈，述说；常，一般。按照准则述说一般事理。

⑥天休：天赐福佑。

不求非分，不作非为，敦本业者即可以迓神庆①。尔服尔耕，尔讲尔武，安布帛菽粟之常，遵荡平正直之化，则异端不待驱而自息矣。

八、讲法律以儆②愚顽

法律者，帝王不得已而用之也。法有深意，律本人情，明其意，达其情则囹圄可空，讼狱可息。故惩创于已然，不若警惕于未然之为得也。《周礼》州长、党正、族师，皆于月吉属其民而读法，大司寇悬象刑③之法于象魏④，使万民观之，知所向方。今国家酌定律例，委曲详明，昭示兵民，俾各凛成宪⑤，远于罪戾，意甚厚也。圣祖仁皇帝深仁厚泽，洽⑥于兆民，而于刑罚，尤惓惓⑦致意。朕临御以来，体好生之德，施钦恤⑧之恩，屡颁

■释义

①迓神庆：迓，迎接；庆，赏赐，福泽。迎接神给的福泽。

②儆：警告，告诫。

③象刑：相传上古无肉刑，仅用与众不同的服饰加之犯人，以示辱，谓之象刑。

④象魏：古代天子、诸侯宫门外的一对高建筑，亦叫"阙"或"观"，为宣示教令的地方。

⑤凛成宪：凛，畏惧；成宪，原有的法律、规章制度。畏惧已有的法律制度。

⑥洽：和谐，融洽。

⑦惓惓（quán）：恳切的样子。

⑧钦恤：谓理狱量刑要慎重不滥，心存矜恤。

赦款，详审爰书①，庶几大化翔洽②，刑期无刑。又念尔为民者，生长草野，习于颛蒙③，为兵者身隶戎行，易逞强悍，每至误触王章，重干宪典④，因之特申训诫，警醒愚顽。尔等幸际升平，休养生息，均宜循分守礼，以优游于化日舒长⑤之世。平居将颁行法律，条分缕析，讲明意义，见法知惧，观律怀刑⑥。如知不孝不弟之律，自不敢为蔑伦乱纪⑦之行，知斗殴攘夺之律，自不敢逞嚣凌⑧强暴之气，知奸淫盗窃之律，自有以遏其邪僻之心，知越诉诬告之律，自有以革其健讼之习。盖法律千条万绪，不过准情度理。天理人情，心所同具。心存于情理之中，身必不陷于法律之内。且尔兵民性纵愚顽，或不能通晓理义，未必不爱惜身家。试思一蹈法网，百苦备尝，与其宛转⑨呼号，思避罪于箠楚⑩

■ 释义

①爰书：古代记录囚犯供词的文书，后多指判决书。

②翔洽：周遍，和洽。

③颛蒙：愚昧。

④宪典：法律，法典。

⑤化日舒长：指太平盛世。

⑥怀刑：谓畏刑律而守法。

⑦蔑伦乱纪：蔑伦，轻侮伦常；乱纪，违反法纪。轻视伦常，违反法纪。

⑧嚣凌：亦作"嚣陵"。嚣张凌辱，嚣张气盛。

⑨宛转：辗转。

⑩箠楚：指鞭杖之类刑具，亦以称鞭杖之刑。

之下，何如洗心涤虑，早悔过于清夜之间。与其倾赀荡产，求减毫末，而国法究不能逃，何如改恶迁善，不犯科条，而身家可以长保。倘不自警省，偶罹①于法，上辱父母，下累妻孥，乡党不我容，宗族不我齿。即或邀恩幸免，而身败行亏②，已不足比于人。数追悔前非，岂不晚哉。朕闻居家之道，为善最乐，保身之策，安分为先。勿以恶小可为，有一恶即有一法以相治。勿以罪轻可玩，有一罪即有一律以相惩。惟时时以三尺自凛，人人以五刑③相规，惧法自不犯法，畏刑自可免刑，匪僻④潜消，争竞不作，愚者尽化为智，顽者悉变为良。民乐田畴，兵安营伍，用臻刑措⑤之治不难矣。

九、明礼让以厚风俗

汉儒有曰："凡民函五常之性，而其刚柔缓急，音声不同，系水土之风气，故谓之风。好恶取舍，动静无恒，随厥情欲，故

■ 释义

①罹：触犯。
②身败行亏：身名德行都缺损低下。
③五刑：中国古代的五种刑罚。隋至清代为笞、杖、徒、流、死五种。
④匪僻：邪恶。
⑤刑措：亦作"刑错""刑厝"。置刑法而不用。

谓之俗。"①其间淳漓②厚薄难以强同，奢俭质文不能一致，是以圣人制为礼以齐之。孔子曰："安上治民，莫善于礼。"③盖礼为天地之经，万物之序。其体至大，其用至广。道德仁义，非礼不成。尊卑贵贱，非礼不定。冠婚丧祭，非礼不备。郊庙燕飨，非礼不行。是知礼也者，风俗之原也。然礼之用，贵于和。而礼之实，存乎让。子曰："能以礼让为国乎？何有。"④又曰："先之以敬让而民不争。"⑤使徒习乎繁文缛节，而无实意以将之，则所谓礼者，适足以长其浮伪⑥，滋其文饰矣。夫礼之节文，尔兵民或未尽习。礼之实意，尔兵民皆所自具。即如事父母则当孝养，事长上则当恭顺。夫妇之有倡随，兄弟之有友爱，朋友之有信义，亲族之有款洽⑦。此即尔心自有之礼让，不待外求而得者也。诚

■ 释义

①见（汉）班固《汉书》卷二八下《地理志第八下》。其中"动静无恒，随厥情欲"原文作"动静亡常，随君上之情欲"。

②淳漓：厚与薄。

③见《孝经·广要道章第十二》。

④见（魏）何晏集解，（唐）陆德明音义，（宋）邢昺疏《论语注疏》卷四。文中"为"犹"治"。这句意思是说人君能用礼让来治国吗？那使国家得到治理还有什么困难。言下之意，人君一定要用"礼让"二字来治理国家。

⑤见（宋）朱熹《论语精义》卷二下。

⑥浮伪：虚伪。

⑦款洽：亲切融洽。

能和以处众，卑以自牧①。在家庭而父子兄弟，底于肃雍②。在乡党而长幼老弱，归于亲睦。毋犯嚣凌之戒，毋蹈纵恣③之愆。毋肆一念之贪遂成攘夺，毋逞一时之忿致启纷争。毋因贫富异形有蔑视之意，毋见强弱异势起迫胁④之心。各戒浇漓，共归长厚。则循于礼者无悖行，敦于让者无竞心。蔼然有恩，秩然有义。党庠术序，相率为俊良。农工商贾，不失为醇朴。即韬钤⑤介胄之士亦被服乎礼乐诗书，以潜消其剽悍桀骜⑥。岂非太和之气，大顺之征乎？《书》曰："谦受益，满招损。"⑦古语又曰："终身让路，不枉百步。终身让畔，不失一段。"⑧可知礼让之有得而无失

■释义

①自牧：自我修养。

②底于肃雍：底，古同"抵"，达到；肃雍，整齐和谐。达到齐肃和谐。

③纵恣：肆意放纵。

④迫胁：逼迫、威胁。

⑤韬钤：古代兵书《六韬》《玉钤篇》的并称。这里借指武将。

⑥剽悍桀骜：剽悍，矫捷勇猛；桀骜，倔强。矫捷勇猛，桀骜不驯。

⑦见（汉）孔安国传，（唐）陆德明音义、孔颖达疏《尚书注疏》卷三。原文是"满招损，谦受益。"意为自满的人会招致别人的贬损，谦虚的人会得到他人的助益。

⑧见《新唐书》卷一一五《朱敬则传附兄仁轨传》。意为一生给人让路，加起来走的冤枉路不会超过百步；一辈子给人让地畔，加起来还不如给人送的一块地大。这句话表示对人谦让不会有害处。枉，冤枉，这里指走的冤枉路。让，此处当为"授予""给予"义。

也如此。朕愿尔兵民等，聆圣祖之训，而返求之于一身。尔能和其心以待人，则不和者自化。尔能平其情以接物，则不平者亦孚①。一人倡之，众人从之。一家行之，一里效之。由近以及于远，由勉以至于安。渐仁摩义②，俗厚风淳，庶不负谆谆诰诫③之意哉。

十、务本业以定民志

朕惟上天生民，必各付一业，使为立身之本。故人之生，虽智愚不同，强弱异等，莫不择一业以自处。居此业者，皆有本分当为之事，藉以有利于身，藉以有用于世。幼而习焉，长而安焉，不见异物而迁焉。此孟子之所谓恒产④，即圣祖仁皇帝之所谓本业也。维兹本业，实为先务。凡为士农、为工商、以及军伍，业虽不同，而务所当务则同也。夫身之所习为业，心之所向为志。所习既专，则所向自定。《书》曰："功崇惟志，业广惟勤。"⑤盖业与志本相须而成也。但恐日久而生厌，舍旧而图新。

■ 释义

①孚（fú）：为人所信服。
②渐仁摩义：渐，浸润；摩，磨砺。用仁义感化教育百姓。
③谆谆诰诫：恳切耐心地教诲劝告。
④见《孟子》卷五《滕文公章句上》。原文是："民之为道也，有恒产者有恒心，无恒产者无恒心。"
⑤见（汉）孔安国传，（唐）陆德明音义、孔颖达疏《尚书注疏》卷一七。意为：功高是因为意志坚强正确，业大是由于勤力为公。

或为浮言所动，或因际遇①未通。一念游移，半途而废。作非分之营求，生意外之妄想。究之朝夕营营②，不恒其德。资生寡策，历久无成。而志遂以荒，而业遂以废矣。夫业每荒于嬉③，而必精于勤。志贵奋于始，而尤励于终。朕乐观尔之成，不忍见尔之废也。为士者，谨身修行，矻矻④穷年，服习诗书，敦崇礼让。退为有本之学，进为有用之才。为农者，春耕秋敛不失其时，撙节爱养不愆于度。先事以备水旱，如期而输税粮。使地无余利，人无余力。工则审四时，饬六材⑤，日省而月试⑥，居肆而事成。商则通有无，权贵贱，交易而退，各得其所。务体公平，勿蹈欺诈。若夫身列行阵⑦，行阵即其业也。弓马骑射，操练之必精。步伐止齐，演习之必熟。屯田则事垦辟，守汛则严刁斗⑧。备边

■ 释义

①际遇：遭遇。

②营营：纷乱错杂貌的样子，又可理解为象声词。

③嬉：玩耍，游戏。

④矻（kū）矻：辛勤忙碌的样子。

⑤六材：指六工制造器物所需要的各种材料，如制弓的六材是干、角、筋、胶、丝、漆等。

⑥日省而月试：省，检查；试，考核。每天检查，每月考核，形容经常查考。

⑦行阵：行伍，军队。

⑧刁斗：古代军中用具，形状大小似斗，有柄，白天用来烧饭，晚上敲击巡逻。

则险要之宜知，防海则风涛之宜悉。庶几无负本业矣。夫天下无易成之业，而亦无不可成之业。各守乃业，则业无不成。各安其志，则志无旁骛①。毋相侵扰，毋敢怠荒。宁习于勤劬②，勿贪夫逸乐。宁安于朴守，勿事乎纷华。熙熙然③士食旧德④，农服先畴，工利器用，商通货财，兵资捍卫。各尽乃职，各世其业。上以继祖宗之传，下以绵子孙之绪。富庶丰亨，游于光天化日之下。仰答圣祖诰诫之殷怀，以克副朕休养之至意，顾不共享其福欤？

十一、训子弟以禁非为

从来教万民训子弟，党正、族师月吉读法，岁时校比⑤，师田⑥行役，则合卒伍而简兵器，朝夕告诫，人知自爱，不敢偶蹈于非，休哉，何风之隆欤。我圣祖仁皇帝临御六十一年，弘保赤⑦之仁，广教家之治。深恩厚泽，休养生息，以至于今。朕缵

■ 释义

①旁骛：在正业之外有所追求，不专注。
②勤劬（qú）：劬，过分劳苦，勤劳。辛勤劳累。
③熙熙然：和乐的样子。
④士食旧德：依凭先人的德泽谋食。
⑤校比：调查户口、财物。
⑥师田：征伐与田猎。
⑦保赤：像保养幼儿一样。

承①大统，仰体圣祖子惠元元②之心。无日不以尔百姓为念，尤无日不以尔百姓之子弟为念也。人生十年曰幼学，二十曰弱冠，血气未定，知识渐开，训导惩戒之方莫切于此。大凡子弟之率不谨③，皆由父兄之教不先。所恃为父兄者，启其德性，遏其邪心，广其器识，谨其嗜好。至于爱亲敬长之念，人所固有，尔父兄诚能明示其训。俾知父子有亲，君臣有义，夫妇有别，长幼有序，朋友有信，以端其本。则大伦④明，而干纪犯分⑤之咎自鲜矣。夫士农工商，各有传业。军士之家，世习技勇，其人之淑慝邪正，必自为子弟之日始。语云："少成若天性，习惯成自然。"⑥民间非为之事，渐渍成风。或游手好闲，博弈饮酒。或结纳匪类，放辟邪侈⑦。往往陷溺而不悟，甚者罹法网，犯刑章。尔为父兄者，独能晏然而已乎？与其追悔于事后，孰若严训于平时。

■释义

①缵承：继承。

②子惠元元：子惠，慈爱；元元，百姓。对百姓慈爱。

③率不谨：率，轻率；不谨，放荡。轻率放荡。

④大伦：大端，大原则。

⑤干纪犯分：干纪，违反法纪；犯分，僭越等级名分。违反法纪、僭越名分。

⑥少成若天性，习惯成自然：见《汉书》卷四八《贾谊传》。意为：从小养成，就像先天具有的品质；习惯了就成为很自然的事了。

⑦放辟邪侈：放、侈，放纵；辟、邪，不正派，不正当。指放纵作恶。

盖行莫重于孝弟力田，心必存于礼义廉耻。可模可范，以身教之。耳提面命，以言教之。使子弟见闻日熟，循蹈规矩之中。久之，心地淳良①，行止端重②。可以寡过而保家，即可以进德而成材也。且庭训素娴③，子弟克肖④，则国家宾兴令典⑤，自致显扬。既光大尔门闾，又垂裕尔后昆，父兄俱与有荣焉。即使愚鲁不敏，而服教安化，刑辱不及于厥躬，乡党咸称为良愿⑥。一家之休祥，孰大于是。况今日之子弟，又为将来之父兄。积善相承，诲迪⑦不倦，将见户兴礼让，人敦孝义。自通都大邑以至穷乡僻壤，太平之象与国俱长，庶不虚朕殷殷期勖⑧之至意矣。夫好善，则闾阎子弟可致尊荣。苟不善，则公卿子弟流为卑贱。义方⑨之

■ 释义

①淳良：敦厚善良。

②端重：端庄稳重。

③庭训素娴：庭训，《论语·季氏》记载，孔子在庭，其子伯鱼趋而过之，孔子教以学《诗》《礼》，后因称父教为庭训，这里泛指家教。家教素来熟悉。

④克肖：谓能继承前人。

⑤宾兴令典：宾兴，周代举贤之法。谓乡大夫自乡小学荐举贤能而宾礼之，以升入国学，科举时代也指乡试。令典，指美好的典礼、仪式。谓国家美好的举贤典礼、仪式。

⑥良愿：善良恭谨。

⑦诲迪：教诲开导。

⑧殷殷期勖：殷殷，恳切的样子；期勖，寄希望、勉励。恳切地寄希望。

⑨义方：行事应该遵守的规范和道理。

教，切磋^①之功，可不豫严于蒙稚之年乎！尔兵民其敬听^②之，毋忽。

十二、息诬告以全善良

国家之立法，所以惩不善而儆无良，岂反为奸民开讦告^③之路，而令善良受倾陷^④之害哉？夫人必有切肤之冤^⑤，非可以理遣情恕^⑥者，于是鸣于官以求申理，此告之所由来也。乃有奸宄^⑦不法之徒，好事舞文^⑧，阴谋肆毒^⑨。或捏虚以成实，或借径以生波，或设计以报宿嫌^⑩，或移祸以卸己罪。颠倒是非，混淆曲直。往往饰沉冤负痛^⑪之词，逞射影捕风^⑫之术。更有教唆词讼者，以

■ 释义

①切磋：原指将骨、角、玉、石加工成器。比喻学习或研究时彼此商讨，取长补短。

②敬听：恭敬地听受。

③讦（jié）告：揭发控告。

④倾陷：陷害。

⑤切肤之冤：切肤，切身，亲身。亲身经受的冤屈。

⑥理遣情恕：遣，排遣；恕，原谅。以理排遣，以情相恕，指待人接物宽厚平和，遇事不计较。

⑦奸宄（guǐ）：坏人。

⑧舞文：舞，玩弄；文，法令条文。歪曲法令条文。

⑨肆毒：肆行毒计。

⑩宿嫌：旧日的嫌隙。

⑪饰沉冤负痛：装作冤案长期未得到昭雪而忍痛。

⑫射影捕风：拿没有根据的话或事实中伤他人。

刀笔为生涯，视狱讼为儿戏。深文以冀其巧中，构衅①而图其重酬。乡里畏之，名曰讼师②。因而朋比协谋③，党恶互证④。有司或一时受蔽，致使善良之辈，不能自白。桁杨⑤在前，棰楚在后。锻炼⑥之下，何求不得。纵至事明冤雪，而拖累困苦，小则废时失业，大则荡产破家。善良之被诬可悯，而凶顽之诬善良，尤可痛恨也。圣祖仁皇帝矜恤⑦下民，重惩其弊，颁示训谕，有曰："息诬告以全善良。"夫诬告有反坐之条，令甲煌煌⑧，乃敢作奸犯科⑨而不畏者。利欲熏心，诡薄⑩成性。方且恣其含沙之毒，侥幸于法网之宽。殊不知无情之辞⑪，一经审察，莫可逃避。造衅以倾人，究之布阱以自陷，亦何利之有。尝闻古人或认牛而

■ 释义

①构衅：构成衅隙。

②讼师：旧时以替打官司的人出主意、写状纸为职业的人。

③朋比协谋：朋比，互相勾结、依附；协谋，共同谋划。互相勾结，共同谋划。

④党恶互证：结党作恶，互相证明。

⑤桁（háng）杨：加在犯人脚上或颈上的刑具，也泛指刑具。

⑥锻炼：指网罗罪名。

⑦矜恤：怜悯抚恤。

⑧煌煌：明亮辉耀的样子。

⑨作奸犯科：奸，坏事；科，法令。为非作歹，触犯法令。

⑩诡薄：虚伪浮薄。

⑪无情之辞：指法令判决之辞无情。

不辨①，或夺禾而不争②。卒开愧悔之诚，翻成礼让之美。若斯之风，诚可嘉尚。尔兵民所当景效③焉。且寻绎圣谕，不曰"禁"，而曰"息"。谓与其治之以法，不如感之使自化也。盖官吏之见闻或疏，疏则犹烦揣测。乡邻之耳目最近，近则素所稔④知。为之抉其根株，穷其党类，出于无心者缓语以晓之，成于有意者危言以诫之。彼善良之家，素行足以质之里闬而无愧。而诬告之人，言辞既非情实，迫于公论，则不敢诬。揆诸本心⑤，亦不忍诬。凡前此之阴谋秘计，一旦悚然⑥改悔，如冰消雾释。兵不诬兵，而兵之善良者全。民不诬民，而民之善良者全。兵民不相为诬，而兵民举全。不至赴官终讼，两造俱伤。庶几从风慕义，胥天下而归于无讼，岂不休哉。尚其咸喻而凛遵焉。

■ 释义

①认牛而不辨：辨，辨白，分辨。典出《后汉书·刘宽传》："刘宽字文饶，弘农华阴人也……宽尝行，有人失牛者，乃就宽车中认之。宽无所言，下驾步归。有顷，认者得牛而送还，叩头谢曰：'惭负长者，随所刑罪。'宽曰：'物有相类，事容脱误，幸劳见归，何为谢之？'州里服其不校。"

②见《晋书·郭翻传》："郭翻字长翔，武昌人也……居贫无业，欲垦荒田，先立表题，经年无主，然后乃作。稻将熟，有认之者，悉推与之。县令闻而诘之，以稻还翻，翻遂不受……由是士庶咸敬贵焉。"

③景效：景仰效法。

④稔：熟悉，习知。

⑤揆诸本心：揆，度；诸，之于的合音。用自己的本心衡量。

⑥悚然：惧怕的样子。

十三、诫匿①逃以免株连

朕抚临亿兆②，合四海为一家，联万姓为一体。中外旗民③本无异视，第以国初定制，八旗人员在内则拱卫京师，在外则驻防各省。如有不奉使令，潜往他乡者，即为逃人，例有严禁。逃人所至之地，兵民人等不行觉察，擅自容留者罪并及之。按匿逃情弊④，大约不外两端。凡在逃之人，意气言词必多巧饰，尔等或受其欺罔，不辨为逃人而率意容留者有之，或利其财物，明知为逃人而通同隐匿者有之。夫主仆之间，乃大义所在，逃人背主蔑⑤义，窝逃者党不义而藐王章，逃者恃匿者以为之薮也，法安得恕。故顺治五年之例，窝逃者问拟大辟⑥，并籍其家，邻佑十家等皆徙边远。康熙十五年定例，凡窝逃之正犯流徙尚阳堡⑦，两邻十家长罪止杖徒。此皆我皇帝矜惜愚民，罪疑惟轻，故改从宽典也。又屡年恩诏，将逃人事件概行赦免，国家施法外之仁，

■释义

①匿：隐藏。

②亿兆：指庶民百姓。犹言众庶万民。

③旗民：旗人与汉人。旗人指满族人。

④匿逃情弊：匿逃，潜逃；情弊，作弊情况。潜逃的作弊情况。

⑤蔑：无。

⑥大辟：古代杀头的死刑。

⑦尚阳堡：在辽宁开原县东四十里，一作上阳堡，是清朝安置流放罪犯的地方之一。

宽督捕①之罚，无非欲尔兵民革薄从忠，迁善改过，使蓬门荜户②，出入优游，共享太平无事之福尔。兵民等其仰体圣祖诰诫之慈怀，与朕谆谕③之至意，谨身率教，循理奉公，不交游手无藉之徒，不为行险侥幸之事，毋徇私情而干国宪，毋贪微利而忘身家，如此则井里晏然，四邻安堵，胥吏不扰，鸡犬无惊，而国家刑期无刑之化，亦可以观厥成矣。倘因法网既宽，复蹈故辙，营私受贿，藏恶养奸，则自取其辜，何能曲宥④？况夫逃窜之人，性既冥顽⑤，又无生理⑥，所行种种不端，大而盗贼，小而赌博，一经发觉，皆犯科条，容留之家，又安能脱然事外，不罹罪谴耶。《周易》曰："比之匪人，不亦伤乎？"⑦《晏子》曰："君子居必择邻""所以避患也。"⑧可知奸猾浮荡之流，皆足为善良之累。朕愿尔等父诫其子，兄诫其弟，队长诫其行伍，乡约诫

■ 释义

①督捕：督责搜捕。

②蓬门荜户：用树枝、草等做成的房子。形容穷人简陋的住房。

③谆谕：谆谆告诫，反复教导。

④曲宥：曲意宽容。

⑤冥顽：愚昧顽固。

⑥生理：职业，家产。

⑦比之匪人，不亦伤乎：见《周易·比卦》。比，亲近。此句引申意为：和行为不端正的人亲近，会受到伤害。

⑧见（宋）李昉等撰《太平御览》卷四五九。

其比闾，祗奉训词，各远非义，则地方宁谧，俗厚风淳，又何患株连之偶及哉。

十四、完钱粮以省催科

自昔画野分州，任土作贡①，而赋税以兴。凡国之五礼百度②，输用出入③皆赖焉。此君所必需于民，下所宜供于上。古今通义，未之或改。且以制官禄，所以治我民。以给兵饷，所以卫我民。以备荒歉，所以养我民。取诸天下，还为天下用之。人主之仓廪府库，岂厉民④而以自养耶。我朝自定鼎以来，赋额悉准经制⑤，且横征私派，一切革除，未尝丝毫多取于民。溯圣祖仁皇帝深仁厚泽，豢养斯民六十余年，时以间阎丰裕为念。所蠲免钱粮，何止百千万亿。遐迩之沾被⑥，固以沦肌浃髓⑦矣。夫缓征薄敛，加惠元元，君之德也。以下奉上，先公后私，民之职也。

■ 释义

①任土作贡：依据土地的具体情况，制定贡赋的品种和数量。
②五礼百度：五礼，古代的五种礼制。即吉礼、凶礼、军礼、宾礼、嘉礼。百度，百事，各种制度。指各种礼仪制度。
③输用出入：往来开销。
④厉民：虐害人民。
⑤经制：治国的制度。
⑥沾被：谓影响所及。
⑦沦肌浃髓：沦，深入；浃，通彻。透入肌肉和骨髓，比喻感受深刻。

属在兵民，宜喻此意。勿惰而嬉，荒其本业。勿奢而费，耗其赀财。勿逡巡①观望，冀邀赐复②之殊恩。勿转委输将③，致被豪猾之中饱。依限而纳，毋待追呼。然后以其所余，养父兄，毕婚嫁，给朝夕，供伏腊④。县庭有卧治⑤之官，村巷无夜呼之吏。俯仰无累，妻孥晏然。其为安乐，莫逾于此。倘不知国课之当重，国法之难宽，或有意抗违，或任情迟缓。有司迫奏销之限⑥，不得不严追比⑦。胥役受鞭挞之苦，不得不肆诛求。剥啄⑧叩门，多方需索。无名之费，或反浮于应纳之数。而究竟所未完者，仍不能为尔宽贷，不知何乐而为此。夫供胥役之侵渔，曷若输朝廷之正供。为抗粮之顽户，曷若为守法之良民。人虽至愚，亦必知之。况乎上好仁而下好义，情属一体。尔试思庙堂之上，

■ 释义

①逡巡：迟疑不敢向前的样子。

②冀邀赐复：希望得到特恩免除贡赋。

③转委输将：输将，指缴纳赋税。出资委托别人缴纳贡赋。

④伏腊：古代两种祭祀的名称。"伏"在夏季伏日，"腊"在农历十二月，一般在腊八日。亦借指生活或生活所需物资。

⑤卧治：谓政事清简，无为而治。

⑥奏销之限：奏销，清代各州县每年将钱粮征收的实数报部奏闻。奏销的期限。

⑦追比：比，限期。旧时地方官限令民间按时缴纳贡赋，过期以杖责、监禁等方式继续追逼。

⑧剥啄：亦作"剥琢"，象声词。这里指敲门声。

所日夜忧劳者在于民事。水溢则为堤防，旱魃①则为虔祷，蝗螟则为扑灭。幸不成灾，则尔享其利。不幸成灾，则又为之蠲租，为之赈济。如此，而为民者尚忍逋赋以误国需。问之于心，亦何以自安。譬人子于父母，分产授业以后，必服劳奉养，庶尽厥职。乃父母恩勤顾复，不遗余力。而为子者，自私其财，缺甘旨②而违色养③，尚得谓之人子乎！朕用是谆谆告诫，但愿尔兵民上念军国，下念身家，外有效忠之名，内受安享之实。官不烦而吏不扰，何乐如之。尔兵民清夜自思，其咸体朕意。

十五、联保甲以弭盗贼

从来安民在于弭盗④。摘发守御⑤之法，必当先事而为之备。故缉捕有赏，疏纵⑥有罚。讳盗⑦有禁，违限⑧有条。而最善者，莫如保甲。十家为甲，十甲为保。甲有长，保有正。设立簿册，交察互警⑨。此即井田守望之遗制。所以圣祖仁皇帝上谕曰："联

■ **释义**

①旱魃：传说中引起旱灾的怪物，这里指旱灾。
②甘旨：美好的食物。
③色养：指人子和颜悦色奉养父母或承顺父母。
④弭盗：平息盗贼。
⑤摘发守御：摘发，调拨；守御，防守，防御。调拨军队进行防御。
⑥疏纵：纵容，不加约束。
⑦讳盗：隐瞒盗贼。
⑧违限：超过期限。
⑨交察互警：互相检察警戒。

保甲以弭盗贼。"诚欲使四海九州闾阎安堵，澄本清源，圣虑实为周切矣。第恐遵行既久，遂至因循。吏则徒稽户籍，民则仅置门牌。而于联比纠察之法，未见实心奉行。以至勾引窝藏之弊，种种而生。邻舍失事，竟有如秦越之相视。富家被劫，反指为悖出之当然。甚且假公济私，藉盘诘之虚名，滋无厌之苛求。汛防因而骚扰，胥吏缘以生奸。有保甲之名，无保甲之实。有保甲之累，无保甲之益。此盗贼之所以难弭也。夫良法之有利于民，在奉行之必求其实。嗣后城市乡村严行保甲，每处各自分保，每保各统一甲。城以坊分，乡以图①别，排邻比户，互相防闲。一甲之中，巨室大户僮佃多至数百，此内良否，本户自有责任。若一廛一舍之散布村落者，有业无业，或良或否，里正、保正得以微窥于平素。一出一入，得以隐察其行踪。遇有不务恒业，群饮聚博，斗鸡走狗②，夜集晓散，以及履历不明踪迹可疑者，皆立为纠举，不许暂容甲内。其荒原古庙，闹肆丛祠，尤易藏奸，更宜加紧防察。至汛地③兵丁，务必昼夜巡逻，一体查诘。毋借端生

■释义

①图：明清时期基层区划名，即乡里制的"里"。顾炎武《日知录》引《萧山县志》："改乡为都，改里为图，自元始。"

②斗鸡走狗：使公鸡相斗，使狗赛跑。旧时游手好闲者的无聊游戏。

③汛地：明清时代称军队驻防地段。

事，毋挟仇陷害，毋受贿赂而徇纵[1]，毋惜情面而姑容。协力同心，轮流分派，则盗贼无容身之地，军民享安静之乐矣。查昔人御盗之法，村置一楼，楼设一鼓。一家有失，击鼓为号，群起而守其要害，盗贼将安所逃？所谓寓兵法于保甲中也。若夫江海出没之区，有未可以保甲行者，舟楫往来，络号联艐，彼此互相稽查，匪类亦难藏匿。皆在实心奉行，先事而为之备。若视为具文，怠忽[2]从事，至于被盗者失财，连坐者受累，不惟负朕息盗安民之至意，亦甚非尔等保身保家之良策也。

十六、解仇忿[3]以重身命

朕惟人道莫大于守身。民之有身，所以务本力田，养父母而畜妻子。兵之有身，所以娴习伎勇，资捍卫以报朝廷。身为有用之身，则皆当自爱。乃生人气质之偏[4]，不能变化，往往血气用

■ 释义

①徇纵：徇私纵容。

②怠忽：怠惰玩忽。

③仇忿：仇恨怨忿。

④气质之偏：宋代理学家张载认为万物包括人都是由物质性的气聚合而成的。人之刚柔、缓急，有才与不才，都是"气之偏也。"气有偏正美恶，乃是先天所受定分。"气质恶者学即能移，今人所以多为气所使而不得为贤者，盖为不知学……但学至于成性，则气无由胜。"（张载著，章锡琛点校《张载集》，北京中华书局1978年版，第266页）说明学习可以变化气质，改恶从善。

事，至一发而不可遏，激怒崇朝①，竟成莫解。互相报复，两败俱伤，其起甚微，而为害甚大。不念爱书抵罪②一定之律，虽国家法网甚宽，亦不能为杀人者施法外之仁。圣祖仁皇帝"训谕十六条"，而终之以重身命，诚哀矜恻之至意也。夫天地以好生为心，而惘惘之伦③，不自顾惜。人君以爱养为政，而蚩蚩④之众，每至轻生。非衅起于夙昔之仇，即祸生于一朝之忿。强者恃膂力之刚，杀人亡命。弱者希抵偿之罪，赴水投缳，忿以成仇，仇而益忿。原其致此之由，固非一端，而兵民所易犯者，尤多于纵酒。盖酒之为物，能乱人心志，使失其故常。或宾主酬酢，始以合欢，而俱入醉乡，则一言不合，至操刀而相向。或眭眦之怨⑤，本可冰释，及酒酣耳热，则一发难忍，若不共之深仇。每见刑曹命案，相伤于酒后者，十有五六。噫！置身缧绁⑥，家破人亡，甚或累及妻孥，祸延乡党，而后拊心自悼⑦，

■ 释义

①崇朝：从天亮到早饭时，或一个早上。这里比喻短时间。

②爱书抵罪：爱书，古代记录囚犯供词的文书，也指判决书。按判决书抵罪。

③惘惘之伦：迷迷糊糊之辈。

④蚩蚩：敦厚貌；一说无知貌。

⑤眭眦之怨：眭眦，发怒时瞪眼睛。像瞪眼看人这样的小怨。

⑥缧绁：捆绑犯人的绳索。引申为牢狱。

⑦拊心自悼：拊心，拍胸，表示悲痛、激动等；悼，悲伤。拍胸自悲。

悔何及矣。自今以往，皆当敬聆圣谕，时时提醒，思仇与身孰重，毋追既往之仇，而昧将来之患。思忿与命孰轻，毋快目前之忿，而贻事后之悔。纵人或以非礼相加，似难含忍，然一念夫身命攸关，则从父兄训诲，听亲友调和，无不可情恕理遣。至酒之为害，尤宜深戒。古之人既立之监，或佐之史，盖唯恐载号载呶①，乱笾豆而起争端也。其可沈湎荒腆②，致陷身于刑戮乎。语有之，忍之斯须，乃全尔躯。故解去仇忿，则全生保家之道胥在于此。养其和平，消其亢戾③，不待排难解纷，而凌竞④之习自然息化，何其风之醇也。孔子曰："忿思难。"⑤孟子

■ 释义

①载号载呶（náo）：号，呼叫；呶，大声喧闹。又喊又叫，吵吵闹闹。

②沈湎荒腆（tiǎn）：沈湎，亦作"沉湎"，犹沉溺，沉浸；荒腆，犹沉湎。指沉湎于酒。

③亢戾：亢，高傲，非常；戾，暴恶，乖张。高傲乖张。

④凌竞：寒凉。

⑤见（魏）何晏集解，（唐）陆德明音义，（宋）邢昺疏《论语注疏》卷一六。意思是说，若有人无理地对待我，我必然会激起愤怒的念头，这时候就要考虑你愤怒的后果，会不会引起患难？若不考虑后果，就是不思难了。

谓："横逆犹是""此亦妄人也，已矣。"①圣贤之遗训，与圣祖仁皇帝之明谕，固千古同揆②也。凡尔兵民凛遵毋忽，则闾阎相保，营伍相安，下以承家，上以报国，优游盛世，共跻③仁寿之域，非解仇忿之明效欤？

■ 释义

①见（宋）朱熹集注《孟子》卷四《离娄章句下》。原文是："有人于此，其待我以横逆，则君子必自反也：我必不仁也，必无礼也，此物奚宜至哉？其自反而仁矣，自反而有礼矣，其横逆由是也。君子必自反也：我必不忠。自反而忠矣，其横逆由是也。君子曰：'此亦妄人也，已矣。'"大意为：若有人以横暴的行为对待我，那么，君子就会反省：这一定是我有不仁、无礼的地方，人怎能不仁、无礼呢？经过反思感觉自己并无不仁、无礼的表现，但对方还是横暴。这时候君子就会再反思：一定是我对别人有不忠诚的地方了，若经过思考，确信自己是忠诚的，然而对方仍然耍横。君子就会想：这一定是个狂妄的人，算了，不和他计较！

②同揆：同一法则，同一道理。

③跻：登。

■点评

清雍正帝的《圣谕广训》（以下简称《广训》）是乡约制从士绅主导转变为最高统治者主导，从局地扩大到全国推行的集大成之作。它有四个明显的特点：一是皇帝直接对兵民说教；二是等同于国家法令；三是倡导儒家学说；四是通俗典雅。

一、皇帝直接向兵民说教

清朝之前，皇帝一般只向文武大臣发话，乡约则多由士绅主导。《广训》利用乡约的形式和帝王的权威，直接向兵民谈话，虽然不是板着面孔，"奉天承运皇帝，诏曰"那样的格调，却有无比的权威性。这部书上承《周礼》，下据康熙帝"圣谕十六条"，虽没提及"乡约"二字，却秉承了乡约教化的宗旨，逐条诠释和演绎"圣谕十六条"，首尾一万余字，条条不离公德公范，既典雅，又不陌生，给读者以耳熟能详的感觉。如第一条"敦孝弟以重人伦"，开头就说，圣祖仁皇帝（康熙帝）在位六十一年，始终法祖尊亲，孝思不匮。他钦定《孝经衍义》，诠释经文，无非是要以孝治天下，故"圣谕十六条"也以孝悌作为开端，推广立教宗旨，仍先以孝悌之义告诫兵民人等。《广训》接着分别衍释"孝悌"二字，说孝是天经地义，是民众行为的规范。父母的爱子之心是一贯的，当其离开怀抱，饥不会自食、寒不能自衣的时候，父母就时时听声察色，儿笑则喜，儿啼则忧，行止半步不离，患病则废寝忘食。以养以教，将儿拉扯成人，又为其安家立业，百般照顾，心力俱累。父母之恩就像天一样广博无边。人子若想报答万一，就当尽心尽力，谨饬自身，节俭用度，孝养双亲。不要饮酒赌博，好勇斗狠，私藏财物。哪怕礼仪形式未周，诚恳之心应是有余。推而广之，就要像曾子说的那样：行为不庄重不算孝，事君不忠不算孝，做官不谨慎不算孝，待朋友不诚信不算孝，作战不勇敢不算孝，因为这些都是孝子分内的事。

又说悌是兄弟敬爱兄长。做兄弟的，出门、回家，有大小事都要告知作为家长的大哥，事事征求兄长意见。饮食要让，言语要顺，跟随时步子要慢一点，坐立要让兄长在前。不孝和不悌是互为因果的关系。能成为孝子然后才能成为悌弟，能成为孝子悌弟，才能成为善良的农人和勇敢的战士。孝悌的道理你们也知道，问题是经常接触反而觉察不到，以致偏离了孝悌人伦。若能痛加悔改，尽力去做，由一个孝悌的念头，做到念念皆然，不疏忽细节，不沽名钓誉，不始勤终懒，孝悌之道只要做到笃厚就可以了。

《广训》说："不孝不悌，国有常刑。"但刑罚处理的是可以看得见的行为，隐蔽难见的地方刑罚就用不上了，全靠自觉。朕不忍心看到有人自陷于邪恶，故再三地叮咛告诫，你们要体会我的用心，感发兴起，各尽子弟之职。要知道圣人之德本于人伦，尧舜之道不外乎是讲孝悌。孟子说，人人都能亲其亲，敬长上，天下就太平了。你们不要把它当作空言。

本段从孝悌的重要性、内涵、兵民践行中存在的问题，讲到兵民应怎样实行孝悌，最后又把孝悌提到致天下太平的高度，警示兵民不要将其当作空言。循循善诱，娓娓而谈，讲理讲法，态度温和，有亲民感，又有无比的权威性。可以设想，此训在基层乡约组织反复宣讲后，兵民谁敢不遵行！

二、等同于国家法令

《广训》十六条用皇帝的名义说话，虽然所说只是对康熙"圣谕十六条"的解释，但在当时历史条件下，皇帝的话不论以何种形式说出，对于官民都等同于国家法令，具有无与伦比的权威。何况解说词中有多条直接用"国法"相警示。如第三条就提到："奸顽好事之徒，或诡计挑唆，或横行吓诈，或貌为洽比以煽诱，或假托公言而把持。有一于此，里闹靡宁，乡论不容，国法具在，尔兵民所当谨凛者也。"第七条中提到："夫左道惑众，律所不宥，师巫邪术，邦有常刑……犯王章而干国宪，不亦愚之甚哉。"第八条中有"今国家酌定律例，委曲详明，昭示兵民，俾各凛成宪，远于罪戾，意甚厚也……心存于情理之中，身必不陷于法律之内……

试思一蹈法网，百苦备尝，与其宛转呼号，思避罪于棰楚之下，何如洗心涤虑，早悔过于清夜之间。与其倾赀荡产，求减毫末，而国法究不能逃，何如改恶迁善，不犯科条，而身家可以长保。倘不自警省，偶罹于法，上辱父母，下累妻孥，乡党不我容，宗族不我齿。即或邀恩幸免，而身败行亏，已不足比于人。数追悔前非，岂不晚哉……有一恶即有一法以相治……有一罪即有一律以相惩。惟时时以三尺自凛，人人以五刑相规，惧法自不犯法，畏刑自可免刑"。类此强调"国法""王章"的训词还有几处。皇帝以无比的权威说话，又有"王章""国宪"作背书，其对民众讲解虽同于一般乡约，但其所蕴含的威权与国家法令无异。

三、倡导儒家学说

《圣谕广训》和"圣谕十六条"一样，都是站在儒家立场，推崇儒教，倡导儒学的。因此，《广训》言必称儒教，每一条训辞都同儒学相通相印，无一相违。例如，第一条开头就说："我圣祖仁皇帝临御六十一年，法祖尊亲，孝思不匮。钦定《孝经衍义》一书，衍释经文，义理详贯，无非孝治天下之意。故'圣谕十六条'首以孝弟开其端。朕丕承鸿业，追维往训，推广立教之思，先申孝弟之义，用是与尔兵民人等宣示之。"开宗明义，毫不含糊。第二条引用儒家经典《尚书》的"以亲九族"，引用《礼记》的"尊祖故敬宗，敬宗故收族"等，以说明"明人道，必以睦族为重"的道理。接着说："夫家之有宗族，犹水之有分派，木之有分枝。虽远近异势，疏密异形，要其本源则一。故人之待其宗族也，必如身之有四肢百体，务使血脉相通而痾痒相关。《周礼》本此意以教民，著为六行：曰孝，曰友，而继曰睦。诚古今不易之常道也。我圣祖仁皇帝，既谕尔等敦孝弟以重人伦，即继之曰笃宗族以昭雍睦。盖宗族由人伦而推，雍睦未昭，即孝弟有所未尽。朕为尔兵民详训之。"细致入微。第七条又对儒、释、道、基（督教）四教作比较说："自古三教流传，儒宗而外，厥有仙释。朱子曰：释氏之教，都不管天地四方，只是理会一个心。老氏之教，只是要存得一个神气。此朱子持平之言，可知释道之本指矣。自游食无藉之辈，阴窃其名，以坏其术。大率假灾祥祸福之事，以售其诞幻无稽之谈。始则诱取赀财以图肥己，渐至男女混淆聚处，为烧香之会。农工废业，相逢多语怪之人。又其甚者，奸回邪慝，窜伏其中，树党结盟，夜聚晓散，干名犯义，惑世诬民。及一旦发觉，征捕株连，身陷囹圄，累及妻子。教主已为罪魁，福缘且为祸本。如白莲、闻香等教，皆前车之鉴也。又如西洋教宗天主，亦属不经。因其人通晓历数，故国家用之，尔等不可不知也……我圣祖仁皇帝渐民以仁，摩民以义，艺极陈常，煌煌大训，所以为世道人心计者至深远矣。尔兵民等宜仰体圣心，祗遵圣教，摈斥异端……异端之害，害及人心。"其言虽有时代局限性，略有偏执，但崇儒学、黜异教的态度十分明显。

四、通俗典雅

《广训》通俗易懂，属于皇帝最接地气的一类文字。通篇说理，循循善诱，所言都是社会公德公范。它既吸收了以往乡约的主体内容，又比前此所有的乡约讲得更加周详温存。文字典雅，不觉晦涩。

可以设想，这样的教言诲语，在基层乡约组织中诵读以后，民众一定大都能听懂接受，达到宣讲目的。清朝前期的社会安定，国家强盛，应当说同康熙、雍正时期的亲民、导民而不是夺民、压民政策有很大的关系。

后 记

　　本书是由甘肃教育出版社立项，浙江大学刘进宝教授推荐由我完成的。接受委托后，我们从乡约发端的宋朝及其后历代乡约资料中，挑选内涵清晰，在历史上影响较大的近20篇乡约原文，加以简介、注释和简评，作为了解这部分中国传统文化的参考资料，供广大读者阅读。初稿完成后，经由甘肃教育出版社伏文东同志细心阅读和修改，增添了光彩，减少了错讹。在这里，我衷心感谢刘进宝同志的推荐和伏文东同志的精心审读和改正。由于个人水平所限，其中仍然会有许多不足或错误，敬请读者继续指正批评。

李清凌

2024年7月